法治化营商环境研究丛书

《公司法》修订之典型案例评析

项先权　张平华　侯圣贺◎主编

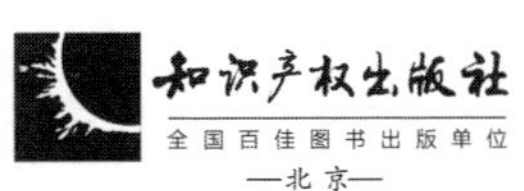

图书在版编目（CIP）数据

《公司法》修订之典型案例评析/项先权，张平华，侯圣贺主编. —北京：知识产权出版社，2024.10. —ISBN 978-7-5130-9414-6

Ⅰ. D922.291.915

中国国家版本馆 CIP 数据核字第 2024NE7238 号

责任编辑：刘　睿　邓　莹　　　　**责任校对**：谷　洋

封面设计：杨杨工作室 · 张冀　　　**责任印制**：刘译文

《公司法》修订之典型案例评析

项先权　张平华　侯圣贺　主编

出版发行：	知识产权出版社有限责任公司	**网　　址**：	http：//www. ipph. cn
社　　址：	北京市海淀区气象路 50 号院	**邮　　编**：	100081
责编电话：	010-82000860 转 8346	**责编邮箱**：	dengying@ cnipr. com
发行电话：	010-82000860 转 8101/8102	**发行传真**：	010-82000893/82005070/82000270
印　　刷：	三河市国英印务有限公司	**经　　销**：	新华书店、各大网上书店及相关专业书店
开　　本：	720mm×1000mm　1/16	**印　　张**：	19.5
版　　次：	2024 年 10 月第 1 版	**印　　次**：	2024 年 10 月第 1 次印刷
字　　数：	300 千字	**定　　价**：	88.00 元

ISBN 978-7-5130-9414-6

编 委 会

主　编：项先权　张平华　侯圣贺

编　委（以姓氏笔画排序）：

石文静　庄红燕　毕凌雪　李　谦　陈灵光

杜生一　郑杜娟　赵志强　项新恺　崔晶晶

曹相见　葛嘉华　程　龙　董媛媛

序　　言

公司作为市场经济的微观基石与核心主体，其稳健有序的发展对整个经济体系的稳固与繁荣具有不可估量的意义。而《公司法》作为规范公司行为、保障股东权益、促进市场公平竞争的基础性法律，其完善与发展对于推动公司健康发展具有至关重要的作用。我国现行《公司法》历经多次修订与完善，已逐步构建起一套适应社会主义市场经济体制的规范体系，为公司的成长与发展提供了坚强的制度保障。

近年来，随着全球经济的深度融合与我国经济的高速发展，公司所面临的市场环境日趋复杂多变，对法律制度保障的需求也日益增长。为适应新时代经济社会发展的需要，2023 年 12 月，全国人大常委会审议通过了新修订的《公司法》，实现了我国《公司法》的又一次重大完善。此次修订不仅对原有条文进行了全面梳理与更新，更在多个方面进行了创新性地规定，以更好适应和引领公司发展的新时代需求。

新《公司法》的亮点之一在于进一步完善了公司资本制度，通过更加灵活合理的规定，促进了公司资本的优化配置与高效利用，并进一步优化了公司治理结构，加强了股东权利保护，强化了控股股东、实际控制人以及董事、监事、高级管理人员的责任与义务，为公司治理的规范化和透明化提供了有力保障。此外，新法还完善了公司设立、退出制度，为规范国家出资公司提供了更加明确的法律规范，并加强了公司债券的监管与风险防范，为公司的健康发展提供了更加全面的法律保障。

为推动新《公司法》的宣传与普及，促进对其条文的理解与适用，助力法治营商环境和企业合规建设，我们特组织浙江新台州律师事务所资深律师、兼职研究人员共同编撰本书。本书以案例分析的形式展开，通过深入剖析典型案例，深度解读《公司法》的立法精神与制度要义，力求为读者提供一本既具有理论深度又具有实践指导意义的参考读物。

值得一提的是，浙江新台州律师事务所与山东大学法学院、中国计量大学法学院多年来一直保持着紧密的合作关系，合作成立了营商环境法治研究中心，致力于开展营商环境法治化研究，为地方政府的营商环境优化和法治化建设提供有力支持。为此，我们召集有志之士，针对典型、热点事件撰写案例分析，已出版《民商法典型案例评析》第1—4辑，并持续推进此项工作。本书亦是该项工作的成果之一。未来，我们将继续加强合作与交流，不断推出更多高质量的法治研究成果，为我国的法治建设事业作出更大贡献。

本书由项先权、张平华和侯圣贺共同策划并统稿。虽然经过数月的辛勤努力，多次增删修改，但受限于作者们的学术水平，书中难免存在错误和纰漏。在此，我们恳请广大读者在阅读过程中不吝赐教，提出宝贵的批评和建议，以帮助我们不断完善和提高。

浙江新台州律师事务所

前　言

2023年《公司法》的修改背景意义及亮点

一、修改公司法的背景意义

公司是最重要的市场主体，公司法是社会主义市场经济制度的基础性法律。我国现行公司法于1993年制定，2023年正值公司法颁布30周年。1999年、2004年对公司法个别条款进行了修改，2005年进行了全面修订，2013年、2018年对公司资本制度相关问题作了两次修改。公司法的制定和修改，与我国社会主义市场经济体制的建立和完善密切相关，对于建立健全现代企业制度，促进社会主义市场经济持续健康发展，发挥了重要作用。

公司法修改列入了十三届全国人大常委会立法规划。全国人大常委会法制工作委员会组织成立由中央有关部门和专家学者组成的修改起草组，研究起草，形成修订草案。2021年12月，十三届全国人大常委会第三十二次会议审议了由委员长会议提请审议的公司法修订草案。2022年12月，十三届全国人大常委会第三十八次会议对修订草案进行了二次审议。2023年8月，十四届全国人大常委会第五次会议对修订草案进行了三次审议。2023年12月，十四届全国人大常委会第七次会议对修订草案进行了四次审议并通过了这部法律。

修改公司法是贯彻落实党中央关于深化国有企业改革、优化营商环境、加强产权保护、促进资本市场健康发展等重大决策部署的需要，也是适应实践发展，不断完善公司法律制度的需要，修改公司法对于完善中国特色现代企业制度、推动经济高质量发展具有重要意义。

起草工作注意把握以下几点：一是坚持正确政治方向。贯彻落实党中央决策部署对完善公司法律制度提出的各项任务要求，充分发挥市场在资源配置中的决定性作用，更好发挥政府作用，完善中国特色现代企业制度，为坚持和完善我国基本经济制度提供坚实法治保障。二是在现行公司法基本框架和主要制度的基础上作系统修改。保持现行公司法框架结构、基本制度稳定，维护法律制度的连续性、稳定性，降低制度转换成本；同时，适应经济社会发展变化的新形势新要求，针对实践中的突出问题和制度短板，对现行公司法作系统的修改完善。三是坚持立足国情与借鉴国际经验相结合。从我国实际出发，将实践中行之有效的做法和改革成果上升为法律规范；同时注意吸收借鉴一些国家和地区公司法律制度的有益经验。四是处理好与其他法律法规的关系。做好公司法修改与民法典、外商投资法、证券法、企业国有资产法以及正在修改的企业破产法等法律的衔接，并合理吸收相关行政法规、规章、司法解释的成果。

二、此次修改公司法的亮点

公司法修改，坚持问题导向，总结实践经验和理论成果，为便利公司投融资、优化治理机制提供更为丰富的制度选择，规范公司的组织和行为，强化各方主体责任，切实维护公司、股东、职工和债权人的合法权益，亮点纷呈，有许多制度创新和解决实际问题的举措。

完善公司资本制度。一是完善注册资本认缴登记制度，规定有限责任公司股东出资期限不得超过五年。根据国家市场监督管理总局的意见，授权国务院制定具体办法，对新法施行前已登记设立且出资期限超过本法规定期限的公司设置过渡期，要求其将出资期限逐步调整至本法规定的期限以内。二是在股份有限公司中引入授权资本制，允许公司章程或者股东会授权董事会发行股份，同时要求发起人全额缴纳股款，既方便公司设立、提高筹资灵活性，又减少注册资本虚化等问题。三是规定股份有限公司可以发行优先股和劣后股、特殊表决权股、转让受限股等类别股。四是允许公司根据章程择一采用面额股或者无面额股。五是允许公司按照规定使用资本公积金弥补亏损。六是规定简易减资制度，允许公司按照规定通过减少注册资本方式弥补亏损，但不得向股东分配，也不得免除股东缴纳出资或者股款的义务。七是增加股东未按期缴纳出资的失权制度、股东认缴出资加速到期制度，规定股权转让后转让人、受让人的责任。

优化公司治理。一是允许公司只设董事会、不设监事会，公司只设董事会的，应当在董事会中设置审计委员会行使监事会职权。二是简化公司组织机构设置。对于规模较小或者股东人数较少的公司，可以不设董事会，设一名董事，不设监事会，设一名监事；对于规模较小或者股东人数较少的有限责任公司，经全体股东一致同意，可以不设监事。三是为更好保障职工参与公司民主管理，规定职工人数300人以上的公司，除依法设监事会并有公司职工代表的外，其董事会成员中应当有公司职工代表。公司董事会成员中的职工代表可以成为审计委员会成员。四是对股份有限公司董事会审计委员会和上市公司董事会审计委员会的议事方式和表决程序作了规定。

加强股东权利保护。一是强化股东知情权。扩大股东查阅材料的范围，允许有限责任公司股东查阅会计凭证，股份有限公司符合条件的股东查阅会计账簿和会计凭证，允许股东查阅、复制全资子公司相关材料。二是完善股份有限公司股东请求召集临时股东会会议的程序，完善股东临时提案权规定，强化股东民主参与公司治理。三是对于公司的控股股东滥用股东权利，严重损害公司或者其他股东利益的，规定其他股东有权请求公司按照合理的价格收购其股权。四是规定公司减少注册资本，应当按照股东出资或者持有股份的比例相应减少出资额或者股份，法律另有规定、有限责任公司全体股东另有约定或者股份有限公司章程另有规定的除外。五是允许股东对公司全资子公司董事、监事、高级管理人员等提起代表诉讼。

强化控股股东、实际控制人和董事、监事、高级管理人员的责任。一是完善忠实和勤勉义务的具体内容。二是加强对董事、监事、高级管理人员与公司关联交易等的规范，增加关联交易等的报告义务和回避表决规则。三是强化董事、监事、高级管理人员维护公司资本充实的责任。四是规定董事、高级管理人员执行职务存在故意或者重大过失，给他人造成损害的，应当承担赔偿责任。五是规定公司的控股股东、实际控制人不担任公司董事但实际执行公司事务的，对公司负有忠实义务和勤勉义务。六是规定公司的控股股东、实际控制人指示董事、高级管理人员从事损害公司或者股东利益的行为的，与该董事、高级管理人员承担连带责任。

完善公司设立、退出制度。一是新设公司登记一章，明确公司设立登记、变更登记、注销登记的事项和程序；同时要求公司登记机关优化登记流程，提高登记效率和便利化水平。二是充分利用信息化建设成果，明确电子营业执照、通过国家企业信用信息公示系统发布公告、采用电子通信方式召开会议和表决的法律效力。三是扩大可用作出资的财产范围，明确股权、债权可以作价出资。四是放宽一人有限责任公司设立等限制，并允许设立一人股份有限公司。五是完善公司清算制度，明确清算义务人及其责任。六是增加简易注销和强制注销制度，方便公司退出。

完善国家出资公司相关规定。一是设国家出资公司组织机构的特别规定专章，将适用范围由国有独资有限责任公司，扩大到国有独资、国有资本控股的有限责任公司、股份有限公司。二是坚持党对国有企业的领导，强调国家出资公司中中国共产党的组织的领导作用。三是要求国有独资公司董事会成员中外部董事应当过半数。四是规定国有独资公司在董事会中设置由董事组成的审计委员会行使监事会职权的，不设监事会或者监事。五是增加国家出资公司应当依法建立健全内部监督管理和风险控制制度的规定。

完善公司债券相关规定。一是根据《关于国务院机构改革方案的决定》将国家发展改革委企业债券审核职责划入中国证监会的要求，删去国务院授权的部门对公开发行债券注册的规定。二是明确公司债券可以公开发行，也可以非公开发行。三是将发行可转债的公司由上市公司扩大到所有股份有限公司。四是增加债券持有人会议决议效力的规定，增加债券受托管理人相关规定。

（节选自《2023 年 12 月 29 日全国人大常委会法工委负责人就〈中华人民共和国公司法（修订）〉答记者问》）

目　　录

法定代表人以公司名义进行民事活动的法律后果由公司承受

法定代表人以法人名义并采取欺诈手段与他人订立民事合同，从中获取的财产被法人占有的，法定代表人与法人应当分别承担什么样的法律后果？下文将结合审判实践作出具体说明。

一、案情与裁判

案件名称：长河有限公司与冉资科技发展中心一般股权转让侵权纠纷案

案件来源：最高人民法院（2008）民二终字第62号民事判决书、《最高人民法院公报》2009年第1期

☞ 案情简介：

2006年11月22日，冉资科技发展中心（上诉人、被告）与长河有限公司（被上诉人、原告）签订《股权转让协议书》，约定：（1）冉资科技发展中心将其持有的京北鲜农公司60%的股权转让给长河有限公司，价款为2.6亿元；（2）长河有限公司在协议书签署3日内支付定金1000万元，2006年12月30日前支付9000万元，2007年6月30日前支付6000万元，2007年12月31日前支付1亿元；（3）冉资科技发展中心在收到长河有限

公司的全部转让价款后，开始协助办理股东名册变更，自变更之日，长河有限公司成为京北鲜农公司的股东；（4）违约责任：长河有限公司每迟延支付转让款一日，支付冉资科技发展中心 1% 的滞纳金，冉资科技发展中心有权解除协议，长河有限公司承担股份转让款 2% 的违约金。2006 年 11 月 24 日，冉资科技发展中心与长河有限公司签订协议书后，长河有限公司将定金 1000 万元打入冉资科技发展中心账户。此后，长河有限公司认为刘某奇（冉资科技发展中心法定代表人）有诈骗嫌疑，遂向北京市公安局朝阳分局（以下简称朝阳公安分局）报案，并通过原银监会冻结了 1000 万元股权转让款。长河有限公司未支付剩余股权转让款，双方亦未履行股东名称变更手续。通过调查，朝阳公安分局确认，刘某奇在为冉资科技发展中心与长河有限公司签订《股权转让协议书》时，虚构身份和事实。

2007 年 4 月 18 日，冉资科技发展中心向北京市高级人民法院提起诉讼，请求判令：长河有限公司给付股权转让款 9000 万元及滞纳金 9720 万元。同年 10 月 30 日，长河有限公司对冉资科技发展中心提起反诉，请求判令：（1）撤销双方签订的《股权转让协议书》；（2）冉资科技发展中心返还其 1000 万元并支付违约金 80.4 万元（庭审中经法庭释明，长河有限公司违约金的请求明确为利息请求，按照企业同期存款利率计算至给付之日）；（3）诉讼费由冉资科技发展中心负担。同年 12 月 10 日，冉资科技发展中心申请撤回对长河有限公司的起诉，北京市高级人民法院已裁定准许冉资科技发展中心撤回起诉。

☞ 一审判决：

刘某奇作为冉资科技发展中心法定代表人，在本案股权转让中涉嫌诈骗。有关刘某奇涉嫌犯罪部分，一审法院已将相关案卷材料送至朝阳公安分局，故不影响本案冉资科技发展中心与长河有限公司股权转让民事部分的审理。

依据现有证据，能够证明 2006 年 11 月 22 日冉资科技发展中心与长河有限公司签订《股权转让协议书》之前，冉资科技发展中心法定代表人刘某奇虚构特殊身份，虚构可土地一级开发的事实，采用欺诈手段，使长河有限公司误以为真，作出错误的意思表示，在违背真实意思表示的情况下，签订了协议书。刘某奇以虚假身份采用欺诈的手段骗取了长河有限公司的信任，与其签订了协议书，使冉资科技发展中心从长河有限公司获得1000万元的股权转让款。法院认定，双方签订的《股权转让协议书》的性质应为可撤销合同，冉资科技发展中心应当返还长河有限公司的1000万元股权转让款，并赔偿相应损失。长河有限公司关于撤销合同并返还股权转让款的请求，予以支持。由于双方之间的合同被撤销，不存在违约的问题，因此长河有限公司在庭审中将违约金的请求变更为利息损失请求，符合法律规定，予以支持。

☞ **二审判决：**

刘某奇作为冉资科技发展中心的法定代表人，以冉资科技发展中心的名义，采取欺诈手段与长河有限公司签订民事合同，所获取的款项被冉资科技发展中心占有。因此，本案除刘某奇个人涉嫌诈骗犯罪外，冉资科技发展中心与长河有限公司之间因合同被撤销形成债权债务关系，所以冉资科技发展中心应当依法承担相应的民事责任。故原审法院依据《最高人民法院关于在审理经济纠纷案件中涉及经济犯罪嫌疑若干问题的规定》第10条的规定，将刘某奇涉嫌犯罪的部分移送公安机关，而继续审理本案民事纠纷部分并无不当，予以维持。冉资科技发展中心以本案与公安机关认定的犯罪嫌疑基于同一法律关系，应当裁定驳回长河有限公司起诉的上诉理由没有法律依据，不予支持。

二、相关规定

《中华人民共和国公司法》（以下简称《公司法》）第11条第1款："法定代表人以公司名义从事的民事活动，其法律后果由公司承受。"

《中华人民共和国民法典》（以下简称《民法典》）第61条第2款："法定代表人以法人名义从事的民事活动，其法律后果由法人承受。"

《民法典》第62条："法定代表人因执行职务造成他人损害的，由法人承担民事责任。法人承担民事责任后，依照法律或者法人章程的规定，可以向有过错的法定代表人追偿。”

《民法典》第 148 条：“一方以欺诈手段，使对方在违背真实意思的情况下实施的民事法律行为，受欺诈方有权请求人民法院或者仲裁机构予以撤销。”

《民法典》第 157 条：“民事法律行为无效、被撤销或者确定不发生效力后，行为人因该行为取得的财产，应当予以返还；不能返还或者没有必要返还的，应当折价补偿。有过错的一方应当赔偿对方由此所受到的损失；各方都有过错的，应当各自承担相应的责任。法律另有规定的，依照其规定。”

《最高人民法院关于在审理经济纠纷案件中涉及经济犯罪嫌疑若干问题的规定》第 2 条：“单位直接负责的主管人员和其他直接责任人员，以为单位骗取财物为目的，采取欺骗手段对外签订经济合同，骗取的财物被该单位占有、使用或处分构成犯罪的，除依法追究有关人员的刑事责任，责令该单位返还骗取的财物外，如给被害人造成经济损失的，单位应当承担赔偿责任。”

三、法理分析

首先，法定代表人以公司名义从事民事活动，法律后果由公司承受。公司的法定代表人是依照法律或者公司章程的规定，对外代表法人从事民事活动的人。根据《民法典》第 61 条和《公司法》第 11 条的规定，法定代表人以公司名义从事的民事活动，法律后果由公司承担，即法定代表人一般不对外承担民事责任。本案中，刘某奇作为冉资科技发展中心的法定代表人，以冉资科技发展中心的名义，采取欺诈手段与长河有限公司签订民事合同。案发后，除刘某奇个人涉嫌诈骗犯罪外，合同也因存在欺诈被法院认定为可撤销合同，而合同撤销后所产生的财产返还责任，法院判决由冉资科技发展中心承担。此外，根据《民法典》第 62 条规定，法定代表人因执行职务造成他人损害的，由法人承担民事责任。法人承担民事责任后，依照法律或者法人章程的规定，可以向有过错的法定代表人追偿。

其次，以欺诈方式签订的合同可撤销。欺诈，是指一方当事人故意告知对方虚假情况，或者故意隐瞒真实情况，诱使对方当事人作出错误意思表示的行为。依据我国《民法典》第 148 ~ 149 条，因一方当事人或第三人采用欺诈手段，故意隐瞒或虚构相关事实，使另一方当事人产生错误认识而与之签订合同的，该合同可以被撤销。当事人自知道或者应当知道欺诈事由之日起一年内，可以申请人民法院或仲裁机构撤销合同。本案中，冉资科技发展中心法定代表人刘某奇通过欺诈的方式，令长河有限公司误以为通过股权转让的方式可以取得项目土地的一级开发权，随之与冉资科技发展中心签订《股权转让协议书》，并交付了 1000 万元定金，属于典型的有欺诈行为的合同，当然可以撤销。

再次，合同撤销后自始没有法律效力。依据《民法典》第 157 条的规定，民事法律行为无效、被撤销或者确定不发生效力后，行为人因该行为取得的财产，应当予以返还；有过错的一方应当赔偿对方由此所受到的损失。本案中，长河有限公司作为被欺诈方有权在撤销权行使的期间内请求人民法院撤销《股权转让协议书》。由于可撤销合同自始没有法律约束力，长河有限公司先期交付的 1000 万元便不再属于定金，因此，长河有限公司与冉资科技发展中心形成了债权债务关系。所以，长河有限公司有权要求冉资科技发展中心返还定金 1000 万元并赔偿利息损失。

最后，刑事犯罪不影响民事判决。同一当事人因不同事实分别发生民商事纠纷和涉嫌刑事犯罪，应当分别审理。《最高人民法院关于在审理经济纠纷案件中涉及经济犯罪嫌疑若干问题的规定》第 10 条规定："人民法院在审理经济纠纷案件中，发现与本案有牵连，但与本案不是同一法律关系的经济犯罪嫌疑线索、材料，应将犯罪嫌疑线索、材料移送有关公安机关或检察机关查处，经济纠纷案件继续审理。"本案中，一审法院将刘某奇涉嫌经济犯罪的案件材料移送至公安机关，同时对民事部分进行审理和判决并无不妥，冉资科技发展中心以此为由的上诉没有法律依据，最终被二审法院驳回。

公司对法定代表人职权的限制不能对抗善意第三人

公司在经营中经常会给股东或其他人提供担保。一般情况下，公司对外担保需要取得股东会或董事会的同意，但在实践中，经常会因某种原因发生法定代表人未经同意，而对外提供担保的情形。这种情形一旦出现，其担保的效力如何认定？公司章程或者股东会对法定代表人职权的限制是否可以对抗善意第三人？善意第三人的权益又该如何保障？下列案例将对此进行解答。

一、案情与裁判

案件名称：建才进出口公司诉亨通经贸有限公司、圣堂投资有限公司、开元科技有限公司、银达科技有限公司、伊滨工程有限公司进出口代理合同纠纷案

案件来源：《最高人民法院公报》2011 年第 2 期

☞ **案情简介：**

2005 年，建才进出口公司（被上诉人、原告）接受亨通经贸有限公司（被告）委托，为其代理进口工业计算机系统和其他物品，并代垫有关费用，亨通经贸有限公司则需向建才进出口公司支付进口工业计算机系统货款及各项费用（包括进口代理费）。建才进出口公司按照双方约定履行完

进口代理义务后，亨通经贸有限公司未能及时履行合同义务，一直拖欠部分货款及各项费用。

2006年10月10日，建才进出口公司、亨通经贸有限公司和圣堂投资有限公司（被告）签订一份《备忘录》，确认截至2006年9月30日，亨通经贸有限公司仍欠建才进出口公司人民币共计18 907 936.92元，其中进口货款、各项费用计人民币16 201 656.92元，逾期利息计人民币2 706 280元；亨通经贸有限公司需于2006年12月31日前分期还清全部欠款；圣堂投资有限公司为亨通经贸有限公司提供连带责任保证。此外，2006年10月19日、2008年6月4日以及2008年6月6日，银达科技有限公司（上诉人、被告）、圣堂投资有限公司、开元科技有限公司（被告）与伊滨工程有限公司（被告）分别向建才进出口公司出具《承诺书》，承诺为亨通经贸有限公司对建才进出口公司全部应偿还债务（包括但不限于本金及违约金、利息、追索债权费用）提供连带责任保证。但亨通经贸有限公司仍未能全部偿还本金，各保证人亦未能清偿全部货款和各项费用。建才进出口公司诉求一审法院判令亨通经贸有限公司向建才进出口公司支付欠款本金人民币15 532 175.94元以及自2006年10月10日起至全部债务清偿之日止按照日万分之五利率计算的逾期付款利息（违约金）；判令圣堂投资有限公司、开元科技有限公司、银达科技有限公司、伊滨工程有限公司对上述欠款及逾期付款违约金承担连带清偿责任。

☞ **一审判决：**

建才进出口公司与亨通经贸有限公司签订的《进口项目委托代理协议书》、建才进出口公司与亨通经贸有限公司、被告圣堂投资有限公司签订的《备忘录》、圣堂投资有限公司向建才进出口公司出具的《承诺书》以及被告开元科技有限公司、伊滨工程有限公司向建才进出口公司出具的《承诺书》均系各方当事人真实意思表示，合法有效，对各方当事人均具有约束力。亨通经贸有限公司未按《备忘录》约定向建才进出口公司偿还债务，构成违约，应向建才进出口公司承担偿还债务本金及利息的责任。对于亨通经贸有限公司认可的欠款本金及利息数额，予以确认。关于2007

年底新增加费用的计息起始时间问题，建才进出口公司未举证证明双方对该笔费用的支付期限进行过约定，亦未举证证明在该笔费用发生后其曾向亨通经贸有限公司进行过催收，故该笔费用应自判决生效之日起计息。根据涉案《备忘录》《承诺书》，圣堂投资有限公司、开元科技有限公司、伊滨工程有限公司与建才进出口公司之间均存在合法保证合同关系。圣堂投资有限公司、开元科技有限公司、伊滨工程有限公司应当对亨通经贸有限公司的债务本息向建才进出口公司承担连带清偿责任。

根据本案查明的事实，2006 年 10 月 19 日的《承诺书》出具时，何某善系被告银达科技有限公司法定代表人，其在加盖有银达科技有限公司印鉴的《承诺书》复印件上签字的行为，表示其对该《承诺书》复印件真实性予以认可。银河科技有限公司与银达科技有限公司仅系公司名称变更的关系，两个名称所指向的为同一公司，银达科技有限公司虽对该《承诺书》上“银河科技有限公司”印鉴的真实性和效力质疑，但庭审时表示不申请鉴定，且在银达科技有限公司名称变更后，原名称“银河科技有限公司”的印鉴并未销毁，而是由其自行保存，银达科技有限公司未能提交有效证据证明其原名称的公章不再使用，故银达科技有限公司应承担相应的不利法律后果，对其关于《承诺书》在形式要件上不能成立的主张，不予采信。银达科技有限公司主张何某善无权签署《承诺书》，但未能提交有效证据证明银达科技有限公司在内部权限划分上，对法定代表人对外担保、订立担保合同进行了明确限制。故本案现有证据不能证明何某善系超越权限签署《承诺书》，因此《承诺书》对银达科技有限公司有效，银达科技有限公司应对被告亨通经贸有限公司的债务本息向原告建才进出口公司承担连带清偿责任。

法院判决如下：（1）被告亨通经贸有限公司偿付原告建才进出口公司欠款本金、支付逾期付款利息；（2）被告圣堂投资有限公司、开元科技有限公司、银达科技有限公司和伊滨工程有限公司承担连带清偿责任；（3）被告圣堂投资有限公司、开元科技有限公司、银达科技有限公司和伊滨工程有限公司承担保证责任后，有权向被告亨通经贸有限公司追偿。

☞ **二审判决：**

银达科技有限公司的公司章程不具有对世效力，第三人对公司章程不负有审查义务。第三人的善意是由法律所推定的，第三人无须举证证明自己为善意；如果公司主张第三人为恶意，应对此负举证责任。因此，在银达科技有限公司不能举证证明建才进出口公司存在恶意的情形下，应当认定建才进出口公司为善意第三人，即建才进出口公司已经尽到合理的审查义务。对于公司法定代表人越权对外提供担保的情形，公司对外仍应对善意第三人承担民事责任，故本案银达科技有限公司的担保责任不能免除。

银达科技有限公司出具的《承诺书》担保形式完备，内容不违反法律、法规有关效力性的强制性法律规定，应认定为构成合法有效的第三人保证，银达科技有限公司应承担连带保证责任。判决：驳回上诉，维持原判。

二、相关规定

《公司法》第 11 条："法定代表人以公司名义从事的民事活动，其法律后果由公司承受。

公司章程或者股东会对法定代表人职权的限制，不得对抗善意相对人。

法定代表人因执行职务造成他人损害的，由公司承担民事责任。公司承担民事责任后，依照法律或者公司章程的规定，可以向有过错的法定代表人追偿。"

《公司法》第 15 条第 1 ~2 款："公司向其他企业投资或者为他人提供担保，按照公司章程的规定，由董事会或者股东会决议；公司章程对投资或者担保的总额及单项投资或者担保的数额有限额规定的，不得超过规定的限额。

公司为公司股东或者实际控制人提供担保的，应当经股东会决议。"

《民法典》第 61 条第 2 ~3 款："法定代表人以法人名义从事的民事活

动，其法律后果由法人承受。

法人章程或者法人权力机构对法定代表人代表权的限制，不得对抗善意相对人。”

《民法典》第504条：“法人的法定代表人或者非法人组织的负责人超越权限订立的合同，除相对人知道或者应当知道其超越权限外，该代表行为有效，订立的合同对法人或者非法人组织发生效力。”

《全国法院民商事审判工作会议纪要》（下文称《九民纪要》）第17条：“为防止法定代表人随意代表公司为他人提供担保给公司造成损失，损害中小股东利益，《公司法》第16条对法定代表人的代表权进行了限制。根据该条规定，担保行为不是法定代表人所能单独决定的事项，而必须以公司股东（大）会、董事会等公司机关的决议作为授权的基础和来源。法定代表人未经授权擅自为他人提供担保的，构成越权代表，人民法院应当根据《合同法》第50条关于法定代表人越权代表的规定，区分订立合同时债权人是否善意分别认定合同效力：债权人善意的，合同有效；反之，合同无效。”

三、法理分析

首先，法人（公司）对法定代表人的正常活动承担民事责任。法定代表人以法人名义对外开展民事活动，是直接代表本单位行使职权，无须特别授权，这种权利是法律直接授予的。本次《公司法》修订，对《民法典》第61条的规定进行了重申，即《公司法》第11条规定，“法定代表人以公司名义从事的民事活动，其法律后果由公司承受。公司章程或者股东会对法定代表人职权的限制，不得对抗善意相对人”。因此，一般意义而言，法定代表人因执行职务造成他人损害的，由法人承担民事责任。法人承担民事责任后，依照法律或者法人章程的规定，可以向有过错的法定代表人追偿。本案的一审（2008年）、二审（2009年）判决也都据此判定银达科技有限公司应承担连带保证责任。

但本案的特殊之处在于，法定代表人以公司名义从事的民事活动是非关联担保。2019年最高人民法院印发的《九民纪要》规定，为防止法定代表人随意代表公司为他人提供担保给公司造成损失，损害中小股东利益，对法定代表人的代表权进行了限制。因此，本案放至今日来看，银达科技有限公司是否应当承担连带保证责任，还需要进一步判断债权人的善意与否。下文将对此进一步展开论述。

其次，我国法在法定代表人越权担保方面采取“代表权限制说”。在《九民纪要》颁布前，关于《公司法》（2018）第16条公司对外担保的规定，司法实践中存在不同的理解和裁判观点，主要包括以下三种：代表权限制说、规范性质识别说、内部关系说。这些观点在司法实践中导致了裁判尺度不一，影响了法律的统一适用。《九民纪要》采取了“代表权限制说”，认为《公司法》（2018）第16条的规定是对公司法定代表人代表权的限制，即法定代表人在未经公司内部决策程序（如股东会或董事会决议）授权的情况下，不得擅自代表公司为他人提供担保。这一限制旨在防止法定代表人随意代表公司对外提供担保，避免损害公司及中小股东的利益。根据《九民纪要》第17条的规定，如果法定代表人未经授权擅自为他人提供担保，构成越权代表。在这种情况下，人民法院应当根据《合同法》第50条（现为《民法典》第504条）关于法定代表人越权代表的规定，区分订立合同时债权人是否善意来分别认定合同效力：如果债权人善意，则合同有效；反之，如果债权人非善意，合同无效。《九民纪要》的这一规定，为公司对外担保合同效力的认定提供了明确的裁判标准，有助于统一司法实践中的裁判尺度，同时也对债权人在签订担保合同时的审查义务提出了要求，要求债权人在签订担保合同时，应当对公司的内部决议文件进行必要的审查，以确保其善意。这一规定有助于平衡公司内部治理与外部交易安全之间的关系，保护公司及股东的合法权益。

最后，法定代表人的越权担保行为是否有效，取决于担保债权人是否善意以及是否尽到了合理的审查义务。最高人民法院江必新、何东宁法官认为：“公司对外担保行为并不受内部决议程序的约束，公司未按公司法或公司章程的内部决议程序所作出对外担保的行为并不一律无效。公司对内可以追究有过错的行为人的责任，但对外仍应对善意第三人承担民事责任。……但对于非善意第三人，公司则不必承担责任。”根据《九民纪要》第17~18条以及《民法典》第504条的规定，法定代表人越权担保的合同效力认定需要区分债权人是否善意。如果债权人在订立担保合同时不知道且不应当知道法定代表人超越权限，即债权人是善意的，那么担保合同通常被认定为有效。这意味着，即使法定代表人未经公司内部决策程序授权擅自提供担保，只要债权人尽到了合理的审查义务，担保合同仍然可能对公司发生效力。如果债权人知道或者应当知道法定代表人超越权限，即债权人是非善意的，那么担保合同对公司不发生效力。在这种情况下，公司可以主张担保合同无效，不承担担保责任。因此，债权人在签订担保合同时，有责任审查公司是否已经按照法定程序作出了担保决议。这通常包括审查公司章程、股东会或董事会决议等文件。如果债权人未能尽到这一审查义务，可能会被认定为非善意。本案审结至今已有十余年，如用现行《公司法》和《九民纪要》的新规，本案结果可能还要再商榷。因为一审、二审时原告所提交的证据主要是银达科技有限公司等四被告出具的提供连带责任保证的《承诺书》，依据《九民纪要》和《公司法》的规定，不宜直接认定原告建才进出口公司是善意第三人，除非其能提供证据证明对被告银达科技有限公司等尽到了合理审查义务，在签订《承诺书》时，不知道且不应当知道法定代表人超越权限。

分公司不具有法人资格，其民事责任由总公司承担

公司作为法人组织，是重要的商事主体和诉讼主体。因发展业务和扩大规模，公司往往需要设立分公司。但分公司在从事经营活动中，对外产生的债权债务应当由谁承担呢？我国《公司法》规定“分公司不具有法人资格，其民事责任由公司承担”。由此可知，分公司以自己的名义从事民事活动，其产生的债权债务均由总公司承担。

一、案情与裁判

案件名称：凡华工程有限公司西南公司与中仁保险（集团）公司商品房预售合同纠纷案

案件来源：最高人民法院（2005）民一终字第85号民事判决书、《最高人民法院公报》2008年第2期

☞ 案情简介：

中仁保险（集团）公司（被上诉人、原告）原名为众宝人寿保险有限公司，1996年9月经批准设立众宝人寿保险有限公司重庆分公司。1998年5月18日，凡华工程有限公司西南公司（上诉人、被告）与众宝人寿保险有限公司重庆分公司签订《商品房预售（预购）合同》，约定凡华工程有

限公司将其开发建设的重庆市凡华大厦15 000平方米的房屋以6624万元的价格预售给众宝人寿保险有限公司重庆分公司，交付方式为分期付款，1999年8月31日交房。后众宝人寿保险有限公司重庆分公司分8次向凡华工程有限公司支付了5875万元购房款。截至2005年，该房屋尚未竣工验收，案涉房屋尚不具备交付条件。

1999年3月，众宝人寿保险有限公司更名为中仁保险公司，同年4月，众宝人寿保险有限公司重庆分公司更名为中仁保险公司重庆分公司。2003年8月，中仁保险公司又更名为中仁保险（集团）公司。2004年7月，中仁保险（集团）公司发文同意注销中仁保险公司重庆分公司及其所属分支机构营业执照，其相关债权债务由中仁保险（集团）公司承担。

2005年2月23日，中仁保险（集团）公司向重庆市高级人民法院提起一审诉讼，要求凡华工程有限公司立即履行交房义务，并自逾期之日起至交房之日止向中仁保险（集团）公司支付违约金2543.62万元。

☞ **一审判决：**

本案争议的焦点在于中仁保险（集团）公司是否属于适格原告。1998年5月18日，众宝人寿保险有限公司重庆分公司与凡华工程有限公司签订《商品房预售（预购）合同》。众宝人寿保险有限公司重庆分公司系由众宝人寿保险有限公司设立。1999年，众宝人寿保险有限公司更名为中仁保险公司，众宝人寿保险有限公司重庆分公司也随之改名为中仁保险公司重庆分公司，但公司名称的变化并未改变二者之间的隶属关系。《公司法》第13条规定，分公司不具有企业法人资格，其民事责任由公司承担。2003年，中仁保险公司又更名为中仁保险（集团）公司，且已下文注销中仁保险公司重庆分公司，其相关债权债务由中仁保险（集团）公司承担。因此，中仁保险（集团）公司以原告身份向凡华工程有限公司主张权利是正当的。中仁保险（集团）公司与凡华工程有限公司签订的《商品房预售（预购）合同》符合法律规定，系双方真实意思表示，应当受到法律保护。凡华工程有限公司应当按照合同忠实履行义务，避免因违约造成其损失的扩大。中仁保险（集团）公司的诉讼请求及其理由成立，判决凡华工程有限公司交付商品房、办理有关产权过户手续，并支付违约金。

☞ **二审判决：**

本案所涉《商品房预售（预购）合同》的一方签约主体为众宝人寿保险有限公司重庆分公司，该公司系属众宝人寿保险有限公司设立的分公司。此后，众宝人寿保险有限公司两次更名为中仁保险公司和中仁保险（集团）公司。中仁保险（集团）公司与众宝人寿保险有限公司实系同一法人。中仁保险（集团）公司变更设立后，中仁保险公司重庆分公司虽未因之变更相应名称，但2004年7月14日，中仁保险（集团）公司向重庆市工商行政管理局出具《关于注销原中仁保险公司重庆市分公司及其所属分支机构的函》，申请注销中仁保险公司重庆分公司，同时表明中仁保险公司重庆分公司及所属分支机构的相关债权债务由该公司承担。中仁保险（集团）公司申请注销中仁保险公司重庆分公司的行为，属公司基于经营发展需要对其分支机构的变更调整。根据《公司法》第13条的规定，公司可以设立分公司，分公司不具有企业法人资格，其民事责任由公司承担。因此，公司分支机构于法人变更过程中是否已实际经工商注销完毕，不影响公司基于独立法人性质行使对其分支机构所享有的民事权利和民事义务。中仁保险（集团）公司于本案中以原告身份向凡华工程有限公司主张《商品房预售（预购）合同》项下的合同权利符合法律规定。一审判决认为中仁保险（集团）公司属于本案适格原告，认定事实及适用法律正确，予以维持。

二、相关规定

《公司法》第13条第2款："公司可以设立分公司。分公司不具有法人资格，其民事责任由公司承担。"

《民法典》第74条："法人可以依法设立分支机构。法律、行政法规规定分支机构应当登记的，依照其规定。

分支机构以自己的名义从事民事活动，产生的民事责任由法人承担；

也可以先以该分支机构管理的财产承担，不足以承担的，由法人承担。”

《民法典》第532条：“合同生效后，当事人不得因姓名、名称的变更或者法定代表人、负责人、承办人的变动而不履行合同义务。”

《最高人民法院关于适用〈中华人民共和国民事诉讼法〉的解释》第52条：“民事诉讼法第五十一条规定的其他组织是指合法成立、有一定的组织机构和财产，但又不具备法人资格的组织，包括：

（一）依法登记领取营业执照的个人独资企业；

（二）依法登记领取营业执照的合伙企业；

（三）依法登记领取我国营业执照的中外合作经营企业、外资企业；

（四）依法成立的社会团体的分支机构、代表机构；

（五）依法设立并领取营业执照的法人的分支机构；

（六）依法设立并领取营业执照的商业银行、政策性银行和非银行金融机构的分支机构；

（七）经依法登记领取营业执照的乡镇企业、街道企业；

（八）其他符合本条规定条件的组织。”

三、法理分析

首先，分公司不具有法人资格，但可以依法独立从事生产经营活动。总公司是具有独立法人资格的企业，在其内部管理系统中占据领导和支配的地位，并对公司的生产经营、资金调度以及人事安排等具有统一的决策权。总公司作为公司的核心机构，代表公司参与外部事务，并以公司的全部财产承担法律责任。分公司是与总公司相对应的法律概念，分公司是指在业务、资金、人事等方面受总公司管辖而不具有法人资格的公司分支机构。公司设立分支机构，一般是由总公司在其住所地之外向当地工商机关提出设立申请，领取《营业执照》，分公司的名称最后都是某某分公司。分公司虽可以独立开展业务活动，但必须以总公司分支机构的名义从事经营活动，且只能在公司授权范围内进行。

其次，分公司的民事责任由总公司承担。我国《公司法》第13条第2

款规定，分公司不具有法人资格，其民事责任由公司承担。分公司的财产归属于总公司，没有自己独立的财产，与总公司在经济上实行统一核算，在经营活动中的负债由总公司负责清偿。其实际占有和使用的财产是总公司财产的一部分，列入总公司的资产负债表中。即使分公司有能力承担部分或全部责任，实际的和最终的责任承担者还是总公司。因此，总公司对分公司的债务，既不是承担连带责任，也不是承担补充责任，而是直接承担清偿责任，债权人无须先向分公司主张，可直接要求总公司偿还债务。本案中，与凡华工程有限公司西南公司签订《商品房预售（预购）合同》的“众宝人寿保险有限公司重庆分公司”是“众宝人寿保险有限公司”的分公司，虽然总公司与分公司都已发生名称的变更，但是二者之间的隶属关系没有变化。因此，中仁保险（集团）公司作为总公司，以原告身份向凡华工程有限公司主张权利是正当的。

最后，分公司具有诉讼主体资格。分公司虽然不具有法人资格，但是具有诉讼主体资格。《中华人民共和国民事诉讼法》（以下简称《民事诉讼法》）第51条规定，公民、法人和其他组织可以作为民事诉讼的当事人。《最高人民法院关于适用〈中华人民共和国民事诉讼法〉的解释》第52条进一步明确了“其他组织”的定义，包括依法设立并领取营业执照的法人的分支机构。这意味着，依法设立并领取营业执照的分公司具备民事诉讼主体资格，可以作为民事诉讼的当事人，并由主要负责人代表其参加诉讼。原告可以选择仅起诉分公司，也可以选择将分公司和总公司一并作为被告。如果原告担心分公司的财产不足以清偿债务，为了确保债权的实现，可能会选择同时起诉总公司。但并非所有情况下都必须将总公司列为被告，这取决于原告的选择和案件的具体情况。本案中，根据《民事诉讼法》的规定，与凡华工程有限公司西南公司签订《商品房预售（预购）合同》的“众宝人寿保险有限公司重庆分公司”应当是本案的一审原告，但本案的特别之处在于，中仁保险（集团）公司于2004年下文注销了作为合同签订方的中仁保险公司重庆分公司（更名前为“众宝人寿保险有限公司重庆分公司”），所以，当分公司被注销后，中仁保险（集团）公司作为总公司当然成为诉讼主体，并承受分公司相关的债权债务。

双重劳动关系下新用人单位的职工权益保障义务

在现代企业中，职工通过他们的劳动、技能、知识和创新能力，直接参与产品的生产、服务的提供以及企业运营的各个环节。因此，职工是创造公司财富的重要力量。公司只有最大限度地维护职工的合法权益，才能更好地激发他们的积极性、主动性和创造性，从而推动企业健康稳定发展。《公司法》对此也有明确规定。但是，对于离开原单位，与其他单位建立新劳动关系的职工，其权益保障职责由谁承担？这类问题在实践中仍有认识模糊的地方，本案判决就为此类问题的处理提供了借鉴。

一、案情与裁判

案件名称： 伏某声等诉元华市政园林工程有限公司工伤待遇赔偿纠纷案

案件来源： 江苏省连云港市中级人民法院（2015）连民终字第00159号民事判决书、《最高人民法院公报》2018年第3期

☞ 案情简介：

伏某声（被上诉人、原告、伏某杉之父）、张某华（被上诉人、原告、伏某杉之妻）、伏某君（被上诉人、原告、伏某杉之子）的亲属伏某杉（2013年12月9日因病死亡）在元华市政园林工程有限公司（上诉人、被

告）从事环卫保洁工作。2008 年 12 月 14 日，伏某杉在打扫卫生时遭遇交通事故并受伤。2011 年 8 月 30 日，连云港市人力资源和社会保障局作出“连人社工伤开认字〔2011〕第 98 号”工伤认定书，认定伏某杉受伤部位及伤情为工伤。2012 年 3 月 27 日，连云港市劳动能力鉴定委员会评定伏某杉工伤伤残等级为五级。伏某杉于 2013 年 3 月向连云港经济技术开发区劳动争议仲裁委员会提出仲裁申请，仲裁委于 2014 年 9 月 28 日作出“第 2013 - 027 号”终止审理确认书。伏某声等三原告要求被告赔偿伏某杉停工留薪期工资及工伤赔偿金等。

☞ **一审判决：**

企业未达到法定退休年龄的内退人员与新用人单位之间的关系为劳动关系。依据《实施〈中华人民共和国社会保险法〉若干规定》第 9 条的规定：“职工（包括非全日制从业人员）在两个或者两个以上用人单位同时就业的，各用人单位应当分别为职工缴纳工伤保险费。职工发生工伤，由职工受到伤害时工作的单位依法承担工伤保险责任。”即使内退职工的原用人单位为其缴纳了工伤保险费，新用人单位亦应自用工之日起为职工办理工伤保险的转移手续并续缴工伤保险费，从而实现分散企业用工风险和保护工伤职工合法权益的立法宗旨。新用人单位未履行该法律义务，劳动者在该单位工作期间发生工伤事故的，依法应当由实际用人单位承担工伤待遇赔偿的法律义务。伏某杉于 2008 年 12 月 14 日在被告处从事卫生保洁工作时发生交通事故受伤。伏某杉受伤后经连云港市劳动能力鉴定委员会认定为工伤（五级伤残）。伏某杉与元华市政园林工程有限公司的劳动关系已经由“（2011）港民初字第 0104 号”生效民事判决予以确认。因此，被告应依法对伏某杉因工伤产生的各项损失承担赔偿责任。判决如下：元华市政园林工程有限公司支付原告伏某声、张某华、伏某君工伤赔偿金合计 116 084.4 元。

☞ **二审判决：**

元华市政园林工程有限公司认为伏某杉属于雇工，其交通事故已获赔偿，公司不应再承担赔偿责任。法院认为，当事人对自己的主张，有责任提供证据。本案中，元华市政园林工程有限公司并未提供合法有效的证据证明其主张。《工伤保险条例》第64条第2款规定，本条例所称本人工资，是指工伤职工因工作遭受事故伤害或者患职业病前12个月平均月缴费工资。一审法院关于2008年社保缴费工资基数的认定及相应工伤保险待遇的计算数额均无不当。综上，一审判决认定事实清楚，适用法律正确。判决：驳回上诉，维持原判。

二、相关规定

《公司法》第16条第1款："公司应当保护职工的合法权益，依法与职工签订劳动合同，参加社会保险，加强劳动保护，实现安全生产。"

《中华人民共和国社会保险法》（以下简称《社会保险法》）第41条第1款："职工所在用人单位未依法缴纳工伤保险费，发生工伤事故的，由用人单位支付工伤保险待遇。用人单位不支付的，从工伤保险基金中先行支付。"

《工伤保险条例》第30条第1款："职工因工作遭受事故伤害或者患职业病进行治疗，享受工伤医疗待遇。"

《工伤保险条例》第62条第2款："依照本条例规定应当参加工伤保险而未参加工伤保险的用人单位职工发生工伤的，由该用人单位按照本条例规定的工伤保险待遇项目和标准支付费用。"

《实施〈中华人民共和国社会保险法〉若干规定》第9条："职工（包括非全日制从业人员）在两个或者两个以上用人单位同时就业的，各用人单位应当分别为职工缴纳工伤保险费。职工发生工伤，由职工受到伤害时工作的单位依法承担工伤保险责任。"

《最高人民法院关于审理劳动争议案件适用法律若干问题的解释（三）》第8条："企业停薪留职人员、未达到法定退休年龄的内退人员、下岗待岗人员以及企业经营性停产放长假人员，因与新的用人单位发生用工争议，依法向人民法院提起诉讼的，人民法院应当按劳动关系处理。"

《最高人民法院关于审理工伤保险行政案件若干问题的规定》第3条第1款第1项："职工与两个或两个以上单位建立劳动关系，工伤事故发生时，职工为之工作的单位为承担工伤保险责任的单位。"

《最高人民法院关于审理人身损害赔偿案件适用法律若干问题的解释》第3条："依法应当参加工伤保险统筹的用人单位的劳动者，因工伤事故遭受人身损害，劳动者或者其近亲属向人民法院起诉请求用人单位承担民事赔偿责任的，告知其按《工伤保险条例》的规定处理。

因用人单位以外的第三人侵权造成劳动者人身损害，赔偿权利人请求第三人承担民事赔偿责任的，人民法院应予支持。"

三、法理分析

首先，我国现行法律对于双重劳动关系有条件地予以支持。根据劳动法理论，劳动者一般只能与一个用人单位建立劳动法律关系，即隶属于一个用人单位，并由该用人单位为其缴纳社会保险、建立人事档案，其他单位不能同时为该劳动者重复建立人事档案、重复缴纳社会保险。即现行法律遵循的是"单一劳动关系"原则。但是，目前立法对于双重劳动关系也未明令禁止。《最高人民法院关于审理劳动争议案件适用法律若干问题的解释（三）》第8条规定，企业停薪留职人员、未达到法定退休年龄的内退人员、下岗待岗人员以及企业经营性停产放长假人员，因与新的用人单位发生争议并提起诉讼的，法院应当按照劳动关系处理。本案中，伏某杉内退后到元华市政园林工程有限公司工作，符合前一规定，应认定二者之间存在劳动关系。

其次，双重劳动关系下，新用人单位是工伤保险责任的主体。工伤保险是指劳动者在工作中或在规定的特殊情况下，遭受意外伤害或患职业病，导致暂时或永久丧失劳动能力，以及死亡时，劳动者获得帮助的一种社会保险制度。工伤保险制度的建立有助于维护劳动者的合法权益，用人单位应当依法为劳动者办理工伤保险。根据《最高人民法院关于审理工伤保险行政案件若干问题的规定》第3条第1款第1项规定，职工与两个或两个以上单位建立劳动关系，工伤事故发生时，职工为之工作的单位为承担工伤保险责任的单位。对于存在双重劳动关系的劳动者，如本案中的伏某杉，作为内退人员即使原用人单位为其缴纳了工伤保险费，新用人单位亦应自用工之日起为其办理工伤保险的转移手续并续缴工伤保险费，从而实现分散企业用工风险和保护工伤职工合法权益的立法宗旨。新用人单位未履行该法律义务，劳动者在该单位工作期间发生工伤事故的，依法应当由实际用人单位承担工伤待遇赔偿的法律义务。所以，本案中，即使元华市政园林工程有限公司未与伏某杉签订劳动合同、办理社会保险，在伏某杉因工受伤时，作为新用人单位的元华市政园林工程有限公司依然要承担赔偿责任。

最后，第三人侵权造成的工伤，劳动者在请求第三人承担民事赔偿责任的同时，可以享受工伤保险待遇。第三人侵权造成的工伤，是指由于劳动关系以外的第三人侵权行为，造成劳动者人身损害，并同时构成工伤事故的情形。因第三人侵权造成的工伤事故，一般包括以下两种情形：一是在劳动者上下班途中，遭受到非本人主要责任的交通事故等特定情形；二是劳动者在工作场所及工作时间内，因为履行工作职责受到用人单位以外第三人暴力侵害等意外情形。本案中，伏某杉作为元华市政园林工程有限公司的职工，在打扫卫生时遭遇交通事故并受伤，符合第三人侵权造成的工伤。此种情形下，劳动者可以获得哪些赔偿？根据《工伤保险条例》第14条规定，劳动者在工作期间或上下班途中受到意外伤害，且符合工伤认定条件的，可以享受工伤保险待遇。《最高人民法院关于审理人身损害赔偿案件适用法律若干问题的解释》第3条规定，劳动者因工伤事故遭受人身损害时，可以依法向人民法院起诉请求用人单位承担民事赔偿责任。同时，如果是因为第三人侵权造成劳动者人身损害，赔偿权利人也可以请求第三人承担民事赔偿责任。因此，在交通事故和工伤发生竞合的情况下，劳动者既可以根据交通事故责任向侵权方索赔，也可以根据《工伤保险条例》向用人单位或工伤保险基金申请工伤赔偿。这两种赔偿的权利是基于不同的法律关系和责任主体：交通事故赔偿是基于侵权法律关系，而工伤赔偿是基于劳动法和社会保险法的相关规定。虽然劳动者既可以请求第三人承担民事赔偿，也可以享受工伤保险待遇，但这并不意味着劳动者可以无限制地获得赔偿。对于已经发生的医疗费用、护理费用以及康复费等实际支出的费用，劳动者在交通事故和工伤竞合的情况下，通常不能获得重复赔偿。这是因为这些费用属于实际损失，应当遵循“损失填平”的原则，即赔偿的目的是弥补受害者的实际损失，而不是使受害者从中获得额外利益。

营利法人未承担保护环境的社会责任将面临公益诉讼

企业在从事经营活动中，除了对直接投资的股东负有经济效益责任，对其所处的社会环境中的利益相关者，包括企业员工、消费者、所在社区居民及所在地政府也应承担相应的责任。越来越多的实践证明，那些持续发展的公司，除了在产品和技术领域具有自己的优势，还能勇于承担社会责任，这恰恰成为企业竞争力的重要组成部分。

一、案情与裁判

案件名称：中国生保基金会诉正元玻璃有限公司大气污染责任民事公益诉讼案

案件来源：河北省高级人民法院（2018）冀民终758号民事判决书、最高人民法院指导案例132号

☞ 案情简介：

正元玻璃有限公司（被上诉人、被告）于2011年9月30日成立，截至2015年拥有玻璃窑炉四座，并主要从事各种玻璃包装瓶生产加工业务。该公司在生产过程中，因超标排污被秦皇岛市海港区环境保护局（以下简

称海港区环保局）多次作出行政处罚。2016 年中国生保基金会（上诉人、原告）对正元玻璃有限公司提起环境公益诉讼后，该公司对生产设备进行了脱硝脱硫除尘技术改造。2016 年 6 月 15 日，正元玻璃有限公司通过了海港区环保局的环保验收。2016 年 7 月 22 日，中国生保基金会组织相关专家对正元玻璃有限公司脱硝脱硫除尘设备运行状况进行了考察，并提出相关建议。2016 年环保部门为正元玻璃有限公司颁发《河北省排放污染物许可证》。同年 12 月，正元玻璃有限公司再次投入 1965 万元，为四座窑炉增设脱硝脱硫除尘备用设备一套。中国生保基金会 2016 年提起公益诉讼后，正元玻璃有限公司共缴纳行政罚款 1281 万元。2017 年 11 月，鉴定机构鉴定正元玻璃有限公司所在秦皇岛地区为空气功能区Ⅱ类。

☞ **一审判决：**

正元玻璃有限公司因非法排放大气污染物给环境造成损害，应依据鉴定报告确定的损害数额 154.95 万元予以赔偿。在中国生保基金会起诉后，正元玻璃有限公司认识到其非法排污的社会危害性，认真配合相关部门进行整改，积极缴纳行政罚款。考虑以上因素及企业的生产经营状况，一审法院酌定上述赔偿款分三年（每年 51.65 万元）缴纳。根据《最高人民法院关于审理环境民事公益诉讼案件适用法律若干问题的解释》相关规定，对污染环境、破坏生态，已经损害社会公共利益或者具有损害社会公共利益重大风险的行为，原告可以请求被告承担赔礼道歉等民事责任。正元玻璃有限公司非法排放大气污染物、加重大气污染的行为对广大民众造成一定精神上的损害，影响群众日常生活，应当承担赔礼道歉的民事责任。

☞ **二审判决：**

根据《最高人民法院关于审理环境民事公益诉讼案件适用法律若干问题的解释》第 23 条规定，生态环境修复费用难以确定的，人民法院可以结合污染环境、破坏生态的范围和程度、防止污染设备的运行成本、污染企业因侵权行为所得的利益以及过错程度等因素予以合理确定。本案中，正元玻璃有限公司于 2015 年对其四座窑炉配备的环保设施进行升级改造，体现了企业防污整改的守法意识。正元玻璃有限公司在环保设施升级改造过程中出现超标排污行为，虽然行为具有违法性，但在超标排污后，积极缴纳行政罚款共计1280余万元。环境公益诉讼在强调环境损害救济的同时，亦应兼顾预防。本案诉讼过程中，正元玻璃有限公司加快环保设施的整改进度，积极承担行政责任，并在其安装的环保设施验收合格后，出资近2000万元再行配备一套环保设施，以确保生产过程中环保设施的稳定运行，大大降低了再次造成环境污染的风险与可能性。正元玻璃有限公司自愿投入巨资进行污染防治，是在中国生保基金会一审提出“环境损害赔偿与环境修复费用”的诉讼请求之外实施的维护公益行为，实现了《中华人民共和国环境保护法》（以下简称《环境保护法》）第5条规定的“保护优先，预防为主”的立法意图，以及环境民事公益诉讼风险预防功能，具有良好的社会导向作用。人民法院综合考虑正元玻璃有限公司在企业生产过程中超标排污行为的违法性、过错程度、治理污染的运行成本以及防污采取的积极措施等因素，对于正元玻璃有限公司在一审鉴定环境损害时间段之前的超标排污造成的损害予以折抵，维持一审法院依据鉴定意见判决环境损害赔偿及修复费用的数额。判决如下：驳回上诉，维持原判。

二、相关规定

《公司法》第19条：“公司从事经营活动，应当遵守法律法规，遵守社会公德、商业道德，诚实守信，接受政府和社会公众的监督。”

《公司法》第20条第1款：“公司从事经营活动，应当充分考虑公司职工、消费者等利益相关者的利益以及生态环境保护等社会公共利益，承担社会责任。”

《民法典》第86条：“营利法人从事经营活动，应当遵守商业道德，维护交易安全，接受政府和社会的监督，承担社会责任。”

《环境保护法》第6条第1款、第3款规定：“一切单位和个人都有保护环境的义务。

企业事业单位和其他生产经营者应当防止、减少环境污染和生态破坏，对所造成的损害依法承担责任。”

《环境保护法》第58条：“对污染环境、破坏生态，损害社会公共利益的行为，符合下列条件的社会组织可以向人民法院提起诉讼：

（一）依法在设区的市级以上人民政府民政部门登记；

（二）专门从事环境保护公益活动连续五年以上且无违法记录。

符合前款规定的社会组织向人民法院提起诉讼，人民法院应当依法受理。

提起诉讼的社会组织不得通过诉讼牟取经济利益。”

《民事诉讼法》第58条：“对污染环境、侵害众多消费者合法权益等损害社会公共利益的行为，法律规定的机关和有关组织可以向人民法院提起诉讼。”

《最高人民法院关于审理环境民事公益诉讼案件适用法律若干问题的解释》第20条：“原告请求修复生态环境的，人民法院可以依法判决被告将生态环境修复到损害发生之前的状态和功能。无法完全修复的，可以准许采用替代性修复方式。人民法院可以在判决被告修复生态环境的同时，确定被告不履行修复义务时应承担的生态环境修复费用；也可以直接判决被告承担生态环境修复费用。生态环境修复费用包括制定、实施修复方案的费用，修复期间的监测、监管费用，以及修复完成后的验收费用、修复效果后评估费用等。”

《最高人民法院关于审理环境民事公益诉讼案件适用法律若干问题的解释》第23条：“生态环境修复费用难以确定的，人民法院可以结合污染环境、破坏生态的范围和程度、防止污染设备的运行成本、污染企业因侵权行为所得的利益以及过错程度等因素予以合理确定。”

三、法理分析

首先，营利法人应当承担社会责任。现代企业制度产生于自由资本主义时期，企业被视为资本所有者的财产，是实现股东利益的工具，企业应以股东利益最大化为唯一目标，并在追求股东利益最大化的同时自动实现社会福利最大化。持这一观点者以美国法学教授阿道夫·伯勒为代表，强调了企业的首要目标是为股东创造利润。但事实上，随着经济和社会的发展，企业的规模越来越大，大型企业、跨国公司在政治、经济、文化以及社会等各个方面的影响越来越大，企业发展中产生的外部负效应也越来越大，大量的社会问题如劳动者保护、自然资源和环境保护、消费者保护等由此产生。而以追求出资人利益最大化的"股东中心主义"的观点开始受到挑战。在美国 20 世纪 30 年代"企业社会责任"的辩论中，美国法学教授埃德温·多德认为企业的目的需要考虑社会利益。企业管理者不仅应该考虑股东的利益，同时还应兼顾利益相关者，如员工、顾客、社区等。企业作为一个社会机构，有责任为社会作出贡献，增进社会福祉。所以，我国《公司法》中引进了企业社会责任理论，要求公司在从事经营活动过程中，应当充分考虑公司职工、消费者等利益相关者的利益以及生态环境保护等社会公共利益，承担社会责任。

其次，企业因经营造成环境污染将面临环境公益诉讼。《环境保护法》第 6 条第 1 款、第 3 款规定："一切单位和个人都有保护环境的义务。""企业事业单位和其他生产经营者应当防止、减少环境污染和生态破坏，对所造成的损害依法承担责任。"本案中，正元玻璃有限公司因非法排放大气污染物给环境造成损害，应当承担相应的责任。中国生保基金会作为专门从事环境保护公益活动的社会组织对正元玻璃有限公司提起了环境公益诉讼。环境公益诉讼是指法律规定的机关和有关组织，在环境受到或可能受到污染和破坏的情形下，为维护环境公共利益，针对有关民事主体或行政机关而向法院提起诉讼的制度。环境公益诉讼的目的是维护环境公共利益。具体而言，是为了保护国家环境利益、社会环境利益及不特定多数人的环境利益，追求社会公正、公平，保障社会可持续发展。特别值得注意的是，环境公益诉讼的主体具有特殊性。根据《环境保护法》第 58 条和《民事诉讼法》第 58 条的规定，环境公益诉讼的主体只能是法律规定的有关机关和有关组织，进而使得诉讼主体与判决实体利益关系人相分离。本案中，中国生保基金会是在中华人民共和国民政部注册的基金会法人，是专门从事环境保护公益活动的社会组织，符合诉讼主体要求。

最后，环境公益诉讼在强调环境损害救济的同时，应兼顾损害预防。《环境保护法》第1条、第4条规定了保护环境、防止污染以及促进经济可持续发展的立法目的，体现了保护与发展并重原则。环境公益诉讼在强调环境损害救济的同时，亦兼顾损害预防。本案中，正元玻璃有限公司作为民营企业，在污染行为被查处后，积极投入资金用于对硝基苯乙酮生产线的升级改造，并通过了环境影响评价及安全条件审查，其已经按照法律、法规、规章的相关规定履行其法定的风险防范义务，采取了相应的风险防范措施，已经消除了其生产经营行为污染环境、破坏生态的风险。因此，法院在裁判的过程中，对正元玻璃有限公司主动履行主体责任，优化生产方式与生产条件，采取措施防范环境污染风险的积极作为予以肯定，体现了既坚持保护生态环境，又兼顾民营经济发展的裁判思路，秉持了协调、绿色的新发展理念，展现了人民法院服务保障高质量发展的司法作用，对审理同类案件具有一定的参考意义。

公司股东滥用股东权利损害其他股东的利益应承担赔偿责任

公司盈余分配权，是股东的基本权利，也是股东投资的根本目的。盈余分配是公司的商业判断，属于公司自治的范畴，司法不宜过度干预。但在实践中，有些公司有盈余可供分配，且符合公司章程规定的分配条件，但控股股东滥用权利控制公司，阻碍中小股东行使知情权和进行利润分配，股东会无法形成有效的利润分配决议，严重损害中小股东利益和投资积极性。此种情况下，司法要进行介入与干预，以纠正不公平的利益状态，保护中小股东合法的投资权益。

一、案情与裁判

案件名称：尧万置业有限公司与金山房地产开发有限公司、星宇房地产开发有限公司盈余分配纠纷案

案件来源：河南省高级人民法院（2021）豫民终445号民事裁定书、河南省高级人民法院2021年度十大商事暨涉企典型案例

☞ 案情简介：

2016年10月，星宇房地产公司（原告、上诉人、被上诉人）、尧万置

业公司（被告、上诉人、被上诉人）、金山房地产公司（被告、上诉人、被上诉人）与李某某签订《合作协议》，通过增资金山房地产公司合作开发郑州某地块。星宇房地产公司增资6000万元，占金山房地产公司60%股权；尧万置业公司增资2000万元，占40%，公司实行董事会领导下的总经理负责制，总经理由星宇房地产公司委派并担任金山房地产公司的法定代表人，全面负责金山房地产公司的日常经营管理工作。金山房地产公司章程规定，公司产生利润时，每年至少分配一次。

2018年8月，星宇房地产公司、尧万置业公司、万象公司、项目公司金山房地产公司签订《补充协议》，约定：星宇房地产公司调用项目公司8亿元资金，星宇房地产公司实际转给万象公司共计15.6亿余元，万象公司分两次共还款4亿余元，至今尚剩余11亿元未还。2019年10月，尧万置业公司向法院提起股东知情权诉讼，得到生效判决支持。万象公司2019年年度报告显示，该期归属于少数股东金山房地产公司的损益为11.4亿余元，金山房地产公司2019年综合收益总额应为2.8亿余元。尧万置业公司起诉请求：金山房地产公司支付盈余分配款38 476万元；在金山房地产公司不能履行义务的范围内，由星宇房地产公司和万象公司承担连带赔偿责任；根据金山房地产公司年度审计报告及关联公司万象公司2019年年度报告，可以计算出截至2019年金山房地产公司应向尧万置业公司分配的利润数额。

☞ **一审判决：**

金山房地产公司章程规定，公司产生利润时，每年至少分配利润一次。根据查明的案情，截至2019年金山房地产公司有盈余可供分配。尧万置业作为金山房地产公司实际出资40%的股东，依法享有取得投资利润的权利。金山房地产公司的控股股东星宇房地产公司利用优势地位，超出四方《补充协议》约定的调用资金金额的限制，向其全资控股的关联公司万象公司转账共计15.6亿余元，至一审起诉时，尚有11亿元资金未返还金山房地产公司，此行为系滥用股东权利的行为，其同时也有阻碍小股东尧万置业公司知情权行使的行为，上述行为导致金山房地产公司无法按公司章程规定向股东分配利润，严重损害尧万置业公司的利益。根据金山房地产公司年度审计报告及关联公司万象公司2019年年度报告，及股东实际出资比例，可以计算出截至2019年尧万置业公司应分配利润数额82 226 681.48元。

根据《公司法》规定，公司股东滥用股东权利给公司或者其他股东造成损失的，应当依法承担赔偿责任。本案中，金山房地产公司未按章程规定分配利润，且星宇房地产公司利用其大股东身份转移金山房地产公司巨额财产，并阻碍尧万置业公司行使股东知情权，存在滥用股东权利的行为，给尧万置业公司造成不能分配利润的实际损失，应当在金山房地产公司盈余分配给付不能范围内向尧万置业公司承担赔偿责任。

☞ **二审判决：**

尧万置业公司、金山房地产公司、星宇房地产公司均不服一审判决，提出上诉，后尧万置业公司未缴纳上诉费用，金山房地产公司、星宇房地产公司提出撤回上诉的申请。河南省高级人民法院于2021年9月8日作出（2021）豫民终445号民事裁定：（1）本案按尧万置业公司自动撤回上诉处理；（2）准许金山房地产公司、星宇房地产公司撤回上诉。

二、相关规定

《公司法》第4条第2款：“公司股东对公司依法享有资产收益、参与重大决策和选择管理者等权利。”

《公司法》第21条：“公司股东应当遵守法律、行政法规和公司章程，依法行使股东权利，不得滥用股东权利损害公司或者其他股东的利益。

公司股东滥用股东权利给公司或者其他股东造成损失的，应当承担赔偿责任。”

《公司法》第188条：“董事、监事、高级管理人员执行职务违反法律、行政法规或者公司章程的规定，给公司造成损失的，应当承担赔偿责任。”

《最高人民法院关于适用〈中华人民共和国公司法〉若干问题的规定

(四)》(以下简称《公司法司法解释四》)第15条:“股东未提交载明具体分配方案的股东会或者股东大会决议,请求公司分配利润的,人民法院应当驳回其诉讼请求,但违反法律规定滥用股东权利导致公司不分配利润,给其他股东造成损失的除外。”

三、法理分析

首先,公司股东依法享有资产收益权。《公司法》第4条规定,股东依法享有资产收益、参与重大决策和选择管理者等权利。股东作为公司的投资者,将其财产投入公司后,即以其对公司的投资享有对公司的股权。资产收益权是股东的一项重要权利,是指股东按照其对公司的投资份额通过公司盈余分配从公司获得利润的权利。获取利润是股东投资的主要目的,只要股东按照章程或股东协议的规定如期履行了出资义务,任何一个股东都有权向公司请求分配利润。一般而言,有限责任公司的股东应当按照其出资比例分配利润;股份有限公司的股东按照其持有的股份比例分配利润。同时,根据实践的需要,《公司法》扩大了股东在利润分配方面的自由权,规定“有限责任公司按照股东实缴的出资比例分配利润,全体股东约定不按照出资比例分配利润的除外;股份有限公司按照股东所持有的股份比例分配利润,公司章程另有规定的除外”。本案中,金山房地产公司有盈余可供分配。尧万置业公司作为金山房地产公司实际出资40%的股东,依法享有取得投资利润的权利。

其次,公司股东不得滥用股东权利。股东应当遵守法律、行政法规和公司章程的规定,依法行使股东权利。而一些公司股东,尤其是居于控股地位的大股东,往往利用其在公司经营管理、股东会表决权等方面的优势地位,为了追求私利不正当地行使股东权利,滥用股东权利,这种行为不仅损害公司利益,实际上也损害了其他股东的利益,同时还会损害公司债权人的利益。滥用股东权利主要表现在两个方面:一是滥用公司法人的独立地位和股东有限责任,损害公司债权人的利益;二是滥用股东权利,损害公司或者其他股东的利益。如果公司股东滥用股东权利给公司或者其他股东造成损失，应当依法承担赔偿责任。本案中，金山房地产公司未按章程规定分配利润，且星宇房地产公司利用其大股东身份转移金山房地产公司巨额财产，并阻碍尧万置业公司行使股东知情权，这都属于滥用股东权利的行为。星宇房地产公司给尧万置业公司造成不能分配利润的实际损失，应当在金山房地产公司盈余分配给付不能范围内向尧万置业公司承担赔偿责任。

最后，滥用股东权利损害其他股东利益的，应承担赔偿责任。大股东滥用股权导致公司不分配利润，给小股东造成损失的，小股东可要求法院强制分红。一般而言，即使股东会或股东大会未形成盈余分配的决议，对希望分配利润股东的利益不会发生根本损害，因此，原则上这种冲突的解决属于公司自治范畴，是否进行公司盈余分配及分配多少，应当由股东会作出公司盈余分配的具体方案。但是，当部分股东变相分配利润、隐瞒或转移公司利润时，则会损害其他股东的实体利益，此非公司自治所能解决，需要司法适度干预，以避免出现权力滥用。《公司法司法解释四》第15条规定，“股东未提交载明具体分配方案的股东会或者股东大会决议，请求公司分配利润的，人民法院应当驳回其诉讼请求，但违反法律规定滥用股东权利导致公司不分配利润，给其他股东造成损失的除外”。

本案中，金山房地产公司的控股股东星宇房地产公司利用优势地位，超出四方《补充协议》约定的调用资金金额的限制，向其全资控股的关联公司万象公司转账共计15.6亿余元，并阻碍小股东尧万置业公司知情权的行使，上述行为导致金山房地产公司无法按公司章程规定向股东分配利润，严重损害尧万置业公司的利益，应当予以赔偿。在具体的赔偿数额上，法院一般会根据《公司法》规定和具体的案情来确定。例如本案就是根据目标公司及全资控股关联公司的年度审计报告，计算出2019年度公司可分配利润数额，以此为依据进行分配，具有事实法律依据。同时，因为本案控股股东存在滥用股东权利，导致公司不分配利润的情况，应当在公司利润分配给付不能的范围内承担赔偿责任。本案例的裁判较好平衡了公司发展与股东权益保护的关系，保障了公司的经营与发展，也保护了投资者取得合法投资收益的权利。

一人公司股东对公司债务承担连带责任的条件

一般情况下，不论公司股东数量的多少，有限责任公司作为独立法律关系主体，均具有独立的法律人格，享有独立于股东的权利能力和行为能力。特殊情形下，一人公司出现债务时，股东可能需要承担连带责任。一人公司股东在何种情形下需要对公司债务承担连带责任问题，值得我们关注！

一、案情与裁判

案件名称：应某某诉嘉美德公司、陈某某其他合同纠纷案

案件来源：上海市第一中级人民法院（2014）沪一中民四（商）终字第S1267号民事判决书、《最高人民法院公报》2016年第10期

☞ **案情简介：**

2006年8月9日，嘉美德公司（被告，被上诉人）成立，股东及法定代表人均为陈某某（被告，上诉人）。2012年8月2日，应某某（原告，上诉人）与嘉美德公司、陈某某签订《投资合同》，约定应某某对公司进行投资。2012年8月6日，应某某向嘉美德公司支付了部分投资款。2012年9月29日，应某某委托余某某向陈某某发送电子邮件，称因嘉美德公司财务报表和经营报表金额有出入，决定中止此次合作，并要求退还汇款。

2012年11月21日，陈某某向余某某发送电子邮件，称部分投资额已付货款，只能通过保留5%股权的方式折抵欠款。双方就如何退还投资款以及退还数额问题产生争议。应某某诉请法院，要求嘉美德公司全额返还投资款，并要求陈某某承担连带责任。

☞ **一审判决：**

一审法院认为，根据《公司法》（2018）第63条的规定，一人有限责任公司的股东不能证明公司财产独立于股东自己财产的，应当对公司债务承担连带责任。陈某某作为嘉美德公司的唯一股东，未能向法院提供证据，证明“嘉美德公司的财产独立于其个人财产”；且嘉美德公司坚持不进行审计，无法证明“应某某所交付的投资款已用于嘉美德公司”，从而不可以排除另做他用的可能性。基于上述两个原因，为防止一人公司的唯一股东滥用公司独立人格，增强对公司债权人的保护，一审法院判决陈某某对嘉美德公司的债务承担连带清偿责任。

☞ **二审判决：**

二审法院认定的案件事实与一审法院认定的案件事实一致，但是对于陈某某个人是否应当对公司债务承担连带责任问题，持不同裁判观点。二审法院认为，根据《公司法》（2018）第63条的规定，一人有限责任公司股东的财产应当完全独立于公司财产，且公司股东应当对其个人财产与公司财产相分离负举证责任。该条法律规定之目的，在于防范股东利用混同财产的非法手段，逃避债务，损害公司债权人的利益。因此，股东对公司债务承担连带清偿责任的前提是，该股东的个人财产与公司财产出现了混同。本案中存在两个法律事实：其一，嘉美德公司收到应某某的投资款后，将投资款用于支付员工工资和货款，属于公司正常经营活动的范畴；其二，嘉美德公司并无款项转入陈某某个人账户的记录，公司财产并未出现与陈某某个人财产混同的情况。因此，一审法院认定陈某某对嘉美德公司债务承担连带清偿责任的判决不当。

二、相关规定

《公司法》第 3 条：“公司是企业法人，有独立的法人财产，享有法人财产权。公司以其全部财产对公司的债务承担责任。

公司的合法权益受法律保护，不受侵犯。”

《公司法》第 4 条：“有限责任公司的股东以其认缴的出资额为限对公司承担责任；股份有限公司的股东以其认购的股份为限对公司承担责任。

公司股东对公司依法享有资产收益、参与重大决策和选择管理者等权利。”

《公司法》第 23 条：“公司股东滥用公司法人独立地位和股东有限责任，逃避债务，严重损害公司债权人利益的，应当对公司债务承担连带责任。

公司股东利用其控制的两个以上公司实施前款规定行为的，各公司应当对任一公司的债务承担连带责任。

只有一个股东的公司，股东不能证明公司财产独立于股东自己的财产的，应当对公司债务承担连带责任。”

三、法理分析

首先，一般情况下，公司以其全部财产对公司的债务承担责任。根据《公司法》第 3 条的规定，公司作为企业法人，以其全部财产对公司的债务承担责任。本案中，嘉美德公司是由陈某某一人出资设立的一人公司。公司依法成立之后，嘉美德公司与陈某某就已经分属两个不同的民事主体。作为具有独立法律地位的企业法人，嘉美德公司以其全部财产对公司的债务承担责任，股东陈某某不因其出资设立公司的行为，对嘉美德公司的债务承担连带责任。

其次，一人公司股东承担证明其财产独立于公司财产的举证责任。一人公司，是只有一个自然人股东或者一个法人股东的有限责任公司。根据

《公司法》第23条第3款的规定，一人公司股东若不能举证证明其个人财产独立于公司财产，则需要对公司债务承担连带责任。这意味着，在一人公司可能与其股东财产混同的案件当中，股东需要举证证明其财产独立于公司的财产，否则就要对公司的债务承担连带责任。通过举证责任倒置，强化一人公司的财产独立性，加强了对债权人的保护。本案中，嘉美德公司为陈某某独立出资成立的一人公司，符合举证责任倒置的适用条件。应某某与嘉美德公司产生纠纷之后，可以将陈某某列为共同被告，要求陈某某举证证明其个人财产与其出资成立的嘉美德公司的财产相互独立。

最后，只有一个股东的公司，股东不能证明公司财产独立于自己财产的，应当对公司债务承担连带责任。根据《公司法》第23条第3款的规定，一人有限责任公司股东抗辩不对公司债务承担连带责任，需要举证证明公司财产与股东个人财产之间完全独立。若一人有限责任公司的股东不能证明公司财产独立于股东自己财产的，需要承担举证不能的法律后果，即对公司债务承担连带责任。责令一人公司股东对公司债务承担连带责任的责任分配方式，能够实现防止股东利用公司的有限责任和独立人格，损害公司债权人及社会公众的合法权益的目的。本案中，一旦陈某某不能举证证明嘉美德公司财产独立于其本人财产，则意味着陈某某的个人财产与嘉美德公司的财产产生了混淆。一审法院简单地基于“陈某某未向原审法院提供证据证明嘉美德公司的财产独立于其个人财产，且嘉美德公司坚持不进行审计”的事实，认定嘉美德公司与其股东陈某某发生了财产混同，因此判决陈某某需要对嘉美德公司的债务承担连带责任。而二审法院查明，嘉美德公司没有款项转入陈某某个人账户的记录，基于这一事实就已经能够证明嘉美德公司与其股东陈某某之间的财产并未产生混同，即嘉美德公司的财产独立于陈某某自己的财产。因此，二审法院认定，嘉美德公司与其股东陈某某之间不存在人格混同，陈某某无须对嘉美德公司的债务承担连带清偿责任。

公司控股股东、实际控制人、董监高利用关联关系损害公司利益的赔偿责任

在市场经济的浪潮之下，公司控股股东以及其他对公司具有实际控制力的主体，难免出于追求个人利益最大化的私人目的，做出有损公司利益的行为。针对这类问题，《公司法》提供了相应的规制手段，以维护市场经济的平稳运行和公司集体利益。公司控股股东、实际控制人、董监高利用关联关系损害公司利益的，需要承担何种赔偿责任的问题值得我们重点关注。

一、案情与裁判

案件名称： 陕鼓汽轮机公司与高某某、程某公司关联交易损害责任纠纷案

案件来源： 最高人民法院（2021）最高法民再 181 号民事判决书

☞ 案情简介：

2009 年 5 月 26 日，陕鼓汽轮机公司（原告，上诉人）注册成立。陈某 1 任公司法定代表人、董事长，高某某（被告，被上诉人）、程某（被告，被上诉人）、姜某某、颉某某任公司董事，姜某某任公司总经理。2011 年 7 月 8 日，陕鼓汽轮机公司召开第二届第一次股东会议，决议变更

陈某2为公司法定代表人、董事长，高某某为副董事长、总经理，董事会成员为程某等人。2012年6月7日，陕鼓汽轮机公司成立销售部，聘任程某为销售部部长（兼）。2009年5月12日，钱塘公司注册成立，黄某任公司法定代表人，黄某、高某某、程某和张某为股东。2009—2015年，陕鼓汽轮机公司与钱塘公司共签订采购合同近2100份，总标的额约为2500万元。

2015年6月30日，《陕鼓汽轮机公司向钱塘公司采购业务核查报告》显示：（1）钱塘公司法定代表人黄某被陕鼓汽轮机公司聘任为技术顾问；（2）陕鼓汽轮机公司中的个别股东在钱塘公司担任股东。2017年4月5日，陕鼓汽轮机公司监事会作出了《陕鼓汽轮机公司部分高管进行关联交易损害公司利益的调查报告》，其记载，“2015年6月至2015年8月期间，监事会对陕鼓汽轮机公司财务进行专项检查，对董事、高级管理人员履行职务的行为进行了监督调查，发现其涉嫌关联交易问题”。基于此，陕鼓汽轮机公司向法院提起诉讼，请求法院判令高某某、程某向陕鼓汽轮机公司连带赔偿3331万元。

☞ **一审判决：**

一审法院查明，2009—2015年，高某某、程某同时任职的陕鼓汽轮机公司与钱塘公司签订了大量采购合同。鉴于高某某、程某的双重身份以及陕鼓汽轮机公司和钱塘公司之间的交易行为，陕鼓汽轮机公司和钱塘公司之间构成关联关系，其交易构成关联交易。但是，在陕鼓汽轮机公司与钱塘公司交易期间，陕鼓汽轮机公司的财务状况始终处于盈利状态，关联交易的行为并没有对公司的经营产生利益上的损害。基于上述两个方面的原因，陕鼓汽轮机公司提供的证据，无法证明高某某、程某作为陕鼓汽轮机公司的董事、高级管理人员违反了忠诚义务，无法认定其在陕鼓汽轮机公司与钱塘公司之间的关联交易中损害了陕鼓汽轮机公司的利益。因此，一审法院对于陕鼓汽轮机公司的诉讼请求不予支持。

☞ **二审判决：**

二审法院查明，钱塘公司与陕鼓汽轮机公司之间存在关联交易的时间为2009—2015年，涉及约2100份采购合同，采购金额总计高达2500万元。从钱塘公司存续期间的资产负债表来看，其经营利润符合正常的商业规律；通过核查其历年的资产负债表，亦不能判断案涉关联交易有失公允。一审法院根据钱塘公司资产负债表中未分配利润数额的简单相加，得出“钱塘公司存续期间合计利润为7 578 851.41元”的结论，不符合会计准则，应予纠正。其余事实清楚、证据确实充分。因此，陕鼓汽轮机公司主张“公司所获利润是其多支出的采购成本，属于其损失”的理由无事实及法律依据，陕鼓汽轮机公司的上诉理由不能成立。

☞ **再审判决：**

再审查明本案事实与一审、二审法院查明的事实一致。再审法院将本案的争议点归纳为两个方面：其一，陕鼓汽轮机公司与钱塘公司之间的交易是否构成关联交易；其二，案涉关联交易是否损害陕鼓汽轮机公司的利益。对于第一个方面，基于一审、二审法院查明的案件事实，陕鼓汽轮机公司与钱塘公司之间存在关联交易。对于第二个方面，可以通过几个方面进行具体认定：（1）高某某、程某是否违反了《公司法》和《公司章程》的相关规定，是否履行了披露义务，将其所进行的关联交易情况向公司进行披露；（2）陕鼓汽轮机公司关于“案涉交易对价高于市场价且不具备公允性”的上诉主张是否合理；（3）高某某、程某的行为与陕鼓汽轮机公司损害结果的发生之间是否存在因果关系。再审法院认定，根据《公司法》（2018）第21条、第216条及《最高人民法院关于适用〈中华人民共和国公司法〉若干问题的规定（五）》第1条的规定，作为陕鼓汽轮机公司董事、高级管理人员的高某某、程某违反了忠诚义务，应当承担赔偿责任。

二、相关规定

《公司法》第22条："公司的控股股东、实际控制人、董事、监事、高级管理人员不得利用关联关系损害公司利益。

违反前款规定，给公司造成损失的，应当承担赔偿责任。"

《公司法》第181条："董事、监事、高级管理人员不得有下列行为：

（一）侵占公司财产、挪用公司资金；

（二）将公司资金以其个人名义或者以其他个人名义开立账户存储；

（三）利用职权贿赂或者收受其他非法收入；

（四）接受他人与公司交易的佣金归为己有；

（五）擅自披露公司秘密；

（六）违反对公司忠实义务的其他行为。"

《公司法》第265条："本法下列用语的含义：

（一）高级管理人员，是指公司的经理、副经理、财务负责人，上市公司董事会秘书和公司章程规定的其他人员。

（二）控股股东，是指其出资额占有限责任公司资本总额超过百分之五十或者其持有的股份占股份有限公司股本总额超过百分之五十的股东；出资额或者持有股份的比例虽然低于百分之五十，但依其出资额或者持有的股份所享有的表决权已足以对股东会的决议产生重大影响的股东。

（三）实际控制人，是指通过投资关系、协议或者其他安排，能够实际支配公司行为的人。

（四）关联关系，是指公司控股股东、实际控制人、董事、监事、高级管理人员与其直接或者间接控制的企业之间的关系，以及可能导致公司利益转移的其他关系。但是，国家控股的企业之间不仅因为同受国家控股而具有关联关系。"

《最高人民法院关于适用〈中华人民共和国公司法〉若干问题的规定（五）》（以下简称《公司法司法解释五》）第1条："关联交易损害公司利益，原告公司依据民法典第八十四条、公司法第二十一条规定请求控股股东、实际控制人、董事、监事、高级管理人员赔偿所造成的损失，被告仅以该交易已经履行了信息披露、经股东会或者股东大会同意等法律、行政法规或者公司章程规定的程序为由抗辩的，人民法院不予支持。

公司没有提起诉讼的，符合公司法第一百五十一条第一款规定条件的股东，可以依据公司法第一百五十一条第二款、第三款规定向人民法院提起诉讼。”

三、法理分析

首先，董事、监事、高级管理人员需要积极履行忠实及勤勉义务，向公司披露其所进行的关联交易情况。根据《公司法》第 180 条的规定，公司的控股股东、实际控制人、董事、监事、高级管理人员对公司负有忠实及勤勉义务。其中忠实义务指的是，应当采取措施避免自身利益与公司利益冲突，不得利用职权牟取不正当利益；勤勉义务指的是，执行职务应当为公司的最大利益尽到管理者通常应有的合理注意义务。本案中，高某某、程某分别作为陕鼓汽轮机公司的董事和高级管理人员，对陕鼓汽轮机公司负有忠实、勤勉义务，不得利用职权牟取不正当利益，执行职务应当为公司的最大利益尽到管理者通常应有的合理注意。然而，高某某、程某并未及时向公司披露其所进行的关联交易情况，违反了董事、高级管理人员的忠实及勤勉义务。

其次，公司的控股股东、实际控制人、董事、监事、高级管理人员从事合法有效关联交易的实质要件是交易对价公允。《公司法》并不禁止关联交易，并且保护合法有效的关联交易。合法有效的关联交易的实质要件是交易对价公允、不损害公司利益。本案中，高某某、程某设立钱塘公司后，利用关联交易关系和实际控制陕鼓汽轮机公司经营管理的便利条件，主导陕鼓汽轮机公司与钱塘公司签订的若干采购合同若“交易对价公允”，则并不属于非法的关联交易行为。然而，高某某、程某将本可以通过市场采购方式购买的相关产品转由向钱塘公司进行采购且增加购买成本，导致陕鼓汽轮机公司付出了更多的交易成本，交易价格有失公允，不属于合法、有效的关联交易行为。

最后，公司的控股股东、实际控制人、董事、监事、高级管理人员从事关联交易行为给公司造成损失的，应当承担侵权责任。根据《公司法》第 22 条第 2 款的规定，公司的控股股东、实际控制人、董事、监事、高级管理人员从事的关联交易行为给公司造成损失的，应当承担侵权责任。为此需要认定“公司的控股股东、实际控制人、董事、监事、高级管理人员从事的关联交易行为”与“公司损害结果的发生”之间具有因果关系。本案中，关联交易发生在高某某、程某任职期间。高某某、程某任陕鼓汽轮机公司董事、高级管理人员、主持生产经营工作期间，关联交易额占陕鼓汽轮机公司采购总额的比例大幅上升，并且在高某某、程某被解除相应职务后，关联交易急速减少并消失。关联交易的发生及变化与高某某、程某任职期间及职务变化存在同步性，故高某某、程某的行为与陕鼓汽轮机公司利益受损之间具有因果关系。基于此，根据《公司法》第 22 条的规定，高某某、程某应当向陕鼓汽轮机公司承担损害赔偿责任。公司经营过程中遇到类似情形的，除了可以要求公司的控股股东、实际控制人、董事、监事、高级管理人员及时履行披露，还可以通过表决权回避制度，防范关联交易损害公司利益情况的发生。

原告不能证明股东滥用公司独立人格和股东有限责任的，股东无须对公司债务承担连带责任

公司独立人格和股东有限责任是现代公司法律制度的基石。市场经济风云变幻莫测，投资者通过法人的独立人格，隐藏在法人背后操纵公司的经济往来、为自己牟取利益的情况屡屡出现。为避免投资者利用“法人独立人格”制度为自己牟取不正当利益，《公司法》作出了严格的限制性规定。这类案件在司法实践中如何认定，值得我们关注！

一、案情与裁判

案件名称： 河南森源公司与台前卓远公司、濮阳兴业公司、河南卓远新能源公司、潘某承揽合同纠纷案

案件来源： 河南省高级人民法院（2021）豫民终533号民事判决书、河南省高级人民法院发布2021年度十大商事暨涉企典型案例

☞ 案情简介：

2018年3月1日，河南森源公司（原告、被上诉人）与台前卓远公司（被告、被上诉人）签订《新能源25MWp光伏电站PC总承包合同》。合同约定：由河南森源公司承包台前卓远公司新能源25MWp光伏电站建设

项目安装施工事宜；本发电系统范围内，工程建筑安装所需的部分设备及材料由河南森源公司负责；工程预计于2018年6月30日前全部并网。2018年7月30日前，台前卓远公司向河南森源公司支付了全部合同价款。

2018年3月29日，河南森源公司与台前卓远公司签订《濮阳台前县25MWp项目投资成本分解表》，约定：采购加施工总成本合计118 530 000元，垫资2 666 925元，利润5 926 500元，总计127 123 425元。2018年4月17日，河南卓远新能源公司（被告、上诉人）、潘某（被告、被上诉人）为案涉债务提供连带责任保证，保证期间为两年。2018年6月30日，案涉项目建成且并网发电。河南森源公司自认，台前卓远公司已经支付工程款利息230万元。台前卓远公司章程显示：公司注册资本10 000万元；股东为河南卓远新能源公司、濮阳兴业公司（被告、被上诉人）；股东出资额均为5000万元，出资比例各占50%，各股东需于2026年6月30日前一次性足额缴纳完毕。河南森源公司诉请，判令台前卓远公司支付工程款127 123 425元及逾期付款利息，河南卓远新能源公司、濮阳兴业公司、潘某对上述工程款及利息承担连带清偿责任。

☞ **一审判决：**

一审法院审查认为，台前卓远公司章程虽然规定，河南卓远新能源公司与濮阳兴业公司的实缴出资时间为2026年6月30日前，但台前卓远公司与河南森源公司签订总金额上亿元的合同，必须有与其经营所隐含的风险相匹配的实有资金，而河南卓远新能源公司与濮阳兴业公司均未提供证据证明其已经投入了相匹配的资金。这表明，河南卓远新能源公司与濮阳兴业公司所从事的公司经营行为缺乏诚意，把投资风险转嫁至债权人，属于滥用公司独立人格和股东有限责任的行为。基于上述事实，河南卓远新能源公司与濮阳兴业公司对台前卓远公司出资显著不足，应对台前卓远公司的债务承担连带清偿责任。

☞ **二审判决：**

二审法院认为，河南森源公司并未举证证明股东河南卓远新能源公司、濮阳兴业公司尚未出资的行为，导致台前卓远公司的财产不足以清偿公司债务。一审法院仅以股东尚未出资、出资显著不足为由，否认台前卓远公司独立的法人人格，未审查和考虑该尚未出资行为是否导致公司财产不足以清偿公司债务，是对法人人格否认制度的错误理解和适用。另外，在注册资本认缴制下，股东依法享有期限利益。债权人以公司不能清偿到期债务为由，请求未届出资期限的股东，在未出资范围内对公司不能清偿的债务承担补充赔偿责任的，人民法院不予支持。本案中，台前卓远公司的股东是否出资以及出资期限属于对外公示信息，河南森源公司应予知晓，且河南森源公司没有提交证据证明本案存在上述股东出资应当加速到期的情形，故本案亦不符合"未届出资期限的股东，在未出资范围内对公司不能清偿的债务承担补充赔偿责任"的情形。基于上述两方面的原因，二审法院认定，一审法院适用公司人格否认制度，认定河南卓远新能源公司与濮阳兴业公司应对台前卓远公司的债务承担连带清偿责任，适用法律错误，应予纠正。

二、相关规定

《公司法》第 23 条第 1 ~ 2 款："公司股东滥用公司法人独立地位和股东有限责任，逃避债务，严重损害公司债权人利益的，应当对公司债务承担连带责任。

公司股东利用其控制的两个以上公司实施前款规定行为的，各公司应当对任何一个公司的债务承担连带责任。"

《公司法》第 49 条："股东应当按期足额缴纳公司章程规定的各自所认缴的出资额。

股东以货币出资的，应当将货币出资足额存入有限责任公司在银行开设的账户；以非货币财产出资的，应当依法办理其财产权的转移手续。

股东未按期足额缴纳出资的，除应当向公司足额缴纳外，还应当对给公司造成的损失承担赔偿责任。"

《公司法》第 54 条："公司不能清偿到期债务的，公司或者已到期债权的债权人有权要求已认缴出资但未届缴资期限的股东提前缴纳出资。"

《公司法》第 265 条第 1 款第 4 项："关联关系，是指公司控股股东、实际控制人、董事、监事、高级管理人员与其直接或者间接控制的企业之间的关系，以及可能导致公司利益转移的其他关系。但是，国家控股的企业之间不仅因为同受国家控股而具有关联关系。"

三、法理分析

首先，公司人格独立和股东有限责任是企业法人的基本特征。法律赋予公司独立人格，一方面，能够确保公司在法律上的独立主体地位，将股东和债权人之间的直接关系阻隔开，确立有效的法律责任机制；另一方面，公司的独立人格能够确保公司独立地享有民事权利和承担民事义务，将投资者的责任限定在投资范围内，从而控制投资风险。本案中，根据《公司法》第 3 条第 1 款的规定，台前卓远公司与出资成立公司的股东濮阳兴业公司、河南卓远新能源公司，均是各自独立的企业法人，具有独立的法律人格，独立享有民事权利、承担民事义务。

其次，股东滥用公司法人独立地位和股东有限责任，逃避债务，严重损害公司债权人利益的，应当对公司债务承担连带责任。否认公司独立人格，由滥用公司法人独立地位和股东有限责任的股东对公司债务承担连带责任，是股东有限责任的例外情形。其旨在矫正股东有限责任制度在特定法律事实发生时对债权人利益保护失衡的现象。只有在股东实施了滥用公司法人独立地位及股东有限责任的行为，且该行为严重损害了公司债权人利益的情况下，才能否认公司独立人格。损害债权人利益，主要是指股东滥用权利使公司财产不足以清偿公司债权人的债权。本案中，台前卓远公司的章程载明了濮阳兴业公司和河南卓远新能源公司的出资期限及时间，并已经对外公示，河南森源公司应予知晓。且河南森源公司并未提交证据，证明濮阳兴业公司和河南卓远新能源公司实施了"人格混同、过度支配与控制、资本显著不足"等滥用公司法人独立地位及股东有限责任的行为。因此，河南卓远新能源公司、濮阳兴业公司的行为不属于《公司法》第 23 条第 1 款所规定的滥用公司独立人格和股东有限责任行为，无须对台前卓远公司的债务承担连带清偿责任。

通过提交虚假材料或采取其他欺诈手段隐瞒重要事实取得公司登记的法律后果

"诚信"，是每个人必须遵守的基本道德规范。《民法典》将诚实信用原则规定为民事活动的基本原则之一，各类商主体也将"诚信赢天下"作为其经营的箴言警句。《公司法》在处理出资人设立公司的行为过程当中，亦将"诚信"作为最基本的原则。公司在设立之初，依照法律规定需要提交的各种申请材料，必须在"诚信"的基础上，将"真实性""合法性""有效性"一以贯之地落实下去。

一、案情与裁判

案件名称：胡某某与某市场监督管理局工商行政登记案

案件来源：浙江省舟山市中级人民法院（2019）浙09行终89号行政判决书

☞ **案情简介：**

2003年2月26日，华利公司成立，股东为胡某某（原告、上诉人）和林某某，法定代表人为胡某某。因未参加2009年年检，华利公司于2010年12月6日被吊销营业执照。2009年11月24日，华利公司股东会作出《关于解散公司、成立清算组的股东会决议》，并在报纸上刊登注销公告。2010 年 2 月 8 日，华利公司股东会作出同意清算报告和申请公司注销的股东会决议。2013 年 5 月 6 日，清算组负责人胡某某签名并书面授权委托职工张某向某市场监督管理局（被告、被上诉人）提交《公司注销登记申请书》及其他注销所需的材料。同日，某市场监督管理局根据胡某某和张某签名提交的《公司备案申请书》，在《备案审核表》上核准备案，并制作了《企业登记证照颁发及归档记录表》。2017 年 10 月 30 日，林某某向某市场监督管理局提交《关于要求撤销华利公司注销的请求》。2018 年 1 月 22 日，林某某向某市场监督管理局提交了《司法鉴定意见书》，鉴定报告指出，《关于解散公司、成立清算组的股东会决议》《清算报告》等几项材料中，股东签字处“林某某”签名字迹与现有样本中的“林某某”签名字迹并非同一人的笔迹。2018 年 1 月 25 日，某市场监督管理局制作了《撤销公司登记立案审批表》。2018 年 8 月 17 日，某市场监督管理局对胡某某进行询问并制作了询问笔录。在履行内部讨论程序后，某市场监督管理局于 2019 年 1 月 16 日作出《公司撤销登记决定书》。胡某某起诉至法院，请求法院撤销某市场监督管理局作出的《公司撤销登记决定书》。

☞ **一审判决：**

一审法院认定，虽被告制作的部分登记表、审批表和询问笔录中存在多处笔误，案件讨论笔录中存在签名错页等瑕疵，但该瑕疵并未违反法定程序，属于一般瑕疵。关于“胡某某主张因某市场监督管理局未通知林某某参加听证，听证通知书未送达给华利公司，听证程序严重违法”问题，鉴于某市场监督管理局在事后就林某某未参加听证在书面笔录中征询过其本人意见，林某某明确表示无异议，且林某某未参加听证并不损害胡某某的权利，故其不影响涉案事实的查明。关于“听证通知书未送达给华利公司”的问题，因华利公司的所有活动均由其法定代表人代表行使，某市场监督管理局将《听证通知书》送达胡某某，并不违反相关法律规定。在《公司法》未列明撤销公司注销登记事由的情形下，某市场监督管理局参照适用《公司法》“设立登记”的相关法条对涉案错误的注销登记行为进行纠正的做法正确。鉴于上述行为属于纠错行为，故不适用关于一般行政行为最长保护时效 5 年的限制性规定。据此，某市场监督管理局作出的《公司撤销登记决定书》中所列的申请人、被许可人正确，认定事实清楚、证据确凿、适用法律正确、程序合法，胡某某的诉讼请求应依法予以驳回。

☞ **二审判决：**

二审法院归纳认为，本案的争议点主要包括两个方面：其一，关于某市场监督管理局作出的《公司撤销登记决定书》的事实认定问题；其二，关于某市场监督管理局作出的《公司撤销登记决定书》的法律适用问题。关于第一个方面，《司法鉴定意见书》认定，华利公司提交的公司注销登记申请材料中的两份《关于解散公司、成立清算组的股东会决议》和《清算报告》中的“林某某”签名字迹，与现有样本中的“林某某”签名字迹不是同一人笔迹。对于这一问题，即使涉案两份《关于解散公司、成立清算组的股东会决议》和《清算报告》中“林某某”签名非其本人签名，亦存在两种可能性：一是林某某对公司清算、注销登记事项确不知情而由他人伪造“林某某”签名申请注销登记，此构成提交虚假材料的行为；二是林某某对公司清算、注销登记事项确系明知而不持异议，此仅构成签名不规范的情形。对此，某市场监督管理局作出《公司撤销登记决定书》时应当予以查清，而某市场监督管理局并无充分证据证明“华利公司系以伪造签名等不正当手段向该局提供了虚假登记材料”，径直认定华利公司属于“提供虚假材料取得公司登记”的违法行为，且情节严重，应予撤销注销登记情形，事实认定主要依据不足。关于第二个方面，华利公司于 2013 年 5 月 6 日经核准注销，公司实体上已不复存在，且没有证据证明该注销登记行为损害了相关债权人利益，亦不存在影响第三人权益或社会经营秩序的问题。至于林某某主张其作为华利公司股东在清算、注销登记过程中存在权益被侵害等问题，可以通过民事诉讼等途径另行提起权利救济之诉。基于上述两个方面，二审法院判决撤销一审判决及某市场监督管理局于 2019 年 1 月 16 日作出的《公司撤销登记决定书》。

二、相关规定

《公司法》第30条："申请设立公司，应当提交设立登记申请书、公司章程等文件，提交的相关材料应当真实、合法和有效。

申请材料不齐全或者不符合法定形式的，公司登记机关应当一次性告知需要补正的材料。"

《公司法》第39条："虚报注册资本、提交虚假材料或者采取其他欺诈手段隐瞒重要事实取得公司登记的，公司登记机关应当依照法律、行政法规的规定予以撤销。"

《公司法》第250条："违反本法规定，虚报注册资本、提交虚假材料或者采取其他欺诈手段隐瞒重要事实取得公司登记的，由公司登记机关责令改正，对虚报注册资本的公司，处以虚报注册资本金额百分之五以上百分之十五以下的罚款；对提交虚假材料或者采取其他欺诈手段隐瞒重要事实的公司，处以五万元以上二百万元以下的罚款；情节严重的，吊销营业执照；对直接负责的主管人员和其他直接责任人员处以三万元以上三十万元以下的罚款。"

《防范和查处假冒企业登记违法行为规定》第6条第1款："申请人应当对提交材料的真实性、合法性和有效性负责。"

《关于审理公司登记行政案件若干问题的座谈会纪要》（2012）第1条："因申请人隐瞒有关情况或者提供虚假材料导致登记错误的，登记机关可以在诉讼中依法予以更正。登记机关依法予以更正且在登记时已尽到审慎审查义务，原告不申请撤诉的，人民法院应当驳回其诉讼请求。原告对错误登记无过错的，应当退还其预交的案件受理费。登记机关拒不更正的，人民法院可以根据具体情况判决撤销登记行为、确认登记行为违法或者判决登记机关履行更正职责。

公司法定代表人、股东等以申请材料不是其本人签字或者盖章为由，请求确认登记行为违法或者撤销登记行为的，人民法院原则上应按照本条第一款规定处理，但能够证明原告此前已明知该情况却未提出异议，并在此基础上从事过相关管理和经营活动的，人民法院对原告的诉讼请求一般不予支持。”

《关于公司法第一百九十八条“撤销公司登记”法律性质问题的答复意见》（法工委复〔2017〕2 号）：“行政许可法第六章监督检查第六十九条第一款对行政机关违法履行职责而准予行政许可的撤销作了规定，第二款对被许可人以欺骗、贿赂等不正当手段取得行政许可的撤销作了规定。第七章法律责任第七十九条规定，被许可人以欺骗、贿赂等不正当手段取得行政许可的，行政机关应当依法给予行政处罚。依照行政许可法的上述规定，撤销被许可人以欺骗等不正当手段取得的行政许可，是对违法行为的纠正，不属于行政处罚。”

三、法理分析

首先，公司应当对提交工商登记的申请材料之真实性、合法性和有效性负责。根据《公司法》第 30 条、《防范和查处假冒企业登记违法行为规定》第 6 条的规定，公司在设立登记、变更登记以及注销登记之时，应当向工商登记机关提交真实、合法、有效的申请材料，申请人对提交材料的真实性、合法性和有效性负责。相应地，工商登记机关在职责范围内，应对企业提交的申请材料是否完整和齐备、是否符合法定形式进行审查，对于相关材料的实质真实性、合法有效性尽审慎的审查义务。本案中，华利公司向工商登记机关提交的《关于解散公司、成立清算组的股东会决议》《清算报告》等材料，必须具有真实性、合法性、有效性。若华利公司提交的申请材料不齐全或者不符合法定形式，工商登记机关还应当一次性告知需要补正的材料。

其次，通过提交虚假材料或采取其他欺诈手段隐瞒重要事实取得公司登记的，需要承担相应的行政责任。在《公司法》未列明撤销公司注销登记事由的情形下，可以参照适用《公司法》第 39 条关于“设立登记”的相关规定，对错误的注销登记行为进行纠正，并根据《公司法》第 250 条的规定，要求公司、直接负责的主管人员或其他直接责任人员承担相应的行政责任。本案中，华利公司提交的《关于解散公司、成立清算组的股东会决议》和《清算报告》中股东“林某某”的签名，与现有样本中的“林某某”签名字迹不是同一人笔迹。但“笔迹不同”不仅存在他人伪造“林某某”签名申请注销登记的可能性，即构成提交虚假材料的情形，还存在林某某对公司清算、注销登记事项确系明知而不持异议，即仅构成签名不规范的情形。一审法院认定案涉行为属于《公司法》第 39 条规定的“提供虚假材料取得公司登记”的违法行为的主要依据不足。同时，无直接证据证明案涉行为侵害第三人权益和社会经营秩序，并且华利公司也已注销，无须再通过撤销华利公司营业执照的方式予以纠正。因此，二审法院撤销一审法院判决，并撤销某市场监督管理局作出的《公司撤销登记决定书》。

最后，通过提交虚假材料或采取其他欺诈手段隐瞒重要事实取得公司登记，侵犯他人合法权益的，需要承担相应的侵权责任。《行政诉讼法》第 2 条规定，“公民、法人或者其他组织认为行政机关和行政机关工作人员的行政行为侵犯其合法权益，有权依照本法向人民法院提起诉讼。前款所称行政行为，包括法律、法规、规章授权的组织作出的行政行为”。本案中，华利公司股东胡某某认为某市场监督管理局的行政行为侵犯其合法权益的，有权向人民法院提起诉讼。而林某某主张其作为华利公司股东，在华利公司清算、注销登记过程中存在权益被侵害的问题，并非行政诉讼的审理内容，可以依据《民法典》第 120 条“民事权益受到侵害的，被侵权人有权请求侵权人承担侵权责任”的规定，以华利公司、胡某某作为被告，通过提起民事诉讼的途径救济其个人权利。

公司登记事项未经登记或未经变更登记，不得对抗善意相对人

在公司的经营过程中，为了确保公司各类信息的准确性和真实性，往往需要通过登记的方式，产生公示公信的法律效果。公司实际经营过程中，公司登记事项与实际情况不同的情形偶有发生。此情形下，如何为善意相对人提供法律保护问题，值得关注！

一、案情与裁判

案件名称：黄某某、李某某与皮某及第三人蜀川公司案外人执行异议之诉案

案件来源：最高人民法院（2019）最高法民再45号民事判决书

☞ **案情简介：**

黄某某（原告，再审申请人）、李某某（原告，再审申请人）系夫妻关系。2011年12月19日，黄某某向蜀川公司转账500万元，转账凭证上载明：支付黄某某成都投资款。2011年12月20日，黄某某以蜀川公司名义向新津贷款公司出资500万元。国家企业信用信息公示系统显示，蜀川公司系新津贷款公司的登记股东，投资额为500万元，占公司5%股权。新津贷款公司、蜀川公司均确认，黄某某为新津贷款公司的实际股东，并

多次参加新津贷款公司股东会，直接享有新津贷款公司分配的利润。

2015年10月30日，皮某（被告，再审被申请人）与蜀川公司民间借贷纠纷一案中，法院判决蜀川公司于判决生效后15日内归还皮某借款452万元。判决生效后，蜀川公司没有主动履行其还款义务，皮某向法院申请强制执行，法院裁定冻结了蜀川公司持有的新津贷款公司5%案涉股权。2016年11月9日，黄某某、李某某作为新津贷款公司实际出资人向法院提出执行异议。

☞ **一审判决：**

一审法院认定事实：黄某某原系蜀川公司的股东并兼任公司法定代表人。后黄某某将其持有的蜀川公司全部股份转让给权某某并退出公司，蜀川公司现任法定代表人为权某某。2012年2月13日，蜀川公司与其他股东一同发起设立新津贷款公司，公司注册资本10 000万元。2011年12月19日，黄某某将现金500万元转入蜀川公司指定的银行账户，该转账凭证上载明：支付黄某某成都投资款。2011年12月20日，蜀川公司将黄某某转入的500万元投资款转入新津贷款公司的银行账户。国家企业信用信息公示系统显示，蜀川公司系新津贷款公司的登记股东，投资额为500万元，占公司5%股权。2012年5月31日，黄某某、李某某与蜀川公司签订《确认书》，载明该股份实际系黄某某出资，股份归黄某某所有，其股东权利义务由黄某某享有和承担；蜀川公司只是名义上的持股人，不实际享有公司股东权利和承担股东义务。2017年1月17日，新津贷款公司出具证明，证实新津贷款公司知晓黄某某、李某某是蜀川公司所持股份的实际出资人。另查明，2015年10月30日，皮某与蜀川公司民间借贷纠纷案中，法院判决蜀川公司于判决生效后15日内归还皮某借款452万元。判决生效后，蜀川公司没有主动履行其还款义务，皮某于2016年6月申请强制执行。2017年1月11日，黄某某、李某某向一审法院提起执行异议之诉，并提出中止执行的诉讼请求。一审法院判决确认，登记在蜀川公司名下的新津贷款公司5%的股权属于黄某某、李某某所有，不得执行登记在蜀川公司名下的新津贷款公司5%的股权。皮某不服一审判决，提出上诉。

☞ **二审判决：**

二审法院查明的事实与一审查明的事实一致。二审法院认为，本案的争议焦点为：黄某某、李某某作为蜀川贷款公司的实际投资人是否具有排除强制执行的民事权利。第一，依照《公司法》（2018）第 32 条第 3 款的规定，新津贷款公司应将黄某某、李某某作为股东，进行工商登记。本案中，黄某某、李某某系具有完全民事行为能力的一般理性人，作为新津贷款公司的实际投资人，明知新津贷款公司的登记股东与实际投资人不一致，却放任新津贷款公司实际投资人与登记股东不一致的情况产生并持续存在。黄某某、李某某对案涉股权外观与实际情况不一致存在过错，由此所导致的各类交易风险应由其自行承担。第二，作为参与商事交易的主体，公司系以自身的全部资产对所有的商事交易承担责任。公司对外所展示的包括股权信息工商登记状况在内的资产状况，从整体上构成了与之交易的善意相对人判断公司是否具备履约能力的资信基础。因此，《公司法》（2018）第 32 条第 3 款的规定中的“第三人”，应当是指基于对工商登记而信赖公司具有履约能力，从而与公司进行商业交易的善意无过失的第三人，而不应仅限于基于权利外观的信赖与登记股东发生股权交易的第三人。具体到本案，皮某作为与蜀川公司进行交易的第三人，对蜀川公司享有新津贷款公司 5% 股权的权利外观存在合理的信赖利益，黄某某、李某某不能基于其对案涉股权所享有的利益排除法院的强制执行。

☞ **再审判决：**

再审法院认为，本案的焦点问题为黄某某、李某某对案涉股权享有的实际权益，能否阻却其他债权人对名义股东名下持有的案涉股权的执行。为此，需要明确《公司法》（2018）第 32 条的理解与适用问题。工商登记是对股权情况的公示，与公司交易的善意第三人及登记股东之债权人有权信赖工商机关登记的股权情况并据此作出判断。其中“第三人”并不限缩于与显名股东存在股权交易关系的债权人。根据商事外观主义原则，有关公示体现出来的权利外观，导致第三人对该权利外观产生信赖，即使真实状况与第三人信赖不符，只要第三人的信赖合理，第三人的民事法律行为效力即应受到法律的优先保护。基于上述原则，名义股东的非基于股权处分的债权人亦应属于法律保护的“第三人”范畴。本案中，李某某、黄某某与蜀川公司之间的股权代持关系虽真实有效，但其仅在双方之间存在内部效力，对于外部第三人而言，股权登记具有公信力，隐名股东对外不具有公示股东的法律地位，不得以内部股权代持关系有效为由对抗外部债权人对显名股东的正当权利。故皮某作为债权人依据工商登记中记载的股权归属，有权向人民法院申请对该股权强制执行。

二、相关规定

《公司法》第32条：“公司登记事项包括：

（一）名称；

（二）住所；

（三）注册资本；

（四）经营范围；

（五）法定代表人的姓名；

（六）有限责任公司股东、股份有限公司发起人的姓名或者名称。

公司登记机关应当将前款规定的公司登记事项通过国家企业信用信息公示系统向社会公示。”

《公司法》第34条：“公司登记事项发生变更的，应当依法办理变更登记。

公司登记事项未经登记或者未经变更登记，不得对抗善意相对人。”

《民法典》第65条：“法人的实际情况与登记的事项不一致的，不得对抗善意相对人。”

《最高人民法院关于适用〈中华人民共和国公司法〉若干问题的规定（三）》第24条（以下简称《公司法司法解释三》）：“有限责任公司的实际出资人与名义出资人订立合同，约定由实际出资人出资并享有投资权益，以名义出资人为名义股东，实际出资人与名义股东对该合同效力发生争议的，如无合同法第五十二条规定的情形，人民法院应当认定该合同有效。

前款规定的实际出资人与名义股东因投资权益的归属发生争议，实际出资人以其实际履行了出资义务为由向名义股东主张权利的，人民法院应予支持。名义股东以公司股东名册记载、公司登记机关登记为由否认实际出资人权利的，人民法院不予支持。

实际出资人未经公司其他股东半数以上同意，请求公司变更股东、签发出资证明书、记载于股东名册、记载于公司章程并办理公司登记机关登记的，人民法院不予支持。”

三、法理分析

首先，公司登记机关应当通过统一的企业信息公示系统，向社会公示有限责任公司股东的姓名或名称。根据《公司法》第 32 条的规定，公司登记机关应当通过统一的企业信息公示系统向社会公示有限责任公司股东的姓名或名称，使得社会公众和政府管理部门、行业组织都能够方便、及时、全面地了解企业信息，为全社会对企业信用状况进行评价和监督提供制度保障，从而促进企业诚信自律、营造公平竞争的市场环境。本案中，新津贷款公司已经对“有限责任公司股东、股份有限公司发起人的姓名或者名称”这一应登记事项作出公示。国家企业信用信息公示系统显示，蜀川公司系新津贷款公司的登记股东，投资额为 500 万元，占公司 5% 股权。由此可以证实，企业信息公示系统所公示的新津贷款公司的股东为蜀川公司，而非黄某某、李某某二人。

其次，有限公司中的实际出资人虽然未经企业信息公示系统公示，但其与名义出资人签订的代持股协议仍属有效。根据《公司法司法解释三》第 25 条的规定，只要不违反法律的强制性规定，有限责任公司的实际出资人与名义出资人协议约定由实际出资人出资并享有投资权益、以名义出资人为名义股东的合同有效。本案中，名义出资人蜀川公司与实际出资人黄某某、李某某签订的《确认书》载明“该股份实际系黄某某出资，股份归黄某某所有，其股东权利义务由黄某某享有和承担”的合同内容，不存在违反法律的强制性规定的情形。黄某某、李某某的实际出资人身份虽然未按照《公司法》第32条的规定向社会公示，但是其与蜀川公司签订的代持股协议的合同效力不受影响，当属有效。

最后，公司登记事项未经登记或者未经变更登记，不得对抗善意相对人。与《公司法》（2018）第32条的规定相比，《公司法》第34条将“不得对抗第三人”修改为“不得对抗善意相对人”。从文义上讲，《公司法》（2018）中所指的“第三人”，并非所有第三人，在法律适用中可以当然解释为不包括善意第三人。而《公司法》第34条中的“善意相对人”不仅包括交易的善意第三人，还包括非交易的善意第三人，扩大了善意相对人的保护范围。本案中，李某某、黄某某与蜀川公司之间的股权代持关系虽真实有效，但其仅在双方之间存在内部效力。对于相对人而言，股权登记具有公信力，隐名股东对外不具有公示股东的法律地位。企业信息公示系统显示，新津贷款公司中登记的股东为蜀川公司，而非李某某、黄某某二人。皮某作为与蜀川公司进行交易的相对人，对蜀川公司享有新津贷款公司5%股权的权利外观存在合理的信赖利益。新津贷款公司登记事项未在企业信息公示系统公示，不得对抗善意相对人皮某。故皮某作为债权人依据工商登记中记载的股权归属，有权向人民法院申请对该股权强制执行。

公司未成立的法律后果由公司设立时的股东承受

根据《公司法》第44条的规定，公司发起人股东为设立公司所实施的行为，由发起人股东共享债权、共担风险。因此，公司未成立的情况下如何分配民事责任的问题，值得我们关注！

一、案情与裁判

案件名称：南方航空旅游公司诉玉龙旅行社、玉龙工贸公司、建设银行、中华会计师事务所代销合同纠纷案

案件来源：海南省海口市中级人民法院判决书、《最高人民法院公报》2002年第2期

☞ 案情简介：

玉龙旅行社（被告、被上诉人）是1993年2月经海南省旅游局批准筹建，由玉龙工贸公司（被告，被上诉人）申请开办的第三类旅行社。按照《旅行社管理暂行条例》（现已废止）的规定，开办经营第三类旅行社应有3万元以上的注册资本。1993年3月27日，玉龙工贸公司支付给玉龙旅行社10万元；同年5月10日，玉龙旅行社账面剩余535.5元。1993年5月10日，建设银行（被告、上诉人）为玉龙旅行社出具存款证明书，证明玉龙旅行社当日在该行账户内的存款余额为10万元。随后，玉龙旅行

社将作为转款凭证的一张中国农业银行《进账单》上的数额以及建设银行出具的存款证明上的10万元数额，都改写成50万元，一并交给中华会计师事务所（被告、被上诉人）验资。1993年5月12日，中华会计师事务所根据玉龙旅行社提交的验资材料出具了验资证明书，证明“玉龙旅行社有以现金方式投入的注册资本50万元”。1994年12月22日，南方航空旅游公司（原告、被上诉人）与玉龙旅行社签订《销售代理协议》，约定玉龙旅行社为南方航空旅游公司开展国内客票销售代理业务。1996年11月18日，经南方航空旅游公司和玉龙旅行社共同清查，确认玉龙旅行社尚欠南方航空旅游公司票款526 611元。1997年4月23日，海南省旅游局下文取消玉龙旅行社。南方航空旅游公司诉至法院，请求法院判决玉龙旅行社承担所欠票款及违约金，并由玉龙工贸公司、中华会计师事务所、建设银行承担连带赔偿责任。

☞ **一审判决：**

一审法院认为，南方航空旅游公司与玉龙旅行社签订的《销售代理协议》合法有效。玉龙旅行社未依约按时付清票款，属违约行为，应当承担违约责任。因玉龙旅行社违约，南方航空旅游公司请求按照双方的约定，由玉龙旅行社向其支付违约金，符合法律规定。根据《旅行社管理暂行条例》（现已废止）的规定，第三类旅行社应当有3万元以上的注册资本。玉龙旅行社虽然领取了企业法人营业执照，但由于其在申请开业登记和验资时仅有自有资金535.5元，未达到注册资本最低限额，故玉龙旅行社不具有法人资格，其民事责任由其申请开办单位玉龙工贸公司承担，中华会计师事务所在不实验资金额499 464.5元范围内、建设银行在虚假证明金额99 464.5元范围内承担连带赔偿责任。

☞ **二审判决：**

二审法院查明，南方航空旅游公司与玉龙旅行社签订《销售代理协议》，委托玉龙旅行社代销机票的行为具有合法性，但双方约定的违约金标准超出法律规定的最高限额，超出部分应属无效。根据《最高人民法院关于企业开办的其他企业被撤销或者歇业后民事责任承担问题的批复》（最高法复〔1994〕4号）（现已废止）第1条第2项的规定，玉龙工贸公司向玉龙旅行社投入开办费10万元，虽未达到玉龙旅行社的注册资金数额，但已经满足国家关于经营第三类旅行社应有3万元以上注册资本的规定；且玉龙旅行社也已经实际领取了企业法人营业执照，故认定玉龙旅行社具备法人资格，应当独立承担民事责任。现玉龙旅行社已被撤销，其财产不足以清偿债务，开办单位玉龙工贸公司应当在实际投入资金与注册资金差额40万元的范围内承担民事责任。在连带责任的认定部分，建设银行作为金融机构，在玉龙旅行社进行工商登记注册时出具虚假的存款证明，应当在虚假证明数额的范围内，为玉龙旅行社不能清偿的到期债务承担赔偿责任。同时，中华会计师事务所不经核实，就以玉龙旅行社提交的材料为依据给其出具数额虚假的验资证明，应当在虚假证明数额的范围内对玉龙旅行社所欠南方航空旅游公司的到期债务承担连带赔偿责任。综上，玉龙旅行社具备法人资格，应当独立对所欠南方航空旅游公司的到期债务承担民事责任，开办单位玉龙工贸公司在实际投入资金与注册资金差额40万元的范围内承担民事责任，中华会计师事务所出具的50万元验资证明，其中10万元有建设银行的存款证明为依据，责任应由建设银行承担，其余40万元验资不实的责任，由中华会计师事务所承担。

二、相关规定

《公司法》第4条第1款："有限责任公司的股东以其认缴的出资额为限对公司承担责任；股份有限公司的股东以其认购的股份为限对公司承担责任。"

《公司法》第44条："有限责任公司设立时的股东为设立公司从事的民事活动，其法律后果由公司承受。

公司未成立的，其法律后果由公司设立时的股东承受；设立时的股东为二人以上的，享有连带债权，承担连带债务。

设立时的股东为设立公司以自己的名义从事民事活动产生的民事责

任，第三人有权选择请求公司或者公司设立时的股东承担。

设立时的股东因履行公司设立职责造成他人损害的，公司或者无过错的股东承担赔偿责任后，可以向有过错的股东追偿。”

《公司法》第47条：“有限责任公司的注册资本为在公司登记机关登记的全体股东认缴的出资额。全体股东认缴的出资额由股东按照公司章程的规定自公司成立之日起五年内缴足。

法律、行政法规以及国务院决定对有限责任公司注册资本实缴、注册资本最低限额、股东出资期限另有规定的，从其规定。”

《公司法》第257条：“承担资产评估、验资或者验证的机构提供虚假材料或者提供有重大遗漏的报告的，由有关部门依照《中华人民共和国资产评估法》、《中华人民共和国注册会计师法》等法律、行政法规的规定处罚。

承担资产评估、验资或者验证的机构因其出具的评估结果、验资或者验证证明不实，给公司债权人造成损失的，除能够证明自己没有过错的外，在其评估或者证明不实的金额范围内承担赔偿责任。”

《民法典》第577条：“当事人一方不履行合同义务或者履行合同义务不符合约定的，应当承担继续履行、采取补救措施或者赔偿损失等违约责任。”

《公司法司法解释三》第2条：“发起人为设立公司以自己名义对外签订合同，合同相对人请求该发起人承担合同责任的，人民法院应予支持；公司成立后，合同相对人请求公司承担合同责任的，人民法院应予支持。”

《公司法司法解释三》第3条：“发起人以设立中公司名义对外签订合同，公司成立后合同相对人请求公司承担合同责任的，人民法院应予支持。

公司成立后有证据证明发起人利用设立中公司的名义为自己的利益与相对人签订合同，公司以此为由主张不承担合同责任的，人民法院应予支持，但相对人为善意的除外。”

《公司法司法解释三》第4条：“公司因故未成立，债权人请求全体或者部分发起人对设立公司行为所产生的费用和债务承担连带清偿责任的，人民法院应予支持。

部分发起人依照前款规定承担责任后，请求其他发起人分担的，人民法院应当判令其他发起人按照约定的责任承担比例分担责任；没有约定责任承担比例的，按照约定的出资比例分担责任；没有约定出资比例的，按照均等份额分担责任。

因部分发起人的过错导致公司未成立，其他发起人主张其承担设立行为所产生的费用和债务的，人民法院应当根据过错情况，确定过错一方的责任范围。”

《公司法司法解释三》第 5 条：“发起人因履行公司设立职责造成他人损害，公司成立后受害人请求公司承担侵权赔偿责任的，人民法院应予支持；公司未成立，受害人请求全体发起人承担连带赔偿责任的，人民法院应予支持。

公司或者无过错的发起人承担赔偿责任后，可以向有过错的发起人追偿。”

三、法理分析

首先，公司未成立的，其法律后果由公司设立时的股东承受。《公司法》第 44 条吸收了《民法典》第 75 条及《公司法司法解释三》第 2 ~ 5 条的规定，明确公司未成立的，其法律后果由公司设立时的股东承受；公司成立的，赋予第三人选择权，第三人可以选择请求公司或者公司设立时的股东承担设立公司行为产生的民事责任。本案中，玉龙旅行社是由玉龙工贸公司申请开办的公司。若玉龙旅行社尚未成立，则需要由公司设立时的股东玉龙工贸公司承担责任。一审法院认为，玉龙旅行社虽然领取了企业法人营业执照，但由于其未达到注册资本最低限额，不具有法人资格，法律后果由其申请开办单位玉龙工贸公司承担；二审法院则认为，玉龙旅行社的注册资金数额已达到国家有关经营第三类旅行社应有 3 万元以上注册资本的规定，且已经实际领取企业法人营业执照，故玉龙旅行社具备法人资格，应当独立承担民事责任。

其次，有限责任公司的股东以其认缴的出资额为限对公司承担责任。企业法人具有民事权利能力和民事行为能力，依法独立享有民事权利和承担民事责任。公司设立之后，便具有了独立承担民事责任的能力，股东仅在其未实际出资的范围内承担有限责任。本案中，一审法院认定玉龙旅行社不具有法人资格，法律后果由玉龙旅行社设立时的股东玉龙工贸公司承受；二审法院则认定，玉龙旅行社达到了当时法律规定的“3 万元以上注册资本”的最低注册资本要求，并且已经实际领取营业执照，具备独立的法人资格，能够独立承担民事责任。取得法人资格的玉龙旅行社以其全部财产对公司债务承担责任。作为玉龙旅行社股东的玉龙工贸公司，仅在实际投入资金与注册资金差额 40 万元的范围内承担有限责任。

最后，除法律另有规定，有限责任公司没有注册资本实缴、注册资本最低数额的限制。《公司法》（2013）取消了注册资本最低门槛、出资期限和首期出资比例的限制，法律不因注册资本不足而否认公司的成立。全面执行注册资本认缴制，在一定程度上进一步降低了准入门槛，激发了创业活力。2023 年，《公司法》第 47 条延续这一规定的同时，也对注册资本缴付期限作了适度收紧，规定“全体股东认缴的出资额由股东按照公司章程的规定自公司成立之日起五年内缴足”。五年内公司出资不到位的，股东应承担相应法律责任，但不影响公司法人的成立。有的行业由于其特殊性，在注册资本上依然有最低限制，并需要实缴，从而保证该类企业成立之后能够依赖最低限额的注册资本，正常开展生产经营活动。《旅行社条例》第 6 条规定，“申请经营国内旅游业务和入境旅游业务的，应当取得企业法人资格，并且注册资本不少于 30 万元”。本案中，《旅行社管理暂行条例》（现已废止）第 8 条规定：“开办经营第三类旅行社，必须具备以下条件：（一）有符合国家规定的旅行社章程；（二）有固定的办公地点或营业场所；（三）有人民币 3 万元以上的注册资本；（四）有按照经营的业务范围，向旅行者提供符合服务要求的组织能力；（五）有熟悉旅游业务的管理人员和服务人员。”玉龙工贸公司申请开办第三类旅行社玉龙旅行社之时，向玉龙旅行社投入开办费 10 万元，且领取了企业法人营业执照，符合《旅行社管理暂行条例》（现已废止）最低注册资本的规定，因此玉龙旅行社已经实际取得法人资格。

股东设立公司行为的法律后果由公司承受

公司只有在成立之后才能独立享有民事权利、承担民事责任。在成立公司的筹备阶段，设立公司的股东既要面临公司设立失败的风险，还要对设立公司所从事的一系列行为承担连带责任。可以说，成立公司的筹备阶段，发起人的责任重大。为分担发起人设立公司时的法律风险，《公司法》打破了公司法人权利能力与行为能力始于公司设立的一般性规定。公司设立前，股东为设立公司以自己的名义从事活动而产生的责任如何分配问题，值得我们关注！

一、案情与裁判

案件名称：程某某与赢禾公司侵害外观设计专利权纠纷案

案件来源：广东省高级人民法院（2019）粤民终303号民事判决书

☞ 案情简介：

程某某（原告、上诉人）是名称为“路灯头（五）”（外观设计专利号为ZL20123009＊＊＊＊.＊）外观设计专利的专利权人，专利申请日为2012年4月7日，授权公告日为2012年8月8日，专利用途为路灯装饰。2018年4月12日，在公证人员的陪同下，程某某委托薛某某前往广东省中山市古镇镇恒隆路“华博灯配中心”二楼标识为“赢禾户外照明”的展厅，对该展厅的外部环境、内部环境以及展厅内的部分产品样品进行拍摄，并使用公证处的电脑打印了上述照片。《公证书》内附图有关于“赢禾公司”（被告、被上诉人）发布的招聘广告，该招聘广告上署有“刘某188××××0607”。一审庭审中，赢禾公司法定代表人刘某确认该电话号码系其本人所有及使用，也确认赢禾公司曾于2018年4—10月期间在广东省中山市古镇镇同益工业区恒隆路2号厂房区2楼办公，后赢禾公司的经营场所变更为该厂房区6楼。程某某指称，被诉侵权产品“路灯头”与其享有专利权的“路灯头（五）”产品构成相似。另查明，赢禾公司成立于2018年4月13日，注册资本为100万元，经营范围为研发、生产、加工、销售照明灯具等。据此，程某某起诉至人民法院，要求判令赢禾公司停止侵害并赔偿相关的经济损失。

☞ **一审判决：**

一审法院认为，本案要点可以归纳为三个方面。第一，程某某公证调查取证的日期为2018年4月12日，而赢禾公司的成立时间为2018年4月13日，程某某调查取证时间早于赢禾公司的成立时间。赢禾公司是公司法人，其权利能力与行为能力始于公司的设立。除非有法定事由，公司设立之前的侵权行为，不应由公司法人承担责任。第二，程某某提交的证据无法证明案涉侵权行为是以赢禾公司的名义进行的。根据《公证书》记载的取证过程，仅有一幅招聘告示上使用了“赢禾户外照明”字样，虽然赢禾公司法定代表人刘某在庭审中确认招聘告示上标注了其本人的电话号码，也承认赢禾公司最初的登记住所地就是取证地点，但仍不足以证明展示被诉侵权产品的行为，是以尚未设立的赢禾公司的名义进行的。第三，即使实际侵权人以尚未设立的公司名义展示被诉侵权产品，但由于该案件为侵权责任纠纷，程某某主张的是停止侵权及赢禾公司承担相应的侵权责任，不适用《公司法司法解释三》第3条“发起人以设立中公司名义对外签订合同，公司成立后合同相对人请求公司承担合同责任的，人民法院应予支持”的规定，亦无证据显示展示被诉侵权产品的行为是设立公司所必需的行为，无《公司法司法解释三》第5条的适用余地。综上，程某某提交的证据不能证明展示被诉侵权产品的主体是赢禾公司，亦未能证明赢禾公司与被诉侵权行为存在其他应承担赔偿责任的关系，程某某的诉讼请求缺乏事实和法律依据，应予驳回。

☞ **二审判决：**

二审期间，程某某向法院提交了赢禾公司的企业登记档案，拟证明涉案专利侵权行为发生在赢禾公司设立登记期间，涉案侵权行为属于设立期间发起人因履行公司设立职责造成他人损害的行为，应由成功设立的赢禾公司承担侵权责任。二审法院认为，根据《公司法司法解释三》第5条的规定，发起人因履行公司设立职责造成他人损害，公司成立后受害人请求公司承担侵权赔偿责任的，人民法院应予支持。该规定中，发起人的职责主要包括对外签订合同、筹集资金、征用场地、购买设备或者办公用品等。本案被诉侵权行为是制造、销售、许诺销售被诉侵权产品“路灯头”。程某某未能举证证明该行为属于发起人刘某因履行公司设立职责的职务侵权行为，应承担举证不能的不利后果，故对程某某的上诉请求不予支持。

二、相关规定

《公司法》第3条：“公司是企业法人，有独立的法人财产，享有法人财产权。公司以其全部财产对公司的债务承担责任。

公司的合法权益受法律保护，不受侵犯。”

《公司法》第44条：“有限责任公司设立时的股东为设立公司从事的民事活动，其法律后果由公司承受。

公司未成立的，其法律后果由公司设立时的股东承受；设立时的股东为二人以上的，享有连带债权，承担连带债务。

设立时的股东为设立公司以自己的名义从事民事活动产生的民事责任，第三人有权选择请求公司或者公司设立时的股东承担。

设立时的股东因履行公司设立职责造成他人损害的，公司或者无过错的股东承担赔偿责任后，可以向有过错的股东追偿。”

《公司法司法解释三》第3条："发起人以设立中公司名义对外签订合同，公司成立后合同相对人请求公司承担合同责任的，人民法院应予支持。公司成立后有证据证明发起人利用设立中公司的名义为自己的利益与相对人签订合同，公司以此为由主张不承担合同责任的，人民法院应予支持，但相对人为善意的除外。"

《公司法司法解释三》第5条："发起人因履行公司设立职责造成他人损害，公司成立后受害人请求公司承担侵权赔偿责任的，人民法院应予支持；公司未成立，受害人请求全体发起人承担连带赔偿责任的，人民法院应予支持。公司或者无过错的发起人承担赔偿责任后，可以向有过错的发起人追偿。"

三、法理分析

首先，企业法人依法经工商行政管理机关核准登记后取得法人资格。《中华人民共和国企业法人登记管理条例》第3条规定："申请企业法人登记，经企业法人登记主管机关审核，准予登记注册的，领取《企业法人营业执照》，取得法人资格，其合法权益受国家法律保护。依法需要办理企业法人登记的，未经企业法人登记主管机关核准登记注册，不得从事经营活动。"本案中，程某某公证调查取证的时间为2018年4月12日，而赢禾公司的成立时间为2018年4月13日。赢禾公司依法经工商行政管理机关核准登记后，方能取得法人资格。而由于程某某固定证据的时间早于赢禾公司的成立时间，此时赢禾公司尚未取得法人资格，不能独立承担民事法律责任。

其次，有限责任公司成立后，股东为设立公司从事民事活动的法律后果由公司承受。《公司法》第44条规定了有限责任公司设立行为的法律后果。其中第1款适用于公司已经成立的情形；第2款适用于公司未成立的情形；第3款是第1款的特别性规定；第4款则规定了公司内部的法律关系，包括公司与设立时的股东之间的法律关系、设立时的股东之间的法律关系。本案中，刘某侵犯程某某专利权的行为在先，刘某设立赢禾公司的行为在后，且赢禾公司已经于2018年4月13日成立。因此，涉案专利侵权行为符合《公司法》第44条第3款规定的“有限责任公司设立时”之时间标准的前提下，若能够进一步证明涉案专利侵权行为属于“为设立公司从事的民事活动”，则程某某有权请求赢禾公司承担责任。

最后，设立时的股东为设立公司从事的民事活动，包括对外签订合同、筹集资金、征用场地、购买设备或者办公用品等具体行为。发起人为了创立公司，需要为创立公司作物质和场地上的准备，因此可能需要从事签订筹集资金的合同、征用场地、购买设备及购买办公用品的合同等一系列行为。因此，要求成功设立的公司法人承担侵权责任的前提条件在于，设立期间发起人所从事的活动为“履行公司设立职责”而从事的相关行为。本案中，程某某拟提交证据证明涉案侵权行为属于刘某在赢禾公司设立期间，因履行设立职责造成他人损害的行为，据此请求成功设立的赢禾公司承担侵权责任。但刘某制造、销售、许诺销售被诉侵权产品的行为，并非设立公司作物质和场地上的准备的必要行为，不符合《公司法》第44条第3款的规定。据此，程某要求赢禾公司承担民事责任的诉讼请求未能得到法院支持。

有限责任公司对外担保的效力问题

公司在经营过程中，有时候会因业务需要给其他公司提供担保，这是一种常见的现象。不过，公司对外担保作为一种隐形的负债会影响公司利益，因此很长一段时间内《公司法》一直不承认公司具有担保能力，直至2005年《公司法》修订承认了公司具备担保能力，且规定公司担保必须经过特定的程序。但实践中经常出现公司法定代表人未经公司内部决议而对外提供担保的情况，由于未经公司内部决议，有限责任公司对外进行担保所产生的担保效力问题值得我们关注。

一、案情与裁判

案件名称： 电力公司与应某某等民间借贷纠纷上诉案

案件来源： 浙江省临海市人民法院（2010）台临商初字第2061号民事判决书、浙江省台州市中级人民法院（2011）浙台商终字第36号民事判决书

☞ 案情简介：

2009年8月15日，被告朱某某分别向原告应某某借款100万元，约定月息2%，借款期限6个月；2009年8月17日，被告朱某某又向原告借款200万元，约定月息2%，上述两笔借款均由被告电力公司提供担保，

担保期间为被告朱某某还清原告本金和利息时为止。原告应某某于2010年9月6日以被告朱某某未归还借款本息、被告电力公司作为担保人亦未履行连带清偿责任为由，向法院提起诉讼，请求判令：被告朱某某归还原告应某某借款人民币300万元及利息，被告电力公司负连带清偿责任。

☞ **一审判决：**

一审法院认为，原告应某某与被告朱某某之间签订的借贷合同系双方当事人真实的意思表示，没有违反法律、行政法规的强制性规定，应当确认有效。被告朱某某借款后未按约归还，显然违约。对于2009年8月15日的100万元借款，双方约定借款期限6个月，原告未在主债务届满之日起6个月内要求保证人承担保证责任，保证人电力公司免除担保责任。对于原告与被告电力公司的200万元借款，双方约定的担保期限直至被告朱某某归还借款本金和利息之日止。依据《最高人民法院关于适用〈中华人民共和国担保法〉若干问题的解释》第32条第2款规定，原告与被告电力公司的约定，视为约定保证期间不明，保证期间为主债务履行期届满之日起二年。另据《公司法》(2013) 第16条规定，公司可以对外投资或提供担保，被告电力公司没有为公司股东或实际控制人担保，而是对外即被告朱某某的债务提供担保，没有违反《公司法》的有关规定，故该担保有效。一审法院判决：被告朱某某返还给原告应某某借款300万元及利息；被告电力公司对被告朱某某的借款200万元承担连带偿还责任。

☞ **二审判决：**

二审法院认为，被上诉人朱某某由上诉人电力公司提供保证担保，向被上诉人应某某借款300万元，且至今未能归还的事实清楚。双方争议焦点为：(1) 担保是否合法有效？(2) 保证期间是否约定不明？二审法院认为：(1) 上诉人电力公司自愿为200万元借款提供保证担保的意思表示明确。现在上诉人主张担保无效的理由是其对外提供担保没有征得董事会或股东会同意。依据《公司法》第16条规定，公司向其他企业投资或者为他人提供担保，依照公司章程的规定，由董事会或者股东会、股东大会决议之规定属管理性条款，而非禁止性条款。公司章程仅约束公司内部，不能对外对抗债权人。因此，上诉人的这一上诉理由不能成立，担保应认定为合法有效。（2）上诉人在借条上注明“担保到本金和利息到归还之日止”的内容，符合《最高人民法院关于适用〈中华人民共和国担保法〉若干问题的解释》第 32 条第 2 款规定的“保证合同约定保证人承担保证责任直至主债务本息还清时止等类似内容的，视为约定不明”，故一审法院认定本案的保证期间约定不明，并无不当。二审法院判决：驳回上诉，维持原判。

二、相关规定

《公司法》第 15 条：“公司向其他企业投资或者为他人提供担保，按照公司章程的规定，由董事会或者股东会决议；公司章程对投资或者担保的总额及单项投资或者担保的数额有限额规定的，不得超过规定的限额。

公司为公司股东或者实际控制人提供担保的，应当经股东会决议。

前款规定的股东或者受前款规定的实际控制人支配的股东，不得参加前款规定事项的表决。该项表决由出席会议的其他股东所持表决权的过半数通过。”

《民法典》第 504 条：“法人的法定代表人或者非法人组织的负责人超越权限订立的合同，除相对人知道或者应当知道其超越权限外，该代表行为有效，订立的合同对法人或者非法人组织发生效力。”

三、法理与案例分析

首先，公司内部对担保行为的限制不影响担保行为的对外效力。相较《公司法》（2013）的规定，新《公司法》没有对公司担保制度进行根本性调整，仍从表决程序方面进行了较为严格的规定，目的在于约束公司行为，防范公司管理层以及控股股东利用公司担保进行不当的利益输送，损害公司资产的独立和完整，这是对大股东操纵董事、经理行为的规制。作为公司内部的决议程序，属于公司内部治理的调整范围，并非效力性、强制性规定，应认定为管理性规范，对外不产生约束力。如果公司违反该规定对外提供担保的，即使未经董事会或股东会决议，担保行为的效力也不受影响，否则不利于交易安全。但为公司股东或实际控制人提供担保则必须经过股东会决议，且关联股东不得参与表决。另外，对于上市公司提供担保的合同效力，司法机关则普遍认为仅凭加盖公章的担保书并不能认定为有效，必须由股东大会依法作出决议，否则应认定担保行为无效。本案中，被告电力公司对被告朱某某的200万元借款债务提供担保没有违反《公司法》的有关规定，且双方约定的担保期限为被告朱某某归还借款本金和利息之日止应视为约定保证期间不明，由此保证期间应为主债务履行期届满之日起二年，故而上述担保有效。

其次，公司对外担保是否有效应以第三人是否善意为基础。目前，针对《公司法》（2013）第16条越权担保效力的规范性质探讨已经转化为法定代表权的判断问题。根据《最高人民法院关于适用〈中华人民共和国民法典〉有关担保制度的解释》（以下简称《民法典担保制度解释》）第7条的规定，超越权限代表公司与相对人订立担保合同应当以"善意"与否判断担保合同的效力。也就是说，公司违反《公司法》规定的表决程序提供担保，除非借款人知道或者应当知道这一情形，否则该担保行为有效，此时该越权代表构成表见代表。因此，担保权人知道或应当知道公司代表人越权担保的判断标准，乃该类法律问题适用的关键。但关于担保权人是否有合理审查公司决议的义务并据此判断其是否构成善意方面，司法裁判并未形成统一意见。最高人民法院在（2014）民申字第1876号民事裁定书认为，公司为股东或者实际控制人提供担保的，必须经股东会或股东大会决议的法律规定具有强制效力，债权人应当知晓，却未要求担保人公司代表出具股东会决议，显然具有过错，因而不应被认定为善意第三人。最高人民法院在（2013）民申字第2275号民事裁定书中则认为，有限责任公司的章程不具有对世效力，故若不能举证证明担保人存在恶意的情形下，应当认定担保人已经尽到合理的审查义务，为善意第三人。针对上述二观点，就担保权人合理审查的标准而言，其必须进行审查的客体是公司决议，且仅需从形式上审查股东会或董事会的决议事项、决议比例等，至于是否需要审查公司章程，就新《公司法》的规定来看，公司章程有权决定公司对外担保事项的决议机关、担保限额，若不对公司章程进行审查，则其无从知晓担保的有效决议机关与可能的数额限制，因此应当将公司章程纳入担保权人的合理审查范围。

最后，应根据担保权人的主体属性区别其是否已尽注意义务。若担保权人为普通商主体，应履行比普通民事主体更为严格的注意义务；若担保权人作为特殊商主体的企业和职业经营者，则应履行比普通商主体更为严格的注意义务；若担保权人为银行等金融机构，则应履行比一般企业更为严格的注意义务。因此，在银行等金融机构作为公司担保的担保权人时，若作为担保人的公司为依法或按章程规定作出相应决议，则应基于银行等金融机构所履行的尽职调查义务，承担公司代表人越权提供担保时合同无效的法律后果。当然，即使是需要承担尽职调查义务的银行等金融机构，其审查义务也仅限于形式审查，即仅对材料的形式要件进行审查，即审查材料是否齐全、是否符合法定形式，对于材料的真实性、有效性则不作审查。

股东抽逃出资的民事责任

承诺且已交付的财产，若通过不正当手段取回，不仅直接违犯法律，而且会给他人造成损失。2013 年修正前的《公司法》公司资本采实缴制直接催生了大量垫资行为，抽逃出资几乎成为常态，这给保护债权人造成巨大困难。修正后的《公司法》改实缴制为认缴制，而且取消了注册资本的法定最低限额，但抽逃出资的行为并未断绝，仍存在大股东借机掏空公司财产的行为，因此深入探讨抽逃出资的民事责任仍有现实必要。

一、案情与裁判

案件名称：高康公司、姚某某等与张某某等股东出资纠纷案

案件来源：河北省石家庄市中级人民法院（2019）冀 01 民初 1040 号民事判决书、河北省高级人民法院（2020）冀民终 499 号民事判决书、中华人民共和国最高人民法院（2021）最高法民申 7206 号民事判决书

☞ 案情简介：

原告高康公司、姚某某与被告高某某、张某某均为第三人浩源公司股东。被告高某某、张某某在履行出资后，将其在验资临时存款账户中的出资以偿还借款的名义转入他人银行账号，原告高康公司、姚某某以二被告行为属于抽逃出资行为为由，向法院提出诉讼请求：（1）判令二被告向第

三人返还抽逃的出资款 19 999 870 元；（2）判令二被告向第三人支付抽逃出资的利息；（3）判令二被告对上述债务承担连带偿还责任；（4）本案的诉讼费、保全费等费用由二被告承担。

☞ **一审判决：**

一审法院认为，第一，二被告作为第三人浩源公司的股东，在公司验资注册后，以偿还借款的名义抽出所缴纳的出资且未有效举证其后已补足该款项，根据《公司法》（2013）第 28 条第 2 款、第 35 条的规定，二被告的行为构成抽逃出资行为。第二，虽然二被告均为第三人浩源公司股东并在公司中担任重要职务，且均存在抽逃出资的行为，但本案现有证据不能证明二被告存在互相帮助抽逃出资的行为，因此二被告之间并无承担连带偿还责任的问题。第三，二被告作为出资股东抽逃出资，应在尚未补足 19 999 870 元出资款的范围内承担返还出资利息的责任。

☞ **二审判决：**

二审法院认为，双方当事人对抽逃出资的事实并无异议，争议的焦点问题是张某某和高某某是否已经归还从浩源公司抽逃的出资。张某某主张其在 2013 年 12 月底前向浩源公司的转款系补足从浩源公司的抽逃出资，但其所提供的证据均不足以证明该款项为向浩源公司补交的出资。即张某某向浩源公司付款凭证上的记载内容仅系其单方的意思表示，浩源公司的记账凭证则显示张某某的出资为其与公司的往来款或借款，在上述款项的用途存在矛盾的情况下，不能仅以张某某单方提供的银行付款凭证上记载的用途认定该款项的性质，而应当结合公司的记账凭证和双方往来款项的数额及时间等内容综合确定。虽然张某某向浩源公司投入的 5671. 6666 万元超过了其抽逃出资的数额，但在其投入上述款项后，浩源公司又陆续偿还了张某某、高某某 6296. 0466 万元的款项，其从浩源公司获得的款项超过了其向浩源公司的投入款项。但是张某某所投入款项没有明确系其返还的抽逃出资款，其从浩源公司取得的款项也没有明确为转让股权获得的收益。张某某辩称其从浩源公司获得的款项为浩源公司应向其支付的股权收益款，但不能提供公司股东会决议或其他能够证明浩源公司应向其支付收益的任何证据，浩源公司作为有限责任公司在办理股东分红或股权收益等事宜时，应依照公司章程或法律规定。在没有股东会决议或章程约定的情况下，张某某从浩源公司取得的上述款项不能认定为股权收益，结合浩源公司财务记载及高康公司、姚某某的庭审陈述的内容，应该认定上述款项是浩源公司返还张某某的投资款。二审法院判决：驳回上诉，维持原判。

☞ **再审裁定：**

再审法院认为，张某某、高某某从浩源公司抽回出资未经法定程序，且未支付相应对价，违反了资本维持原则，对公司权益造成损害。且再审过程中，张某某、高某某提交的新证据不足以推翻原判决，其事后向公司的其他投入，并不能认定是补足抽回出资的行为，故不影响对其抽逃出资行为性质的认定。再审法院裁定：驳回张某某、高某某的再审申请。

二、相关规定

《公司法》第 53 条：“公司成立后，股东不得抽逃出资。

违反前款规定的，股东应当返还抽逃的出资；给公司造成损失的，负有责任的董事、监事、高级管理人员应当与该股东承担连带赔偿责任。”

《公司法司法解释三》第 12 条：“公司成立后，公司、股东或者公司债权人以相关股东的行为符合下列情形之一且损害公司权益为由，请求认定该股东抽逃出资的，人民法院应予支持：

（一）制作虚假财务会计报表虚增利润进行分配；

（二）通过虚构债权债务关系将其出资转出；

（三）利用关联交易将出资转出；

（四）其他未经法定程序将出资抽回的行为。”

《公司法司法解释三》第 13 条第 1 款、第 2 款：“股东未履行或者未全面履行出资义务，公司或者其他股东请求其向公司依法全面履行出资义务的，人民法院应予支持。

公司债权人请求未履行或者未全面履行出资义务的股东在未出资本息范围内对公司债务不能清偿的部分承担补充赔偿责任的，人民法院应予支持；未履行或者未全面履行出资义务的股东已经承担上述责任，其他债权人提出相同请求的，人民法院不予支持。”

《公司法司法解释三》第 14 条：“股东抽逃出资，公司或者其他股东请求其向公司返还出资本息、协助抽逃出资的其他股东、董事、高级管理人员或者实际控制人对此承担连带责任的，人民法院应予支持。

公司债权人请求抽逃出资的股东在抽逃出资本息范围内对公司债务不能清偿的部分承担补充赔偿责任，协助抽逃出资的其他股东、董事、高级管理人员或者实际控制人对此承担连带责任的，人民法院应予支持；抽逃出资的股东已经承担上述责任，其他债权人提出相同请求的，人民法院不予支持。”

三、法理与案例分析

首先，公司资本维持原则决定了股东在公司成立后，不得抽逃出资。抽逃出资是股东在公司完成验资并办理登记手续后，将所缴纳出资暗中撤回，但仍保留股东身份和原有出资数额的行为。股东出资是公司资产的重要组成部分，股东在完成出资程序后，相关出资的所有权已不再属于出资人，而是转变为一种股东对公司的股东权，这是一种不同于所有权的独立的民事权利。股东可以经过一定的程序从公司退股，但不得暗中抽回出资后还继续享有对公司的股东权。因此禁止股东抽逃出资既是资本维持原则的体现，也是为了切割股东与公司之间的财产关系，明确公司的独立法人地位。本案中，高某某、张某某在履行出资后，将在验资临时存款账户中的出资以偿还借款的名义转入他人银行账户是典型的抽逃出资行为。

其次，抽逃出资行为损害了公司利益，应以“列举＋兜底”方式作为抽逃出资行为的认定标准。2013 年修正的《公司法》第 35 条规定股东不得抽逃出资，但未明确规定股东的哪些行为构成抽逃出资。因此《公司法司法解释三》第 12 条对抽逃出资的司法标准作了明确规定，为防止疏漏，该条又以第4项“其他未经法定程序将出资抽回的行为”作了兜底性规定。司法实践中，“其他未经法定程序将出资抽回的行为”主要有以下情形：(1) 公司成立后，之所以偿还股东个人债务或他人个人债务，原因为发起人或股东用借款或贷款作为注册资本，待公司设立后，再将借来的出资抽回，归还原主；(2) 公司成立后，非因经营或正常业务支出又没有正当理由而抽走货币出资；(3) 将他人的实物“借”来出资，公司登记手续办理完毕，再将其归还原权利人；(4) 公司成立后，将已办产权转移手续的实物、工业产权、专利、非专利技术、土地使用权再无偿或以不合理的低价转让给他人。本案中，高某某、张某某将已出资以偿还借款的名义转出的行为属于典型的第4项中由司法实践发展出的抽逃出资情形。

最后，股东抽逃出资应当承担相应的民事责任。股东抽逃出资应承担以下责任：一是抽逃出资行为侵害了公司财产权，公司或已足额履行出资义务的其他股东有权向抽逃出资的股东主张向公司返还出资及其利息的财产请求权，抽逃出资的股东应在出资本息范围内承担责任。当然，是否归还出资应当结合公司的记账凭证和双方往来款项的数额及时间等内容综合确定。本案中，双方当事人对抽逃出资的事实并无异议，但张某某以提供的向浩源公司的付款凭证主张已归还从浩源公司抽逃的出资，但其提供的付款凭证与浩源公司的其他往来款或借款用途存在矛盾，因此不能认定张某某已归还出资。二是抽逃出资行为造成了公司资产的减少，降低了公司的偿债能力，如果公司债权人的债权不能因此获得实现，抽逃出资的股东应当在未出资本息范围内对公司债务承担补充赔偿责任。三是公司成立后，股东抽逃出资很难单独完成，往往是在相关人员的协助下完成的，因此协助抽逃出资的其他股东、董事、高级管理人员或者实际控制人应对股东的抽逃出资行为承担连带责任。

公司不能清偿到期债务时股东认缴出资加速到期

信守承诺是一个人的安身立命之本。当然在承诺存有履行期限但未届履行期时，承诺人并不失信，因为他享有期限利益。但当公司财产不足以清偿债权人的债权，已认缴但未届缴纳出资期限的股东则有义务在其认缴出资范围内承担补充责任，即提前结束股东享有的期限利益。接下来，处理好股东期限利益的保护与公司债权人利益保护之间的关系就非常值得研究。

一、案情与裁判

案件名称：张某某、黎某某等追加、变更被执行人异议之诉案

案件来源：广东省广州市花都区人民法院（2021）粤0114民初10817号民事判决书、广东省广州市花都区人民法院（2020）粤0114执13145号民事判决书、广东省广州市中级人民法院（2022）粤01民终8639号民事判决书

☞ **案情简介：**

被告黎某某以民间借贷未获偿还为由，将光头兄弟公司及其全部股东诉至法院。后经法院调解作出（2020）粤0114民初1206号民事调解书，光头兄弟公司及其法定代表人莫某某承诺履行生效法律文书确定的义务，

被告黎某某同意撤回对光头兄弟公司其他股东即原告张某某、第三人韦某某、第三人刘某某、第三人陈某、第三人周某的起诉。由于光头兄弟公司及其法定代表人莫某某到期没有依约清偿全部债务，被告黎某某申请强制执行，执行案号为（2020）粤0114执13145号，因查无资产可供执行。后被告黎某某以股东应在未出资范围内对公司债务承担清偿责任为由，认为光头兄弟公司在丧失履行能力的情况下，光头兄弟公司其他股东张某某、刘某某、陈某、韦某某应在各自未缴纳出资5万元范围内，周某在未缴纳出资1万元范围内承担责任。原告张某某则以被告已经在诉讼中撤回对光头兄弟公司其他股东的诉讼为由，认为其不应被追加为（2020）粤0114执13145号案的被执行人。

☞ **一审判决：**

一审法院认为，依据《最高人民法院关于民事执行中变更、追加当事人若干问题的规定》第17条的规定，本案中，光头兄弟公司作为营利法人，已无其他可供执行财产，原告张某某作为光头兄弟公司的股东，明确其未履行出资义务，未按所认缴金额出资，因此，被告黎某某申请追加未缴纳出资的股东张某某等案外人股东为被执行人，于法有据。对原告张某某认为被告黎某某在（2020）粤0114民初1206号案中撤回对其起诉后就不能再在执行程序中追加其为被执行人，没有事实和法律依据。一审法院判决：驳回原告张某某的诉讼请求。

☞ **二审判决：**

二审法院认为，根据《最高人民法院民事案件案由规定》的规定，本案案由应为追加、变更被执行人异议之诉，一审法院将本案案由确定为案外人执行异议之诉不准确，予以纠正。二审法院认为，本案的争议焦点为：是否应当追加张某某为（2020）粤0114执13145号案的被执行人，在其未缴纳出资的5万元范围内对该案光头兄弟公司的债务承担责任。黎某某在（2020）粤0114民初1206号案件中撤回对张某某的起诉，但从（2020）粤0114民初1206民事调解书的内容来看，并未明确黎某某放弃对张某某主张相关权利。同时，根据《民事诉讼法》第127条第5项的规定，对判决、裁定、调解书已经发生法律效力的案件，当事人又起诉的，告知原告申请再审，但人民法院准许撤诉的裁定除外。如此，即使黎某某撤回对张某某的起诉，仍有权再行起诉主张权利，而本案系追加、变更被执行人异议之诉案件，与原民间借贷案件并非同一案由。因此，张某某以黎某某已在（2020）粤0114民初1206号案中撤回对其起诉为由主张黎某某不能再在执行程序中追加其为被执行人，缺乏法律依据。从本案查明事实来看，光头兄弟公司2019年3月5日的公司章程中载明张某某认缴出资5万元，出资时间为2015年5月5日，现张某某明确其未履行出资义务，而光头兄弟公司在（2020）粤0114执13145号案件中经法院执行已无其他可供执行的财产，一审法院认定黎某某申请追加张某某为该执行案件的被执行人于法有据。二审法院判决：驳回上诉，维持原判。

二、相关规定

《公司法》第3条："公司是企业法人，有独立的法人财产，享有法人财产权。公司以其全部财产对公司的债务承担责任。

公司的合法权益受法律保护，不受侵犯。"

《公司法》第4条："有限责任公司的股东以其认缴的出资额为限对公司承担责任；股份有限公司的股东以其认购的股份为限对公司承担责任。

公司股东对公司依法享有资产收益、参与重大决策和选择管理者等权利。"

《公司法》第47条："有限责任公司的注册资本为在公司登记机关登记的全体股东认缴的出资额。全体股东认缴的出资额由股东按照公司章程的规定自公司成立之日起五年内缴足。

法律、行政法规以及国务院决定对有限责任公司注册资本实缴、注册资本最低限额、股东出资期限另有规定的，从其规定。"

《公司法》第54条："公司不能清偿到期债务的，公司或者已到期债权的债权人有权要求已认缴出资但未届出资期限的股东提前缴纳出资。"

《公司法司法解释三》第 13 条第 2 款："公司债权人请求未履行或者未全面履行出资义务的股东在未出资本息范围内对公司债务不能清偿的部分承担补充赔偿责任的，人民法院应予支持；未履行或者未全面履行出资义务的股东已经承担上述责任，其他债权人提出相同请求的，人民法院不予支持。"

《最高人民法院关于民事执行中变更、追加当事人若干问题的规定》第 17 条："作为被执行人的企业法人，财产不足以清偿生效法律文书确定的债务，申请执行人申请变更、追加未缴纳或未足额缴纳出资的股东、出资人或依公司法规定对该出资承担连带责任的发起人为被执行人，在尚未缴纳出资的范围内依法承担责任的，人民法院应予支持。"

三、法理与案例分析

首先，公司注册资本认缴制下股东享有期限利益，由此也存在损害债权人利益的可能。为了减少创业者的资金需求、减轻创业者的资金压力，2013 年修订后的《公司法》引入了公司注册资本认缴制，以期达到鼓励创业、繁荣经济的目的。由此股东获取了自认缴公司资本到缴足公司资本之间的期限利益。可以说赋予股东期限利益是公司注册资本认缴制的核心内涵，没有了期限利益，注册资本认缴制也就没有了灵魂，继而也失去了存在的价值。因此必须始终将保护股东期限利益作为公司注册资本认缴制的必有之意加以尊重。但是此后实践中也产生了盲目认缴、天价认缴、期限过长等突出问题。这些问题，一方面虚化了注册资本体现公司资金信用的作用，影响了市场交易信用的判断评估结论；另一方面在法律制度层面弱化了对公司股东出资的法律约束，客观上影响了投资的真实性和有效性，加大了债权股权纠纷发生的概率。因此新《公司法》规定股东认缴的出资额由股东按照公司章程的规定自公司成立之日起 5 年内缴足。也就是说，在保留认缴制的前提下，强化对股东出资期限的制度性约束并非对股东期限利益的否定，而是为了保障交易安全、保护债权人利益之必须。

其次，股东对公司的出资义务既是约定义务，又是法定义务。从约定义务的角度看，股东应依照公司章程的规定向公司交付出资标的的财产，同时对公司享有出资期限尚未届至的抗辩；从法定义务的角度看，股东应以其认缴的出资额为限对公司承担补充责任，股东认缴出资额构成以价值形态而非以股东出资方式存在的公司财产，在公司财产不足以清偿到期债务时，公司债权人可以申请强制执行股东认缴出资范围内的该部分公司责任财产。在非破产情形下，认可股东出资加速到期的本质并不是使股东丧失出资期限利益而履行约定出资义务，而是当公司财产不足以清偿债务时，股东应以其认缴的出资额为限对公司出资承担的法定义务，以此实现清偿公司债务的目的，这正是股东有限责任的实质内容。

最后，公司应以其全部财产对公司的债务承担责任，未届出资期限的股东认缴的出资虽非公司现有财产，但为公司责任财产之一部分。在公司资产能够清偿债务的情形下，股东享有出资期限利益以对抗公司和公司债权人，公司债权人不得在未向公司主张债权的情况下，直接向股东主张债权。但当公司资产不能清偿到期债务时，则须以公司的责任财产进行补充清偿，未届出资期限的股东认缴出资义务就成了一种法定义务，未缴纳的出资额就可以成为强制执行的对象。不同于破产须以不能清偿到期债务且资产不足以清偿全部债务或者明显缺乏清偿能力为限，股东出资加速到期仅以公司资产不能清偿到期债务为限，这样既解决了司法实践中非破产情形下公司债权人利益保护的难题，又解决了股东约定出资义务与法定出资义务的边界，实现了公司、股东与债权人利益之间的平衡。

股东知情权的行使问题

在处理公司与股东关系上，若以强欺弱，必然两败俱伤，最终分道扬镳，故只有寻求双赢才能合作长久。股东作为公司的投资者，往往不参与公司经营，大多数情况下，其获取的公司信息都是法律规定公司应该主动公开披露的信息。若股东主动要求查阅、复制公司信息大概率会被拒绝。为使股东获悉公司经营状况，防止公司经营管理者利用职权追求自身利益，赋予股东以知情权非常重要。当然，任何权利的行使都不是无限制的，股东知情权的行使也可能给公司带来经营风险，因此对该权利的行使也应设置必要的限制性规范。

一、案情与裁判

案件名称： 融易公司、沣通公司股东知情权纠纷案

案件来源： 成都高新技术产业开发区人民法院（2017）川0191民初4151号民事判决书、四川省成都市中级人民法院（2017）川01民终13781号民事判决书、四川省高级人民法院（2018）川民再664号民事判决书

☞ **案情简介：**

原告沣通公司系被告融易公司股东，沣通公司以融易公司在公司经营管理过程中经营管理和财务账目不透明为由，要求查阅、复制被告公司成

立至今的公司章程、股东会会议记录、执行董事决议记录、会计财务报告、全部会计账簿（包括所有的记账凭证、原始凭证、原始凭证附件）。融易公司则以沣通公司要求查阅相关资料具有不正当目的以及《公司法》（2013）第33条规定的股东知情权未包含原告所要求的会计账目及原始凭证为由，拒绝沣通公司的查阅请求。由此，沣通公司遂向法院请求支持其查阅、复制权。

☞ **一审判决：**

一审法院认为，所谓“以不当目的查阅公司账簿”，应当以以下四种情形为限：（1）股东自营或者为他人经营与公司业务有实质性竞争关系的业务；（2）股东为了向第三人通报得知的事实以获取利益；（3）在过去的三年内，股东曾通过查阅、复制公司文件材料，向第三人通报得知的事实以获取利益；（4）能够证明股东以妨碍公司业务开展、损害公司利益或者股东共同利益为目的的其他事实。本案中，沣通公司不具有上述不正当目的的四种情形。对于融易公司以《公司法》（2013）第33条只规定股东可以要求查阅公司会计账簿，但未规定股东可以查阅会计凭证主张的抗辩，一审法院认为，股东对公司经营状况的知悉，最重要的内容之一就是通过查阅公司账簿了解公司财务状况，根据《中华人民共和国会计法》（以下简称《会计法》）第9条、第14条、第15条第1款之规定，公司的具体经营活动只有通过查阅原始凭证才能知晓，不查阅原始凭证，股东可能无法准确了解公司真正的经营状况。根据会计准则，相关契约等有关资料也是编制记账凭证的依据，应当作为原始凭证的附件入账备查。据此，沣通公司查阅会计账簿权行使的范围应当包括会计凭证（含记账凭证、相关原始凭证及作为原始凭证附件入账备查的有关资料）。一审法院判决：支持原告沣通公司查阅被告融易公司相关公司资料。

☞ **二审判决：**

二审法院认为，股东知情权是股东的固有权利和法定权利，公司与股东或者股东之间不得以协议等形式限制股东的知情权，融易公司主张股东会决议中各发函股东事先已放弃查阅公司资料的权利，事后再要求查阅不应得到支持的上诉理由不能成立。对融易公司主张因沣通公司向四川省地税局恶意举报造成损失为由应属于查阅公司资料不正当目的，二审法院认为，向国家行政机关举报违法行为是公民的基本权利，举报权的行使与股东行使知情权并无关联性，不属于《公司法司法解释四》第 8 条规定的“不正当目的”。另融易公司还以其主营业务是对外发放贷款，沣通公司系融易公司涉诉案件的债务人而与公司存在利益冲突为由，认为若准许沣通公司查阅会计账簿，其可能会利用所查阅的资料影响融易公司收债而损害公司利益，因此沣通公司的查阅行为具有明显不正当目的，但融易公司未能举证证明沣通公司的查阅行为将会以何种方式给公司哪些合法利益造成何种损失。二审法院判决：驳回上诉，维持原判。

☞ **再审判决：**

再审法院认为，一审、二审法院认定融易公司并无充分证据证明沣通公司行使知情权具有不正当目的，进而损害公司合法利益，该认定并无不当。因此融易公司的再审理由不能成立，再审请求不予支持。

二、相关规定

《公司法》第 57 条：“股东有权查阅、复制公司章程、股东名册、股东会会议记录、董事会会议决议、监事会会议决议和财务会计报告。

股东可以要求查阅公司会计账簿、会计凭证。股东要求查阅公司会计账簿、会计凭证的，应当向公司提出书面请求，说明目的。公司有合理根据认为股东查阅会计账簿、会计凭证有不正当目的，可能损害公司合法利益的，可以拒绝提供查阅，并应当自股东提出书面请求之日起十五日内书面答复股东并说明理由。公司拒绝提供查阅的，股东可以向人民法院提起诉讼。

股东查阅前款规定的材料，可以委托会计师事务所、律师事务所等中介机构进行。

股东及其委托的会计师事务所、律师事务所等中介机构查阅、复制有关材料，应当遵守有关保护国家秘密、商业秘密、个人隐私、个人信息等法律、行政法规的规定。

股东要求查阅、复制公司全资子公司相关材料的，适用前四款的规定。”

《公司法》第110条：“股东有权查阅、复制公司章程、股东名册、股东会会议记录、董事会会议决议、监事会会议决议、财务会计报告，对公司的经营提出建议或者质询。

连续一百八十日以上单独或者合计持有公司百分之三以上股份的股东要求查阅公司的会计账簿、会计凭证的，适用本法第五十七条第二款、第三款、第四款的规定。公司章程对持股比例有较低规定的，从其规定。

股东要求查阅、复制公司全资子公司相关材料的，适用前两款的规定。

上市公司股东查阅、复制相关材料的，应当遵守《中华人民共和国证券法》等法律、行政法规的规定。”

《公司法司法解释四》第8条：“有限责任公司有证据证明股东存在下列情形之一的，人民法院应当认定股东有公司法第三十三条第二款规定的‘不正当目的’：

（一）股东自营或者为他人经营与公司主营业务有实质性竞争关系业务的，但公司章程另有规定或者全体股东另有约定的除外；

（二）股东为了向他人通报有关信息查阅公司会计账簿，可能损害公司合法利益的；

（三）股东在向公司提出查阅请求之日前的三年内，曾通过查阅公司会计账簿，向他人通报有关信息损害公司合法利益的；

（四）股东有不正当目的的其他情形。”

《公司法司法解释四》第9条：“公司章程、股东之间的协议等实质性剥夺股东依据公司法第三十三条、第九十七条规定查阅或者复制公司文件材料的权利，公司以此为由拒绝股东查阅或者复制的，人民法院不予支持。”

三、法理与案例分析

首先，股东知情权是股东的固有权利，公司与股东或者股东之间不得以任何形式约定限制股东查阅、复制公司文件材料。股东知情权是公司股东了解知悉公司信息的权利，是改变控股股东与非控股股东之间、股东与公司经营管理者之间信息不对称问题的重要措施，对保护公司中弱势股东的合法权益具有重要意义。股东知情权是股东行使一系列权利的前提和基础。从范围上看，该权利主要包括股东了解公司经营状况、财务状况以及其他与股东利益存在密切关系的公司情况；从内容形式上看，主要表现为公司股东查阅公司一系列文档，包括公司章程、股东会会议记录、董事会会议记录、监事会会议记录、公司财务会计报告以及股东名册、公司债券存根等；从方式上看，股东了解公司相关情况的最佳方式是查看、翻阅涉及公司相关情况的已经制作好的公司内部书面文件和材料，即股东的查阅权，之后股东还可以将其查看、翻阅的公司文件或材料复制到其他载体，即股东的复制权。从更积极的意义上看，股东知情权还包含对公司进行检查监督的权利，例如对公司提出建议或者质询的权利。实践中，股东通常在行使知情权后才能够决定如何采取进一步行动，例如请求盈余分配、对管理层提起诉讼等。因此，股东知情权不能以公司章程、公司与股东或股东之间协议等形式加以限制或剥夺。本案中，融易公司以股东会决议中各发函股东事先已表示放弃查阅公司相关资料而拒绝股东查阅、复制的权利阻碍了股东知情权的行使，不应得到支持。

其次，股东不仅有查阅会计账簿的权利，还有查阅记账凭证、原始凭证等会计凭证的权利。2013 年修正的《公司法》第 33 条、第 97 条只规定了股东有权查阅会计账簿，并未规定股东可查阅记账凭证或原始凭证。虽然《公司法司法解释四征求意见稿》第 12 条规定了股东可以查阅原始凭证或记账凭证，但最终公布文本删除了该规定，主要原因是若由司法解释直接赋予股东该权利，有存在超越法律规定进行越权解释之嫌。在司法实践中，当仅查阅会计账簿而无法保证股东知情权利时，通常认为出现了法律漏洞，应当采用类推适用的法律续造方法，准许股东查阅会计凭证。但股东应充分阐明查阅会计凭证的必要性，进入诉讼程序后，法院亦应当进行审查和论证。新《公司法》第57条明确规定了股东可查阅原始凭证或记账凭证，弥补了这一漏洞。本案中，沣通公司以融易公司在公司经营管理过程中经营管理和财务账目不透明为由，要求查阅、复制包括会计财务报告、全部会计账簿（所有的记账凭证、原始凭证、原始凭证附件）在内的相关资料应予支持。但应当说明的是，当股东知情权的行使对象是公司的会计账簿或会计凭证时，股东只享有查询的权利而不享有复制的权利，此处的"复制"应作严格解释，即股东不得成篇、成本地复印公司会计账簿或会计凭证，但可以小范围地摘抄、誊写相关内容。

再次，公司有合理根据认为股东行使知情权时存有不正当目的，可以拒绝股东查阅、复制的要求。法律规定股东行使知情权时不得存有"不正当目的"乃是对股东的主观目的进行限制，即股东可能给公司合法权益造成损失的主观恶意。但"不正当目的"作为一个抽象概念，本身不含有具体的理解和适用标准，为了准确理解和适用，《公司法司法解释四》第8条列举了三种应当被认定为不正当目的的具体情形，并以"股东有不正当目的的其他情形"为兜底。实践中，股东为了确定股份价值、探究公司利润下降的原因、就具体问题与公司其他股东沟通交流、提起股东代表诉讼或直接诉讼等应当被认定为具有正当情形。本案中，融易公司以沣通公司向四川省地税局恶意举报给其造成损失以及其主营业务是对外发放贷款，沣通公司系融易公司涉诉案件的债务人而与公司存在利益冲突为由，认为沣通公司的查阅行为具有明显不正当目的。针对前者，举报违法行为与股东行使知情权无任何关联性。对于后者，融易公司未能举证证明沣通公司的查阅行为会带来何种损失，不应认定为不正当目的。

最后，股东可依赖专业机构或人员实现股东知情权，但均须负保密义务。实践中，不少股东了解公司的经营状况和财务状况时缺乏专业知识，使其行使知情权的效果大打折扣。因此，《公司法司法解释四》第10条第2款明确规定在股东在场的情况下，可以由会计师、律师等依法或者依据执业行为规范负有保密义务的中介机构执业人员辅助进行。但须注意的是，股东行使知情权时可能获知公司的具体经营状况和财务状况，如果这些状况随便经由股东泄露则可能导致公司合法利益受到损害，为了维护公司利益，股东行使知情权应履行保守商业秘密的义务，该保密义务及于辅助股东查阅文件材料的会计师、律师等专业人员。新《公司法》整合了《公司法司法解释四》第10条、第11条的规定，方便了股东更加有效便捷地行使知情权，但同时也明确了股东通过行使知情权而获得公司相关信息的保密义务。

股东会有权决定董事、监事的报酬等事项

权利应有其明确的行使主体，无权行使权利所获取的利益不仅要如数返还，还要承担由此给他人造成的损失。一家公司，即便是董事长也需要按照法律法规、公司章程行事，否则超越自己的权利或者违反相关规定所获取的利益不仅损害公司股东的利益，也损害公司的利益，公司股东当然可以对此提起诉讼。

一、案情与裁判

案件名称： 博源公司与交大科技园公司损害公司利益责任纠纷

案件来源： 西安市雁塔区人民法院（2018）陕0113民初10631号民事判决书、西安市中级人民法院（2019）陕01民终4447号民事判决书、陕西省高级人民法院（2019）陕民申2206号民事判决书

☞ **案情简介：**

2014年8月28日，博源公司注册成立，股东三人，其中交大科技园公司为法人股东，另外两名股东为席某某、张某。博源公司章程第26条规定：董事会设董事长一人，副董事长一人，董事长由股东交大科技园公司推荐的董事担任。后何某某被推荐为董事长。2014年11月10日，博源公司作出西博精合办字［2014］第009号《薪酬管理规定》，其中第3条

"岗位设置及薪资标准"列明：董事长/何某某，专职，工作补助（元/月）1800；第5条"薪资"的核造及审批：（1）每月3日前，由办公室将员工上月考勤情况进行汇总，报总经理审批后作为薪资核造的考勤依据；（2）每月6日前，办公室将核造完毕的薪资表交总经理、董事长审批，交财务核算记账。2017年12月19日，何某某审批了制表人为高某某、审核人为张某的2014年9月至2017年12月工资表，工资表上的姓名为高某某、何某某，金额分别为高某某实发4179元，何某某实发43 005元。其中载明何某某月基本工资1400元，2014年9月至2017年12月全勤，实40个月，应发56 000元，实发43 005元。交大科技园公司对此提出异议，称何某某系其公司委派至博源公司工作，何某某每月从交大科技园公司领取工资，不应再从博源公司领取薪酬。何某某则认为从博源公司领取劳务报酬与从交大科技园公司领取工资并不冲突，且其在博源公司担任董事长是推荐而不是委派，而且博源公司的副董事长、常务副总等其他专职、兼职人员工作补助费也是1800元/月，其领取补发的43 005元有理有据。由此发生争议。

☞ **一审判决：**

一审法院认为，被告何某某于第三人博源公司担任董事长，有权从第三人处领取相关的劳务费。何某某虽系原告方推荐，但并未在公司章程或其他协议中约定何某某不能从第三人处领取相关报酬。根据第三人博源公司作出的［2014］第009号《薪酬管理规定》，专职董事长何某某的工作补助为每月1800元，而何某某按照月1400元领取的2014年9月至2017年12月的报酬43 005元经过财务造表、股东张某审核，未违反相关法律规定，且现有证据也无法证明何某某领取报酬目的为套取公司款项，故对原告要求被告归还侵占款47 184元的诉讼请求，不予支持。一审法院判决：驳回原告交大科技园公司的诉讼请求。

☞ **二审判决：**

二审法院认为，本案争议焦点问题为是否应当支持上诉人要求被上诉人何某某向博源公司返还47 184元的请求。公司章程是公司存在和活动的基本依据，是公司行为的根本准则。公司章程在公司内部规章中处于主导地位，效力最高，其他内部规章不得与公司章程相抵触。本案中何某某系交大科技园公司的职员，被交大科技园公司派到博源公司任董事长，其应当按照公司章程的规定履行职责。公司章程明确规定了公司董事长的薪酬应当由股东会决定，现博源公司未经股东会决定，仅以公司办公室的名义决定了董事长等人的薪酬。该规定违背了博源公司章程的规定，对于何某某依据《薪酬管理规定》取得的47 184元，交大科技园公司作为公司股东，依据《公司法》的相关规定代表博源公司向何某某主张返还，应予以支持。原审法院对本案事实认定正确，但适用法律错误，应予纠正。二审法院判决：撤销一审判决，判决何某某向博源公司返还47 184元。

☞ **再审判决：**

再审法院认为，《公司法》（2013）第11条规定，公司章程对公司、股东、董事、监事、经理具有约束力；第37条规定，有限责任公司股东会行使职权，决定有关董事的报酬事项。本案中，博源公司章程第17条规定，本公司设股东会，行使包括决定有关董事、监事的报酬事项等职权。而博源公司办公室制发的《薪酬管理规定》文件未经股东会决定。因此对于何某某依据《薪酬管理规定》取得的43 005元，交大科技园公司作为公司股东，依据《公司法》及公司章程的相关规定向何某某主张返还博源公司，应予支持。关于工资表中向高某某发放的4179元，不应由何某某返还。现交大科技园公司、博源公司已放弃要求何某某承担该4179元，应予确认并对原审判决指正。再审法院判决：准许博源公司撤回再审申请，何某某申请再审的理由不能成立。

二、相关规定

《公司法》第5条：“设立公司应当依法制定公司章程。公司章程对公司、股东、董事、监事、高级管理人员具有约束力。”

《公司法》第59条："股东会行使下列职权：

（一）选举和更换董事、监事，决定有关董事、监事的报酬事项；

（二）审议批准董事会的报告；

（三）审议批准监事会的报告；

（四）审议批准公司的利润分配方案和弥补亏损方案；

（五）对公司增加或者减少注册资本作出决议；

（六）对发行公司债券作出决议；

（七）对公司合并、分立、解散、清算或者变更公司形式作出决议；

（八）修改公司章程；

（九）公司章程规定的其他职权。

股东会可以授权董事会对发行公司债券作出决议。

对本条第一款所列事项股东以书面形式一致表示同意的，可以不召开股东会会议，直接作出决定，并由全体股东在决定文件上签名或者盖章。"

《公司法》第188条："董事、监事、高级管理人员执行职务违反法律、行政法规或者公司章程的规定，给公司造成损失的，应当承担赔偿责任。"

《公司法》第190条："董事、高级管理人员违反法律、行政法规或者公司章程的规定，损害股东利益的，股东可以向人民法院提起诉讼。"

三、法理与案例分析

首先，公司章程对董事、监事、高级管理人员具有约束力。公司章程是实现公司独立法律人格的根本依据，章程通常会就公司的组织机构及其职权作出规定。因此公司董事、监事、高级管理人员应当严格依照公司章程规定行使职权。如果他们的行为有悖于公司章程的规定或者损害了股东、公司的利益，应依公司章程之规定承担相应的法律责任。在本案中，博源公司办公室制发的《薪酬管理规定》违反了博源公司章程第17条其公司设股东会，行使包括决定有关董事、监事的报酬事项等职权的规定，据此博源公司发放给何某某劳务报酬的行为无效，何某某应如数返还博源公司已发放的劳务报酬。

其次，股东会对公司的一切重要事务均有决定权。股东会的职权是指依法必须经股东会决定的事项，它通常与股东会的地位和作用相适应。但股东会决议程序复杂，加上绝大多数股东都基于“搭便车”与投机的心理，对公司事务并无兴趣，因此仅在《公司法》中明确列举必须由股东会行使和由公司章程规定须经股东会决议的事项，其他均由董事会行使，但是为股东会保留对涉及股东利益或公司生存与发展的重大问题的决定权是非常必要的。本案中，博源公司办公室制发的《薪酬管理规定》文件不仅违反了博源公司章程，也违反了《公司法》第 59 条关于董事的报酬事项应当属于股东会决定的范畴，因此股东可以要求返还。

最后，董事、高级管理人员违反法律、行政法规或者公司章程的规定，损害股东利益的，股东可以向人民法院提起诉讼。从理论上讲，拥有独立法律人格的公司具有独立的意思与独立的财产，在其权益受到侵害时，会采取相应的法律措施保护自己的利益。但事实上，公司的独立意思往往会受到控股股东、实际控制人或董事会的控制，当公司利益被他们侵害时，这些侵权人不可能使公司形成追究其法律责任的独立意思。《公司法》上为此发展出了一种替代救济措施，即股东代表诉讼。它不仅能强化股东对控股股东、实际控制人、董事、监事、高级管理人员的监督与制约，还能通过维护公司权益达到间接维护股东权益的目的。本案中，法人股东交大科技园公司认为由其推荐的董事长何某某领取劳务报酬的行为损害了博源公司的利益，作为法人股东可以自己的名义直接向人民法院提起诉讼。

无正当理由情形下公司解任董事的补偿责任

依据公司法理，董事由股东通过股东会选举产生，那么自然股东也有权通过股东会解除其职务。解任时，若有正当理由，董事自然无法获得补偿，但若无正当理由，则双方极易发生争议。正所谓选任时双方和和气气，解任时双方反目成仇。因此解决无正当理由情形下董事的补偿问题尤为必要。

一、案情与裁判

案件名称：严某某与伦教公司劳动合同纠纷案

案件来源：广东省佛山市顺德区人民法院（2005）顺法民一初字第04157-206号民事判决书、广东省佛山市中级人民法院（2006）佛中法民四终字第174号民事判决书

☞ **案情简介：**

原告伦教公司是由伦教汽车玻璃厂与宝顺公司于1992年投资成立的中外合资经营企业。被告严某某为伦教汽车玻璃厂职工，从2000年4月18日起伦教汽车玻璃厂停止了经营活动，仅将其厂房出租给伦教公司使用，严某某的工资、社会保险费等全部由伦教公司负责支付，但双方未签订书面劳动合同。另外，严某某是伦教公司的董事。2005年8月11日，伦教

公司董事会以经营状况不佳为由，宣布从同年8月20日起，解除与所有员工的劳动关系。严某某等227人遂向佛山市顺德区劳动争议仲裁委员会申请仲裁，要求伦教公司支付严某某等227人2005年5—8月的工资及拖欠工资的补偿金、206人的裁员经济补偿金。该仲裁委员会于同年8月23日作出顺劳仲案字［2005］第701号仲裁裁决书，裁决伦教公司向梁某某等82人支付2005年7月至同年8月20日的工资96 819.01元及拖欠工资的补偿金24 204.75元，向吴某某等145人支付2005年5月至同年8月20日的工资746 666.04元及拖欠工资的补偿金186 666.51元，其中应向严某某支付工资19 450.02元及拖欠工资的补偿金4862.51元，向伍某等206人支付裁减人员经济补偿金4 080 031.39元，其中应向严某某支付解除劳动关系的经济补偿金89 046元。伦教公司不服上述裁决，遂以吴某某等227人为被告，以要求分担部分补偿数额为由，于法定期间向法院提起诉讼。庭审中，双方对仲裁裁决书关于伦教公司应向严某某支付的工资及拖欠工资的补偿金的裁决内容无异议，对其总工作时间（工龄18年）的计算及其平均工资亦无异议。另，2004年8月至2005年7月，伦教公司的员工平均月工资为1091.11元。伦教公司的工人工资的发放等由董事会决定。

☞ **一审判决：**

一审法院认为，伦教公司的工人工资是由董事会决定是否发放，解除双方劳动合同关系的决定也由董事会作出，严某某作为伦教公司的董事，有权决定自己工资的发放与否，而且作为董事会成员在董事会上宣布解除自己与伦教公司的劳动关系不合常理，因此对严某某请求伦教公司支付工资和解除劳动关系的经济补偿金不予支持。一审法院判决：伦教公司无须向严某某支付工资、拖欠工资的补偿金以及解除劳动合同的经济补偿金。

☞ **二审判决：**

二审法院认为，本案为劳动合同纠纷，虽然严某某是伦教公司的董事，但同时也是伦教公司的员工，依法享有劳动法所规定的权利，其法定权利应得到保护。因此，一审判决驳回严某某关于工资及经济补偿金的请求不当，应予纠正。因双方当事人对仲裁裁决所确定的工资、拖欠工资的补偿金及解除合同的经济补偿金数额没有异议，故伦教公司应向严某某支付工资 19 450.02 元、拖欠工资的补偿金 4862.51 元及解除合同的经济补偿金 89 046 元。二审法院判决：撤销广东省佛山市顺德区人民法院（2005）顺法民一初字第 04157－206 号民事判决；伦教公司一次性给付严某某工资 19 450.02 元、拖欠工资的补偿金 4862.51 元、经济补偿金 89 046 元。

二、相关规定

《公司法》第 59 条第 1 项："股东会行使下列职权：（一）选举和更换董事、监事，决定有关董事、监事的报酬事项；"

《公司法》第 70 条第 1 款："董事任期由公司章程规定，但每届任期不得超过三年。董事任期届满，连选可以连任。"

《公司法》第 71 条："股东会可以决议解任董事，决议作出之日解任生效。

无正当理由，在任期届满前解任董事的，该董事可以要求公司予以赔偿。"

《公司法司法解释五》第 3 条："董事任期届满前被股东会或者股东大会有效决议解除职务，其主张解除不发生法律效力的，人民法院不予支持。

董事职务被解除后，因补偿与公司发生纠纷提起诉讼的，人民法院应当依据法律、行政法规、公司章程的规定或者合同的约定，综合考虑解除的原因、剩余任期、董事薪酬等因素，确定是否补偿以及补偿的合理数额。"

三、法理与案例分析

首先，公司有权不经董事同意解任其职务，无须任何理由。为了促使董事勤勉为公司工作或者强迫董事改变公司的经营管理方式，实现对公司资源的有效利用，公司股东会有权随时无理由通过决议解任董事职务，只要决议本身不存在效力瑕疵，解任董事即生效力。解任董事可参照委任合同的相关规则，双方均享有任意解除权，另董事等辞职以及公司解聘均属无因行为，除法律特别作出规定外（例如解聘导致董事人数低于法定人数），解任行为均属有效。当然解任公司董事并不能因某些股东而随心所欲，为了保障董事履职，解任须遵守一定的程式（决议的特殊要求、通知董事等）。为平衡双方利益，尽量减少事后因解任董事而产生的纠纷，公司与受聘董事可以对其委任、解聘等事项进行事先约定达成书面协议。本案中，严某某作为伦教公司董事，董事会以经营状况不佳为由解任其董事职务超出了董事会的权限，不发生解任效力。

其次，无因解任董事不能损害董事的合法权益，并应对其进行合理补偿。公司以“不存在正当理由”解除董事职务时应对其予以合理补偿，这是为了对公司无故任意解除董事职务所付出的代价。本质上，离职补偿是董事与公司的一种自我交易，核心要件应当是公平，所以强调无不正当理由下给付合理补偿是必要的。《民法典》中明确规定了委托人因解除合同给受托人造成损失的，除不可归责于该当事人的事由以外，应当赔偿损失。当然董事若要主张补偿，须举证公司解任“不存在正当理由”。此时，何种事由构成“正当”，便成为董事补偿请求权判断的重点。“正当理由”系属不确定概念，必须在个案中依价值判断进行具体化。具体来讲，作为董事补偿请求权产生基础的“正当理由”可拆解为董事的“行为原因”与“个人原因”来论述。若董事因严重违反职责导致的公司解任属行为原因，例如董事在职期间通过关联交易损害公司利益、出现私人领域的犯罪行为（贪污贿赂）、向股东会提供虚假报告、违反竞业禁止规定等；若因董事无法进行适当的履职（但这必须为一种习惯性的无能）导致公司解任则属个人原因，例如董事个人专业上的不足，包括缺乏必要的知识、危机期间无法妥善管理公司等，当然也包括个人领域的缺陷，例如法律要求的个人品质的丧失（私德问题）、长期疾病、酒精上瘾、药物依赖等不适合进行人事管理、董事会成员之间的敌对行为，排斥相互合作，对公司利益造成严重损害等。本案中，由于严某某作为公司董事并未向公司主张因被解任董事的补偿，不再过多赘述。

最后，无因解任情况下，应明确被解任董事获得补偿的范围。即使解任董事是一个合理的选择，但补偿请求权的存在仍会限制解任权的行使，补偿请求权作为对董事的核心救济方式，系公司法上平衡股东与董事利益冲突的当然选择，因此有必要对补偿的范围加以厘定。具体而言，对董事解任的补偿范围为被解任董事因丧失剩余任期而损失的可得利益（所得），主要包括酬金、可分得的利润以及其他各种报酬，并应考虑剩余任期长度、董事薪酬水平、是否另行就职等要素予以限制。另外，出于对被解任董事既有利益的保护，剩余任期的计算应自解任之日起，到规定的任期届满之日止。本案中，因双方当事人对仲裁裁决所确定的工资、拖欠工资的补偿金及解除合同的经济补偿金数额没有异议，故伦教公司应向严某某支付工资 19 450. 02 元、拖欠工资的补偿金 4862. 51 元及解除合同的经济补偿金 89 046 元。

董事会决议程序及其效力问题

做任何事都要遵循一定的步骤和顺序，否则不仅无法实现既定目标，还可能造成损失。董事会是由股东会选举产生的集体业务执行机关与经营意思决定机关，其一般通过决议的方式决定公司的生产经营和对外业务方向，董事会决议在公司法中具有法律效力，对公司治理至关重要。因此董事会作出决议必须经由法律或章程规定的程序，以防止董事会决议损害公司利益或股东权益。不过，现实中董事会违反法律或公司章程规定的程序进行决议的情形仍较为常见，因此如何救济公司和股东权益值得关注。

一、案情与裁判

案件名称：李某某诉佳动力公司公司决议撤销纠纷案

案件来源：上海市黄浦区人民法院（2009）黄民二（商）初字第4569号民事判决书、上海市第二中级人民法院（2010）沪二中民四（商）终字第436号民事判决书

☞ **案情简介：**

原告李某某系被告佳动力公司的股东，并担任该公司总经理。佳动力公司股权结构占比为：葛某某40%、李某某46%、王某某14%。三位股东共同组成董事会，葛某某担任董事长，另两人为董事。该公司章程规

定：董事会行使包括聘任或者解聘公司经理等职权、董事会须由三分之二以上的董事出席方才有效、董事会对所议事项作出的决定应由占全体股东三分之二以上的董事表决通过方才有效。2009 年 7 月 18 日，佳动力公司董事长葛某某召集并主持董事会，三位董事均出席，会议形成了“鉴于总经理李某某不经董事会同意私自动用公司资金在二级市场炒股，造成巨大损失，现免去其总经理职务，即日生效”等内容的决议。该项决议由葛某某、王某某及公司监事签名，李某某未在决议上签名。后李某某向上海市黄浦区人民法院起诉称：被告佳动力公司董事会免除其总经理职务的决议所依据的事实和理由不成立，且董事会的召集程序、表决方式以及决议内容均违反了《公司法》的规定，请求法院依法撤销该董事会决议。被告佳动力公司辩称：董事会的召集程序、表决方式及决议内容均符合法律和公司章程的规定，故董事会决议有效。本案的争议焦点在于法院是否应当对董事会决议罢免公司经理所依据的事实和理由进行审查，例如事实不成立或严重失实，是否影响该董事会决议的效力。

☞ **一审判决：**

一审法院认为，虽然本案董事会决议在召集、表决程序上并未违反《公司法》以及该公司章程，但董事会依据“未经董事会同意私自动用公司资金在二级市场炒股造成损失”这一事实而形成罢免原告总经理职务的决议，二者之间存在重大偏差。因此基于该事实不真基础上形成的罢免总经理决议，缺乏事实及法律依据，决议结果失当。一审法院判决：撤销被告佳动力公司于 2009 年 7 月 18 日形成的董事会决议。

☞ **二审判决：**

二审法院认为，根据《公司法》（2013）第 22 条第 2 款规定，董事会决议可撤销的事由包括：（1）召集程序违反法律、行政法规或公司章程；（2）表决方式违反法律、行政法规或公司章程；（3）决议内容违反公司章程。本案中，从召集程序看，佳动力公司于 2009 年 7 月 18 日召开的董事会由董事长葛某某召集，三位董事均出席董事会，该次董事会的召集程序未违反法律、行政法规或公司章程的规定。从表决方式看，根据佳动力公司章程规定，对所议事项作出的决定应由占全体股东三分之二以上的董事表决通过方才有效，上述董事会决议由三位股东（兼董事）中的两名表决通过，故在表决方式上也未违反法律、行政法规或公司章程的规定。加之佳动力公司章程规定董事会有权解聘公司经理，董事会决议内容中“总经理李某某不经董事会同意私自动用公司资金在二级市场炒股，造成巨大损失”的陈述作为董事会解聘李某某总经理职务的原因，法院不应对此解聘事由是否属实进行审查和认定。因此，无论是从召集程序、表决方式还是决议内容上，佳动力公司的董事会决议都不违反公司法和公司章程的规定。二审法院判决：撤销上海市黄浦区人民法院（2009）黄民二（商）初字第4569号民事判决，对李某某原审诉请不予支持。

二、相关规定

《公司法》第25条：“公司股东会、董事会的决议内容违反法律、行政法规的无效。”

《公司法》第26条：“公司股东会、董事会的会议召集程序、表决方式违反法律、行政法规或者公司章程，或者决议内容违反公司章程的，股东自决议作出之日起六十日内，可以请求人民法院撤销。但是，股东会、董事会的会议召集程序或者表决方式仅有轻微瑕疵，对决议未产生实质影响的除外。

未被通知参加股东会会议的股东自知道或者应当知道股东会决议作出之日起六十日内，可以请求人民法院撤销；自决议作出之日起一年内没有行使撤销权的，撤销权消灭。”

《公司法》第73条：“董事会的议事方式和表决程序，除本法有规定的外，由公司章程规定。

董事会会议应当有过半数的董事出席方可举行。董事会作出决议，应当经全体董事的过半数通过。

董事会决议的表决，应当一人一票。

董事会应当对所议事项的决定作成会议记录，出席会议的董事应当在会议记录上签名。”

三、法理与案例分析

首先，公司董事会的权力来源于法律规定或股东会授权，董事会有权决定聘任和解聘公司经理或者其他高级管理人员。董事会的地位具有法定性，董事会由股东会选举产生，向股东会负责，贯彻执行股东会的决议。董事会是公司的核心领导机关。一般而言，股东会委以董事会对内的经营管理权和对外的业务代表权，重大商业决策的权力也可以赋予董事会。但有些情况下，董事会可以根据需要将决策权委托给公司经理或者其他高级管理人员行使，且董事会有权对这些人员决定聘任或者解聘。本案中，董事会解聘李某某公司总经理的职务不仅符合法律规定，也符合公司章程规定，解聘有效。

其次，形成董事会决议应当符合法律或公司章程规定的法定人数与表决要求。公司各董事必须以集体形式行动才能形成相关决议，董事的集体行动通常表现为会议形式，基于会议形式必须符合一定的程式要求，即法定人数与表决要求。对于法定人数，一般情况下，董事会成员可能不会全部参加会议，但如果只有少数人参加会议并作出决议的话，其合法性就值得怀疑，因为少数董事会成员形成的决议并不能代表多数意见，因此《公司法》通常将董事会成员的半数（二分之一）规定为符合法定人数。对于表决要求，公司法通常要求全体董事的半数（二分之一）通过，决议方为合法，即原则上的简单多数决规则。当然，《公司法》也允许公司章程规定一个更大比例的法定人数或者表决要求，或者规定一个较小比例的法定人数（但原则上不得少于全部董事的三分之一）或者表决要求。本案中，无论从法定人数还是从表决人数，被告佳动力公司董事会形成的解聘李某某总经理职务的决议都符合要求。

最后，董事会决议效力的司法审查范围限于决议内容是否违背法律、行政法规的强制性规定，内容的正确及属实与否不属于审查的范畴。公司股东会、董事会会议召集程序、表决方式违反法律、行政法规或者公司章程，或者决议内容违反公司章程的，股东可以请求人民法院撤销，被撤销的决议自始无效。人民法院就董事会决议内容仅进行合法性审查，至于决议内容是否正确、是否属实，不属于人民法院的审查范围。本案中，公司章程规定董事会有权解聘公司经理，董事会决议以“总经理李某某不经董事会同意私自动用公司资金在二级市场炒股，造成巨大损失”为由仅是董事会解聘李某某总经理职务的原因，不属于人民法院内容合法性审查的范围。当然，如果被告佳动力公司在公司章程中已经事先规定了解聘公司经理职务的事由，那么原告李某某也就不会提起诉讼，可以避免纠纷的产生，因此在聘任经理之时约定详细的解聘事由很有必要。

公司经理的职权来源问题

权力的来源应有依据，权力的行使也须有确定的范围。超越权限或未经授权行使权力应当承担相应的法律责任。公司高级管理人员在公司日常运营中担任重要职务、负责公司经营管理、掌握公司重要信息，这其中尤以公司经理的位置最为重要，因此《公司法》赋予经理非常广泛的职权。但有时经理职权又易与董事会职权混淆，因此协调并明确董事会与经理之间的权限尤为重要。

一、案情与裁判

案件名称： 李某某与唐华公司损害公司利益责任纠纷再审案

案件来源： 宁夏回族自治区石嘴山市中级人民法院（2016）宁02民初177号民事判决书、宁夏回族自治区高级人民法院（2018）宁民终99号民事判决书、最高人民法院（2019）最高法民再332号民事判决书

☞ **案情简介：**

李某某在2008年4月18日至2010年2月22日担任唐华公司执行董事和法定代表人。2010年1月3日，李某某代表唐华公司与马某签订《增资扩股协议》，同年2月23日，唐华公司法定代表人变更为马某，李某某任该公司监事。李某某在担任唐华公司执行董事和法定代表人期间，通过

唐华公司账户自2008年10月7日至2009年12月25日分别向怀真公司、高某、杨某1、杨某、魏某某、高某某、陈某、程某某、西电公司转款共计7 915 900元。其还通过唐华公司账户自2010年1月4日至2010年1月25日向高某、陈某、程某某、西电公司、骏腾公司转款共计487万元，其中2010年1月8日唐华公司向骏腾公司转款300万元已另案解决。唐华公司与以上单位和个人并无实际业务往来，汇款是为了偿还投资创建唐华公司时的借款。

☞ **一审判决：**

一审法院认为，李某某曾任唐华公司的法定代表人，任职期间对公司负有忠实义务和勤勉义务。李某某自认怀真公司等案涉接受转款的主体与唐华公司并无业务往来，其通过唐华公司账户向这些单位和个人转款是为了偿还其创建唐华公司时的个人借款。李某某利用其在唐华公司担任执行董事和法定代表人的职务便利，将12 785 900元汇入以上单位和个人账户，该行为已导致唐华公司不能直接控制和处分自有资产，李某某未举证证明上述行为系经公司股东会或董事会授权和认可，故侵害了唐华公司作为公司法人享有的财产独立性，损害了公司合法权益。公司股东滥用股东权利给公司或者其他股东造成损失的，应当依法承担赔偿责任。一审法院判决：李某某应向唐华公司支付12 785 900元及利息损失4 430 314元，共计17 216 214元。

☞ **二审判决：**

二审法院认为，李某某在担任唐华公司法定代表人期间自2008年10月7日至2010年1月25日从唐华公司账户向怀真公司、骏腾公司、西电公司、程某某、陈某、高某某、魏某某、杨某、杨某1、高某汇款共计12 785 900元，其虽主张上述汇款是为了偿还其创建唐华公司时的个人借款，但没有提供相应证据予以证明，其行为损害了唐华公司的利益。李某某上诉称其在向上述单位和个人账户汇款时为唐华公司唯一股东，其以法定代表人身份对外清偿借款是履行职务行为。但从唐华公司工商登记信息来看，李某某从未持有唐华公司100%股权，在唐华公司向上述单位和个人账户汇款时李某某并非唐华公司唯一股东，且没有证据证明唐华公司向上述单位和个人账户汇款经过唐华公司股东会或者董事会的授权和认可。二审法院判决：驳回上诉，维持原判。

☞ **再审判决：**

再审法院认为，本案再审的焦点问题是案涉转款是否损害唐华公司利益，李某某是否应承担赔偿责任。二审中，李某某向法院提交的2010年1月3日李某某代表唐华公司与马某签订《增资扩股协议》第3条对新旧唐华公司的债权债务进行了约定。案涉转款在唐华公司财务账上有记载，李某某并未向公司隐瞒转款事实。因此，按照《增资扩股协议》签订的时间将案涉转款分为两部分：在签订《增资扩股协议》前，唐华公司账户自2008年10月7日至2009年12月25日分别向怀真公司、高某、杨某1、杨某、魏某某、高某某、陈某、程某某、西电公司共计转款7 915 900元，上述转款均发生在《增资扩股协议》签订之前。上述转款期间，唐华公司的股东除李某某外，其余股东杨某2、杨某3并未提出异议，不能证明损害了当时唐华公司的利益。唐华公司认为此部分转款损害唐华公司利益的理由不能成立。在签订《增资扩股协议》后，唐华公司自2010年1月4日至2010年1月25日向高某、陈某、程某某、西电公司、骏腾公司共计转款487万元（其中300万元本案不作认定）。对其余187万元的转款，李某某无证据证明该转款经过唐华公司股东会授权或认可，也无证据证明上述转款的合法事由，李某某在任职期间从唐华公司账户向案外人转款187万元，侵害了唐华公司的财产权益，李某某应对该转款及对应的利息承担赔偿责任。再审法院判决：撤销宁夏回族自治区石嘴山市中级人民法院（2016）宁02民初177号民事判决及宁夏回族自治区高级人民法院（2018）宁民终99号民事判决；李某某应向宁夏唐华公司支付187万元及利息。

二、相关规定

《公司法》第74条："有限责任公司可以设经理，由董事会决定聘任或者解聘。

经理对董事会负责，根据公司章程的规定或者董事会的授权行使职权。经理列席董事会会议。"

三、法理与案例分析

首先，公司经理是由董事会聘任、组织日常经营管理活动的公司常设业务执行机构。新《公司法》下经理的基本性质和地位未发生根本变化，经理仍为公司的业务执行机构，经理由董事会聘任，对董事会负责，具体落实股东会和董事会的决议，主持公司的生产经营管理活动，维持公司运行。与股东会、董事会、监事会不同，经理机关不采用会议形式，其行为无须通过多数原则形成决策，而是以担任经理的高级管理者的最终意愿为准。当然，除上市公司董事会秘书与经理这两类高级管理人员在《公司法》中有规定外，其他高级管理人员未有专门规定，一般认为，其他高级管理人员应适用关于经理的一般规定。本案中，李某某曾任唐华公司的法定代表人，其应在公司股东会或董事会授权范围内行事，并对公司负有忠实义务和勤勉义务。

其次，经理按照公司既成制度代表公司行使权力。我国《公司法》将公司经理确立为公司的机关，不过还将其界定为公司高级管理人员之一。经理在公司中的法律地位具体表现为经理与公司中其他公司机关之间的权力分配关系以及经理的行为对公司外第三人的法律效力。具体而言，经理的法律地位体现为三个方面：一是公司的代理人，享有《公司法》规定的法定代理权限和公司章程规定的委托代理权限；二是公司高级劳动者，根据劳动合同履行职责，享受《中华人民共和国劳动法》（以下简称《劳动法》）的保护；三是公司日常经营管理事务的总负责人，经公司章程规定，还可以成为公司的法定代表人。本案中，李某某曾作为唐华公司的法定代表人，在职权范围内有权管理公司的日常经营活动，并在董事会授权范围内代表公司处理各类业务。

最后，公司经理的职权由公司章程授予，也可由董事会与经理通过签订契约的方式约定，但其不得超越职权行事。经理由董事会聘任，董事会有权决定扩大或缩小经理的权力范围，公司章程对经理职权另有规定的从其规定。获得公司经理身份即当然获得相应的经理职权，一般无须再特别授予，经理在职权范围内行事，不得超越权限范围实施侵害公司利益的行为。本案中，李某某在签订《增资扩股协议》后通过唐华公司总计转款487万元，除其中300万元及相应损失已另案主张外，对其余187万元的转款，李某某无证据证明该转款经过唐华公司股东会授权或认可，也无证据证明上述转款的合法事由，属于超越其公司经理职权侵害唐华公司财产权益的行为，其应对该转款及利息承担赔偿责任。

股东对延长出资期限前的公司债务应否承担补充责任

依据《公司法》第54条，公司不能清偿到期债务且明显缺乏清偿能力的，债权人有权要求股东出资期限加速到期。公司债务产生后，公司通过股东会决议延长股东出资期限的，债权人能否请求未届出资期限的股东对公司债务承担补充赔偿责任？

一、案情与裁判

案件名称：王某1与力澄有限公司、郭某、曲某等民间借贷纠纷案

案件来源：上海市高级人民法院（2020）沪民申1154号民事裁定书、《最高人民法院公报》2022年第1期

☞ **案情简介：**

力澄有限公司（上诉人、被告）系成立于2015年11月6日的有限责任公司，注册资本5000万元，股东为曲某（被告）（认缴出资额2550万元，出资期限为2018年12月31日，持股比例51%）、郭某（上诉人、被告）（认缴出资额2450万元，出资期限为2018年12月31日，持股比例49%），曲某任执行董事，郭某任监事。2015年12月30日，王某1（被上诉人、原告）作为甲方（出借方），与丙方（服务方）力澄有限公司签订

《管理咨询服务协议》（以下简称《服务协议》）。《服务协议》中未列明乙方（借款方）的具体信息，仅在合同落款处加盖郑某某名章。协议主要约定：（1）甲方、乙方有资金需求及投资需求，通过丙方居间介绍并协助甲、乙方办理相关事宜，出借金额为100万元，年化利率15%，出借起止日期为2015年12月30日至2016年12月29日；（2）甲方在约定时间内将资金以银行汇款或第三方支付的方式汇入乙方指定的账户；（3）乙方提供担保品作为借款担保，其担保品估值将另作协议说明，担保品以丙方名义办理抵（质）押手续。同日，王某1向力澄有限公司支付款项100万元，力澄有限公司向王某1出具收据。力澄有限公司收款后，未实际出借给郑某某。《服务协议》约定的借期届满后，因王某1未收到借款本息，遂与力澄有限公司进行交涉。力澄有限公司委托前员工葛某某向王某1还款35万元。2017年11月22日，蔡某（第三人）（甲方）与王某1（乙方）签订《担保协议》，主要约定：甲方应偿还乙方借款本金65万元及相应利息，以附件所标明物品（翡翠珠宝）进行质押担保。王某1提供的《担保协议》原件借款人处有蔡某签名，贷款人处有王某1签名。力澄有限公司提交的《担保协议》原件除蔡某、王某1签名外，空白处还有“同意此笔债务转让”字样，并在该文字内容处盖有力澄有限公司公章。

另查明：2015年11月力澄有限公司设立时，股东为王某2、杨某；2016年5月该公司股东变更为王某2一人；2016年6月22日该公司股东变更为赵某、郭某；2016年8月22日该公司股东再次变更，至今为郭某、曲某。工商档案反映，由郭某、曲某签字的2016年7月25日力澄有限公司的公司章程载明，该两名股东认缴出资时间应为2018年12月31日。截至审理时，国家企业信用信息公示系统公示的信息表明，郭某、曲某的认缴出资时间为2045年11月4日，公示时间为2018年3月27日。

☞ **一审判决：**

上海市嘉定区人民法院经审理认为，王某1与力澄有限公司之间存在民间借贷关系，王某1已按约向力澄有限公司履行了出借借款100万元的合同义务，力澄有限公司仅归还本金35万元，其行为已构成违约，理应承担归还剩余本金 65 万元及相应利息的法律责任。郭某、曲某作为力澄有限公司的股东，在认缴出资期限届满后，未足额缴纳出资，属未履行或未全面履行出资义务，应在各自未出资本息范围内对力澄有限公司债务不能清偿的部分承担补充赔偿责任。

☞ **二审判决：**

上海市第二中级人民法院经审理后认为，注册资本认缴制下，股东虽依法享有出资期限利益，然而债权人亦享有期待权利。涉案借款发生于 2015 年 12 月，借款到期日为 2016 年 12 月，此时工商登记载明的力澄有限公司股东的出资认缴期限为 2018 年 12 月 31 日，在力澄有限公司未按时还款的情况下，王某 1 可以期待 2018 年 12 月 31 日力澄有限公司股东出资认缴期限届满时，通过股东出资获得还款。

☞ **再审判决：**

再审法院审查认为，有限责任公司的股东未履行或者未全面履行出资义务即转让股权，受让人对此知道或者应当知道，公司债权人向该股东提起诉讼，同时请求前述受让人对此承担连带责任的，人民法院应予支持；受让人承担责任后向该股东追偿的，人民法院应予支持，但当事人另有约定的除外。从上述规定也不能得出王某 2 应当与郭某、曲某共同参加诉讼并承担责任的结论。故郭某关于原审法院遗漏被告王某 2 的主张缺乏依据，不予支持。

二、相关规定

《民法典》第 667 条："借款合同是借款人向贷款人借款，到期返还借款并支付利息的合同。"

《公司法》第 34 条："公司登记事项发生变更的，应当依法办理变更登记。

公司登记事项未经登记或者未经变更登记，不得对抗善意相对人。"

《公司法》第40条："公司应当按照规定通过国家企业信用信息公示系统公示下列事项：（一）有限责任公司股东认缴和实缴的出资额、出资方式和出资日期，股份有限公司发起人认购的股份数；（二）有限责任公司股东、股份有限公司发起人的股权、股份变更信息；（三）行政许可取得、变更、注销等信息；（四）法律、行政法规规定的其他信息。

公司应当确保前款公示信息真实、准确、完整。"

《公司法》第54条："公司不能清偿到期债务的，公司或者已到期债权的债权人有权要求已认缴出资但未届出资期限的股东提前缴纳出资。"

《公司法司法解释三》第13条第2款："公司债权人请求未履行或者未全面履行出资义务的股东在未出资本息范围内对公司债务不能清偿的部分承担补充赔偿责任的，人民法院应予支持；未履行或者未全面履行出资义务的股东已经承担上述责任，其他债权人提出相同请求的，人民法院不予支持。"

三、法理分析

首先，案涉《服务协议》系借款合同。依据《民法典》第667条，借款合同是借款人向贷款人借款，到期返还借款并支付利息的合同。从协议形式上看，案涉《服务协议》包含出借方、借款方、服务方，但借款方身份不明且仅在落款处加盖借款方名章；从协议内容上看，该协议约定了王某1作为出借方的出借金额、到期还付本息等条款；从实际履行上看，力澄有限公司收到王某1的100万元款项后未实际打款给借款方，后该公司又委托前员工葛某某向王某1还款35万元。由此可见，《服务协议》系力澄有限公司向王某1借款，约定到期还本付息的合同，虽名为"服务协议"但实为借款合同。

其次，债权人基于公示的出资期限所形成的信赖应被保护。依据《公司法》第40条，公司应当在国家企业信用信息公示系统公示股东认缴和实缴的出资额、出资方式和出资日期等信息，该系统的公示信息和公司登记信息是相对人在与公司交易时进行风险评估和决策的根据。涉案借款发生于2015年12月，借款到期日为2016年12月，此时公司工商登记载明的力澄有限公司股东的出资认缴期限为2018年12月31日。基于对出资认缴期限的信赖，贷款人王某1可以期待力澄有限公司以股东出资为其债务作一般担保。《公司法》第34条明确了公司登记事项的效力，但《公司法》未明确国家企业信用信息公示系统中属于非公司登记事项的信息的公示效力。《企业信息公示暂行条例》第11～12条规定企业对其公示信息的真实性、及时性负责，第17条规定了企业公示信息隐瞒真实情况、弄虚作假造成他人损失所应承担的赔偿责任。由此可见，前述法律、法规的立法目的是保护债权人基于国家企业信用信息公示系统公示信息而形成的信赖利益。

最后，股东应对出资期限延长前的公司债务承担补充赔偿责任。力澄有限公司到期债务未清偿却已将出资期限延长至2045年，实质上是公司放弃了其对股东即将到期债权的追索，该行为对公司债权人利益造成了损害。一方面，前已论及借款人对公司工商登记载明的股东出资认缴期限“2018年12月31日”所产生的信赖利益应被保护，2019年二审开庭时该出资期限已届至，依据《公司法司法解释三》第13条第2款，王某1有权请求已届出资期限的股东对公司债务承担补充赔偿责任。另一方面，《九民纪要》第6条明确了支持股东出资加速到期的例外情况，其中包括公司债务产生后延长股东出资期限的情形。依据《公司法》第54条，“公司不能清偿到期债务”时股东应提前缴纳出资，若公司仍具备清偿能力，令股东提前出资则损害其期限利益，而通过判令股东承担补充赔偿责任，未届出资期限的股东仍是在公司财产被执行后于未出资本息范围内清偿公司债务，由此可确保股东责任的顺序利益，并减少债权人另行提起股东赔偿之诉的成本。综上，法院认定郭某、曲某应在其未出资本息范围内对力澄有限公司的债务承担补充赔偿责任。

缩短股东出资期限的股东会决议之效力

《公司法》第66条规定，股东会决议修改公司章程的，须经代表三分之二以上表决权的股东通过。若通过公司决议修改公司章程，以缩短股东的出资期限，则适用资本多数决规则通过相关决议将损害部分股东的出资期限利益。那么，如何认定此类股东会决议的效力？

一、案情与裁判

案件名称：鸿大有限公司与姚某公司决议纠纷案

案件来源：上海市第二中级人民法院（2019）沪02民终8024号民事判决书

☞ 案情简介：

2017年7月17日，鸿大有限公司（上诉人、被告）形成新的公司章程，其载明："第四条　鸿大有限公司注册资本1000万元。第五条　章某（第三人）出资700万元；姚某（被上诉人、原告）出资150万元；蓝某（第三人）、何某（第三人）各出资75万元；出资时间均为2037年7月1日。……第九条　股东会会议应当于会议召开十五日以前通知全体股东……股东会会议由股东按照出资比例行使表决权。"姚某及三个第三人在上述章程后签名。此后，公司登记机关备案材料显示：姚某和三个第三人成为鸿大有限公司股东，姚某持股15%、第三人何某持股7.5%、第三人章某持股70%、第三人蓝某持股7.5%。经查，2017年6月27日，章某、姚某、蓝某、何某、鸿大有限公司共同签订《合作协议书》，约定：基于特斯拉将授权鸿大有限公司代理其在中国大陆设立外商投资企业，姚某、蓝某、何某愿意溢价投资入股鸿大有限公司。其中，姚某拟出资700万元，占增资后鸿大有限公司15%的股份……应在本协议签署后的三日内将各自认缴的出资额全部实缴，本协议系各方合作的初步法律文件，未来将可根据具体情况适时修改、调整、细化、充实。2018年10月30日，鸿大有限公司向姚某发送快递，快递单载明："内件品名为鸿大有限公司2018年临时股东会通知，快递于次日被签收。"鸿大有限公司2018年第一次临时股东会通知载明的审议事项为："更换并选举新的监事；修改公司章程；限制部分未履行出资义务股东的股东权利；授权公司就敦促未履行出资义务的股东缴付出资事项采取必要措施。"2018年11月18日，鸿大有限公司召开2018年第一次临时股东会会议，姚某收到股东会通知后未出席，也未委托其他人出席，到会股东一致同意形成决议如下：（1）选举何某为公司监事，免除姚某的公司监事职务；（2）通过章程修正案；（3）姚某未按照约定缴付出资款700万元，且在鸿大有限公司多次催缴的情况下仍拒不履行出资义务，股东会决定限制姚某的一切股东权利，直至姚某履行全部出资义务；（4）采取一切必要措施要求姚某履行出资义务。第二项决议所涉章程修正案载明："姚某及三个第三人作为鸿大有限公司股东的出资时间由2037年7月1日修改为2018年12月1日。"上述章程修正案落款处由第三人章某作为鸿大有限公司法定代表人签名，落款时间为2018年11月18日。姚某向一审法院起诉请求：确认鸿大有限公司于2018年11月18日作出的临时股东会决议无效。

☞ **一审判决：**

上海市虹口区人民法院经审理认为，根据姚某的陈述及其提供的证据材料分析，姚某请求确认无效的决议内容主要为该决议的第二、第三项。

第二项决议内容涉及将鸿大有限公司原章程中规定的股东出资时间从2037年7月1日提前至2018年12月1日，而该决议形成时间为2018年11月18日，即鸿大有限公司要求各个股东完成注册资本的缴纳期限从二十年左右缩减至少于半个月的时间，但未对要求提前缴纳出资的紧迫性等作出说明，不具有合理性。出资期限提前涉及股东基本利益，不能通过多数决的方式予以提前，故涉案临时股东会决议中第二项决议无效。

☞ **二审判决：**

上海市第二中级人民法院经审理认为，2017年6月27日《合作协议书》约定，姚某拟出资额为700万元，且应在协议签署后的三日内全部实缴至鸿大有限公司。而2017年7月17日，鸿大有限公司新章程明确载明姚某认缴出资150万元，实缴时间为2037年7月1日。可见，鸿大有限公司在姚某并未按照《合作协议书》约定时间实缴出资的情况下，仍将其列为公司股东，且明确股东出资时间为2037年7月1日，并且2017年7月21日鸿大有限公司将姚某正式变更登记为公司股东。故此，从各方实际履行来看，姚某的出资时间已变更至2037年7月1日。案涉临时股东会决议将股东出资时间从2037年7月1日修改为2018年12月1日，显然属于要求姚某提前出资的情形。修改股东出资期限涉及公司各股东的出资期限利益，并非一般的修改公司章程事项，不适用资本多数决规则。司法实践中，具有优先性质的公司债权在一定条件下可以要求公司股东提前出资或加速到期。双方均确认《合作协议书》的合作目的已无法实现，目前也并无证据证明存在需要公司股东提前出资的必要性及正当理由，因此，一审判决确认该项决议无效，于法有据，二审法院予以认可。

二、相关规定

《公司法》第25条：“公司股东会、董事会的决议内容违反法律、行政法规的无效。”

《公司法》第49条第1款：“股东应当按期足额缴纳公司章程规定的

各自所认缴的出资额。”

《公司法》第54条：“公司不能清偿到期债务的，公司或者已到期债权的债权人有权要求已认缴出资但未届出资期限的股东提前缴纳出资。”

《公司法》第65条：“股东会会议由股东按照出资比例行使表决权；但是，公司章程另有规定的除外。”

《公司法》第66条：“股东会的议事方式和表决程序，除本法有规定的外，由公司章程规定。

股东会作出决议应，当经代表过半数表决权的股东通过。

股东会会议作出修改公司章程、增加或者减少注册资本的决议，以及公司合并、分立、解散或者变更公司形式的决议，应当经代表三分之二以上表决权的股东通过。”

三、法理分析

首先，2017年7月17日的公司章程将出资期限确定为2037年7月1日，其系全体股东一致意见，合法有效。依据《民法典》第143条，民事法律行为生效的要件包括：一是行为人具有相应民事行为能力；二是意思表示真实；三是不违反法律、行政法规的强制性规定，不违背公序良俗。2017年6月27日《合作协议书》约定协议签署后的三日内为实缴期限，还约定了该协议书“仅是各方合作的初步法律文件，未来将可根据具体情况适时修改、调整……”。2017年7月17日案涉公司章程明确姚某认缴出资150万元，出资时间为2037年7月1日，此修改符合《合作协议书》的约定，系各方真实意思表示，不违反法律法规的强制性规定。另外，从实际履行情况来看，2017年7月21日鸿大有限公司将姚某登记为公司股东，在姚某未按照《合作协议书》的期限实缴出资的情况下，鸿大有限公司仍将其列为股东，且明确了股东出资时间为2037年7月1日，说明2017年7月17日修改出资期限的章程系全体股东的真实意思。因此，2017年7月17日修改出资期限的章程合法有效。由此可知，2018年临时股东会决议将股东出资时间修改为2018年12月1日，实质上是要求股东提前出资。

其次，股东会延长股东出资期限的决议不应适用资本多数决规则。依据《公司法》第49条第1款，股东应“按期”足额缴纳公司章程规定的各自所认缴的出资额，故股东享有出资期限利益。修改股东出资期限的章程款项适用资本多数决规则将损害股东合法权益，原因有二：其一，若允许股东会以多数决的方式调整出资期限，则占资本多数的股东可随时随意调整出资期限，从而剥夺反对意见股东的期限利益；其二，股东出资期限系公司设立或民事主体加入公司成为股东时各股东及公司之间形成的一致约定，不同于公司经营管理事项，修改出资期限将直接影响公司股东的固有权益。因此，修改股东出资期限的股东会决议不适用资本多数决规则。

最后，股东会决议缩短股东出资认缴期限的效力认定。依据《公司法》第54条，公司仅在不能清偿到期债务且明显缺乏清偿能力时才能要求已认缴出资但未届缴资期限的股东提前缴纳出资。鸿大有限公司并无证据证明存在公司明显缺乏清偿能力等需要股东提前出资的正当理由，其将出资期限从二十年缩减至少于半个月的决议不满足股东出资期限加速到期的条件。依据《公司法》第49条第1款，股东享有出资期限利益，而修改出资期限的股东会决议剥夺了姚某的出资期限利益。依据《公司法》第21条第1款，公司股东应当遵守法律、行政法规和公司章程，不得滥用股东权利损害其他股东的利益，前述已论及修改股东出资期限的股东会决议不适用资本多数决规则，要求自然人短期内筹措150万元亦不具有合理性，故该决议属于控股股东滥用股东权利损害了姚某的出资期限利益。又依据《公司法》第25条可知，案涉修改股东出资期限的股东会决议内容因违反法律、行政法规而无效。

值得注意的是，《公司法》第47条第1款明确了有限责任公司股东认缴出资期限为公司成立之日起五年内。若依据该规定，即便2018年临时股东会修改出资期限的决议无效，股东的出资期限也不能按照公司章程中的出资期限（2037年7月1日）确定，即股东实缴出资的最长期限仍为五年。

违反法律规定的条件或程序任命职工代表监事的行为无效

《公司法》第76条规定有限责任公司应设立监事会，该法第69条、第83条另有规定的除外。有限责任公司的监事会由股东会选举的监事以及公司职工选举的监事组成。若股东会决议关于职工代表监事的任命不符合《公司法》的相关规定，该决议是否有效？

一、案情与裁判

案件名称：保翔有限公司诉长翔有限公司公司决议效力确认纠纷案

案件来源：《最高人民法院公报》2019年第11期

☞ 案情简介：

长翔有限公司（被告）原系江阳有限公司（上诉人、第三人）的全资子公司，2014年1月，保翔有限公司（被上诉人、原告）与江阳有限公司签订股权转让协议，约定江阳有限公司将其所持长翔有限公司50%股权转让给保翔有限公司，保翔有限公司、江阳有限公司各持长翔有限公司50%股权。后各方办理了股权变更登记手续。2014年4月，长翔有限公司召开临时股东会并形成系争股东会决议，决议第二项规定：设立公司监事会，聘请徐某（第三人）、孔某（第三人）为股东代表监事，免去魏某1（第三人）监事职务，另一名职工代表监事由魏某2（被上诉人、第三人）担任。魏某2生于1948年，2008年已届退休年龄，其担任被告长翔有限公司法定代表人至2013年卸任，涉讼时其仍是第三人江阳有限公司法定代表人，但在诉讼过程中卸任。另无证据证明魏某2在2014年4月以来与长翔有限公司之间存在劳动关系。在长翔有限公司工商登记备案材料中，长翔有限公司职工代表大会决议的主要内容为：长翔有限公司职工代表大会于2014年4月30日召开，应到职工代表5人，实到5人，会议由魏某2主持；5名职工代表均同意选举魏某2为公司职工监事；与会职工签名落款处未见魏某2签名，仅有“朱某”“范某”“张某”等5人作为“职工代表”签名。但该5名“职工代表”在2014年5月之后均非由长翔有限公司缴纳社会保险费。保翔有限公司认为，系争股东会决议中关于监事任免的内容以及表决程序均违反了《公司法》关于职工代表担任监事的相关规定，魏某2不能担任职工代表监事，故诉请判令案涉长翔有限公司股东会决议关于公司监事会组成的决议条款无效。

☞ **一审判决：**

福建省高级人民法院经审理认为，本案中，系争股东会任命的职工代表监事魏某2在被任命时及任命后与被告长翔有限公司并未形成劳动关系，魏某2不具有长翔有限公司的职工身份。魏某2不具有担任长翔有限公司职工代表监事的身份资格。从现有证据来看，难以证明选举魏某2为职工代表监事的5人曾被长翔有限公司全体职工选举为职工代表或可代表长翔有限公司全体职工的意志，故任命魏某2为职工代表监事的程序亦不符合《公司法》的规定。综上，系争股东会决议中任命魏某2为长翔有限公司职工代表监事的内容应属无效；因监事会是一个整体，故该决议中的组成监事会的决议内容也应归于无效。故判决长翔有限公司设立公司监事会，聘请徐某、孔某为股东代表监事，免去魏某1的监事职务，魏某2担任职工监事的决议无效。

☞ **二审判决：**

最高人民法院经审理认为，第一，职工代表大会是协调劳动关系的重要制度，职工代表须与公司存在劳动关系。本案中魏某2于系争股东会决议作出时已不在长翔有限公司任职，未在长翔有限公司领取薪水，即与长翔有限公司不存在劳动关系，故魏某2不具备作为职工代表的资格。第二，《公司法》第51条第2款规定监事会应包括公司职工代表，说明职工代表资格是成为职工代表监事的前提。本案中魏某2并非职工代表，不具备担任职工代表监事的资格。另，《公司法》第51条第2款亦规定监事会中职工代表的比例不得低于三分之一，该比例系《公司法》上效力性强制性规定，本案中魏某2不具备职工代表资格，另外两名监事系股东代表，职工代表比例为0，违反前款规定。故一审法院认定系争股东会决议中任命魏某2为长翔有限公司职工代表监事的条款无效，并无不当。因魏某2不具备职工代表资格，无论程序是否合法、签字职工是否具有表决资格，均无法改变监事会中无职工代表的事实，亦无法补正系争股东会决议相关条款的效力。综上，驳回上诉，维持原判。

二、相关规定

《公司法》第59条第1款第1项：“股东会行使下列职权：（一）选举和更换董事、监事，决定有关董事、监事的报酬事项。”

《公司法》第25条：“公司股东会、董事会的决议内容违反法律、行政法规的无效。”

《公司法》第76条第2款：“监事会成员为三人以上。监事会应当包括股东代表和适当比例的公司职工代表，其中职工代表的比例不得低于三分之一，具体比例由公司章程规定。监事会中的职工代表由公司职工通过职工代表大会、职工大会或者其他形式民主选举产生。”

《民法典》第134条：“民事法律行为可以基于双方或者多方的意思表示一致成立，也可以基于单方的意思表示成立。

法人、非法人组织依照法律或者章程规定的议事方式和表决程序作出决议的，该决议行为成立。”

《民法典》第 153 条第 1 款：“违反法律、行政法规的强制性规定的民事法律行为无效。但是，该强制性规定不导致该民事法律行为无效的除外。”

三、法理分析

首先，职工代表监事须具有公司职工身份并经民主选举产生。依据《公司法》第 76 条第 2 款，成为职工代表监事须满足两项条件：一是与公司签订劳动合同或者存在事实劳动关系，即具有职工身份；二是经由职工代表大会、职工大会等组织民主选举，被选举为职工代表。本案中，魏某 2 在系争股东会决议作出时已不在长翔有限公司任职，与该公司不存在劳动关系，故魏某 2 不具有职工身份、不具备作为职工代表的资格，进而不能被任命为职工代表监事。

其次，监事会组成中职工代表监事最低比例和资格条件的法律规定为强制性规定。《公司法》第 76 条第 2 款规定了监事会的组成、监事会中职工代表的最低比例限制以及职工代表监事的资格条件，从规范目的来看，此规定意在使职工能够参与到公司经营管理的监督和检查中，确保职工行使监督权以维护自身权益，故该规定属于《公司法》中型构公司组织架构的组织规范，虽然组织规范与强制性规范非为完全对应的关系，但公司作为组织体对纪律性与架构性的需要，使公司的组织规范多为强制性规范。从强制内容来看，该规定对职工代表比例作出最低限制并明确职工代表选取范围，又授权公司章程对职工代表监事的具体比例作出规定，在确保职工权益的基础上亦充分尊重了公司自治；从效力范围来看，该规定设置职工代表及最低比例的规定是对公司内部治理的要求，对公司内部具有约束力，股东会相关决议因此而无效并不损害公司外部相对人的利益。综上，关于公司监事职工代表最低比例和资格条件的规定属于强制性规定。

最后，案涉监事会组成违反职工代表监事最低比例和资格条件的规定，股东会决议中关于监事会组成的条款无效。依据《民法典》第 134 条第 2 款，公司决议行为属于民事法律行为。《民法典》第 153 条第 1 款规定违反法律、行政法规的强制性规定的民事法律行为无效，但该强制性规定不导致该行为无效的除外。《公司法》第 25 条规定股东会决议违反法律、行政法规的无效。从体系解释来看，《公司法》该条中的“法律、行政法规”指的是法律、行政法规中的强制性规定；从目的解释来看，公司决议因违法而无效的情形应当被限缩，决议违反法律、行政法规的管理性规定的并不能一律无效，否则将违背公司自治的基本原则。本案中，因魏某 2 不具备职工代表资格，决议实际产生的监事会中并无职工代表。前已论及职工代表监事最低比例和资格条件的规定为强制性规定，案涉股东会决议关于公司监事会组成的条款因违反该规定而无效。

股权收购价格变动时股东优先购买权的行使问题

有限责任公司股东对外转让股权时，其他股东在同等条件下有优先购买权，其他股东应自知道或者应当知道行使优先购买权的同等条件之日起30日内进行主张。若股权转让协议约定转让股权的最终价格随评估基准日至交割日的审计结果而变化，转让股东已通知其他股东这一约定的，如何确定其他股东知道或应当知道"同等条件"的时间，以及行使优先购买权的合理期限？

一、案情与裁判

案件名称：黄某、三一有限公司股权转让纠纷案

案件来源：最高人民法院（2020）最高法民申6230号民事裁定书

☞ **案情简介：**

金富盛有限公司于2015年3月3日依法登记成立，注册资金为1亿元，三一有限公司（被申请人、被告、被上诉人）持有90%的股权，黄某（申请人、原告、上诉人）持有10%的股权，《公司章程》中约定股东对外转让股权须经其他股东过半数同意，其他股东自接到书面通知之日起满30日未答复的，视为同意转让；不同意的股东应购买该转让股权，不购买视为同意。经股东同意转让的股权，在同等条件下，其他股东有优先购买

权。2018年3月27日，三一有限公司作出《股权转让告知书》，内容为“黄某先生：一、本公司拟将持有的金富盛有限公司的0.9亿元人民币股权（占注册资本的90%）全部转让，拟定的转让价格为现金与采购订单，其中现金为2.3亿元，股权转让的付款方式为公司股权变更登记之日起7日内支付70%，其他款项在项目竣工验收后支付完成；另外股权受让方提供了13万千瓦，4.7亿元的风机采购订单。二、根据《公司法》和金富盛有限公司《公司章程》有关规定……请金富盛有限公司其他股东于收到之日起30日内书面答复。如未在上述期限内书面答复的，视为同意股权转让；如不同意转让的，不同意的股东应按前述第一条的同等条件购买该转让的股权；不购买的视为同意转让”。2018年4月2日，三一有限公司通过EMS向黄某邮寄《股权转让通知书》，该快递单显示因收件人拒收而退回。2018年4月24日，三一有限公司员工通过微信向黄某发送《股权转让告知书》截图及文档，告知其股权转让相关事项，并与黄某电话沟通，黄某未作出相应回复。2018年7月13日，三一有限公司与电力有限公司（被申请人、被告、被上诉人）签订《股权转让协议》，将其所持金富盛有限公司90%的股权转让给电力有限公司，双方约定：人民币2.014亿元为评估基准日2017年12月31日的股权对价，股权评估净值及负债应根据评估基准日至交割日期间补充审计结果进行调整并确定最终收购价款。2018年7月27日，金富盛有限公司工商登记股东变更为电力有限公司持有90%的股权。黄某于2019年6月提起诉讼请求：确认三一有限公司与电力有限公司侵犯了其优先购买权；判令由其按照工商部门备案的《股权转让协议》约定的价格购买三一有限公司转让给电力有限公司的全部股权，并完成变更登记。一审庭审期间，据黄某的委托诉讼代理人陈述，其于2019年3月29日从工商登记处获悉了《股权转让协议》。

☞ **一审判决：**

江西省南昌市中级人民法院经审理认为，三一有限公司在与电力有限公司签订《股权转让协议》前，将股权转让事项通过中国邮政快递及微信、电话等方式，通知了黄某，三一有限公司已就股权转让事项履行了合理通知和善良注意义务，不违反《公司法》和公司章程的规定；且三一有限公司与电力有限公司签订的《股权转让协议》，系当事人的真实意思表示，协议内容不违反法律、法规的强制性规定，应认定合法有效。黄某在知悉转让股权事项后，未在30天内提出书面异议并主张优先购买权。因电力有限公司及其下属公司已按约支付70%的股权转让款并签订采购合同，且已办理股权变更登记，黄某愿以2.014亿元价格购买该股权的目的，已不具备实现的条件。故判决驳回黄某的全部诉讼请求。

☞ **二审判决：**

江西省高级人民法院经审理认为，三一有限公司于2018年4月24日通过微信及电话向黄某告知其《股权转让告知书》的内容。三一有限公司已经履行合理、详尽、善意的通知义务。黄某直至2019年6月18日才以诉讼的方式主张优先购买权，根据《公司法司法解释四》第21条第1款，其优先购买权的诉求不应得到支持。黄某即使当时无法给出精确的股权转让对价，至少也应当按照2.014亿元的价格主张购买权，在此后确定股权转让最终价款时再以审计报告确定的资产净值予以增减，而不是因价格不能精确确定就认为属于无法行使优先购买权的情况。一审判决以股权变更登记作为判断优先购买权是否有效行使的标准，虽有失妥当，但鉴于黄某自知道行使优先购买权的同等条件之日起30日内没有主张优先购买权，判决驳回其诉请，该判决结果正确，故予以维持。

☞ **再审判决：**

最高人民法院经审理认为，黄某未能在合理期限内行使优先购买权，原审判决认为其丧失优先购买权并无不妥。黄某于2019年3月29日在工商登记处获悉三一有限公司与电力有限公司的《股权转让协议》，即黄某自该日起30日内有权根据转让协议中约定的同等条件行使优先购买权。但黄某在2019年6月18日才向法院提起诉讼要求行使优先购买权，显然已经超过30日。即便黄某当时无法获取精确的股权转让对价，也应当在知悉工商登记信息后以2.014亿元的价格主张行使优先购买权，之后可再根据审计报告进行调整，但黄某并未主张。实际上电力有限公司也是根据此交易条件直至股权交割日才确定股权转让的最终价格。综上，裁定驳回黄某的再审申请。

二、相关规定

《公司法》第84条："有限责任公司的股东之间可以相互转让其全部或者部分股权。

股东向股东以外的人转让股权的，应当将股权转让的数量、价格、支付方式和期限等事项书面通知其他股东，其他股东在同等条件下有优先购买权。股东自接到书面通知之日起三十日内未答复的，视为放弃优先购买权。两个以上股东行使优先购买权的，协商确定各自的购买比例；协商不成的，按照转让时各自的出资比例行使优先购买权。

公司章程对股权转让另有规定的，从其规定。"

《公司法司法解释四》第17条第1~2款："有限责任公司的股东向股东以外的人转让股权，应就其股权转让事项以书面或者其他能够确认收悉的合理方式通知其他股东征求同意。其他股东半数以上不同意转让，不同意的股东不购买的，人民法院应当认定视为同意转让。

经股东同意转让的股权，其他股东主张转让股东应当向其以书面或者其他能够确认收悉的合理方式通知转让股权的同等条件的，人民法院应当予以支持。"

《公司法司法解释四》第21条第1款："有限责任公司的股东向股东以外的人转让股权，未就其股权转让事项征求其他股东意见，或者以欺诈、恶意串通等手段，损害其他股东优先购买权，其他股东主张按照同等条件购买该转让股权的，人民法院应当予以支持，但其他股东自知道或者应当知道行使优先购买权的同等条件之日起三十日内没有主张，或者自股权变更登记之日起超过一年的除外。"

三、法理分析

本案的争议焦点为：三一有限公司是否将股权转让条件告知了黄某，黄某是否在约定期限内按照股权转让的同等条件主张了优先购买权。

首先，股权转让时转让人是否尽到合理通知义务的判断。依据《公司法》第84条可知，股东对外转让股权，应就股权转让的数量、价格、支付方式和期限等事项书面通知其他股东征求同意，公司章程对股权转让另有规定的，从其规定。按照三一有限公司的公司章程之规定，公司股东可以对外转让股权，并应就其股权转让事项书面通知其他股东并征求意见。依据《公司法司法解释四》第17条第1～2款规定，转让股东应当以书面或者其他能够确认收悉的合理方式征求股东意见、通知转让股权的同等条件。三一有限公司邮寄的通知被拒收后，又于2018年4月24日通过微信及电话向黄某告知《股权转让告知书》的内容，即股权转让对价为2.3亿元及价值4.7亿元的风机采购合同。因此，三一有限公司已经尽到合理的通知义务，黄某在2018年4月24日已知晓三一有限公司转让股权事项和转让的同等条件。

其次，股权转让价格变动时主张优先购买权的期限。《股权转让协议》中约定股权评估净值及负债应根据评估基准日至交割日期间补充审计结果进行调整并确定最终收购价款。黄某主张在2019年3月29日并未取得审计报告，不知行使优先购买权的同等条件。但根据本案事实，黄某于2018年4月24日已知晓转让股权事项及转让条件，于2019年3月29日在工商登记处获悉《股权转让协议》中变更后的转让价格。即便黄某在2018年4月24日无法获取精确的股权转让对价，也应在2019年3月29日知悉登记信息后以变更后的价格主张行使优先购买权。但直至2019年6月18日黄某才以诉讼的方式主张优先购买权，即使自知悉工商登记之日起算，也已超过公司章程约定的30日答复期限。

最后，股东优先购买权的行使条件。依据《公司法》第84条第3款和《公司法司法解释四》第21条第1款可知，公司章程对股权转让另有规定的，从其规定，优先购买权的行使期限为股东自知道或者应当知道同等条件之日起30日内。按照三一有限公司的章程可知，优先购买权的行使条件有二：一是股东对外转让股权，二是其他股东于收到转让通知的30日内作出是否同意转让及购买的答复。前述已论及三一有限公司对外转让股权且已于2018年4月24日通过电话方式通知黄某股权转让事项及同等条件，三一有限公司已经尽到合理的通知义务，不存在损害黄某优先购买权的行为。黄某直至2019年6月18日以起诉方式主张优先购买权，未在合理期限内行使优先购买权。综上，法院驳回了黄某以《股权转让协议》中的转让价格购买转让股权的请求。

股权出让人能否在公司出资不实的情况下要求受让人支付股权转让款

依据《公司法》第4条、第46条，有限责任公司实行注册资本认缴制，股东认缴的出资额应在5年内缴足，可见《公司法》在保留认缴制的同时附加了最长实缴期限规则。约定认缴出资的股东享有出资期限利益。公司注册资本、实缴资本、出资日期等信息一般是公司外部主体评估交易风险的基础依据。在股权转让中，出让人已将股权变更登记至受让人名下，受让人认为目标公司出资不实而拒绝支付剩余股款的，出让人能否要求其继续履行？

一、案情与裁判

案件名称：曾某与北慧有限公司股权转让纠纷案

案件来源：最高人民法院（2019）最高法民终230号民事判决书

☞ **案情简介：**

2015年10月27日，曾某（上诉人、原告）与北慧有限公司（被上诉人、被告）签订《股权转让协议》："曾某将其所持有的南慧有限公司70%股权转让给北慧有限公司。一、转让股权的办理。1. 本协议生效后1个工作日内，北慧有限公司委托有资质的中介机构对合营公司进行实地财务尽职调查。若《财务尽职调查报告》显示合营公司资产负债、经营管理等的真实状况与曾某所介绍的情况之间的差距处在合理范围以内，则双方继续履行下述条款。否则，北慧有限公司有权单方面终止本协议。2. 北慧有限公司取得中介机构《财务尽职调查报告》后1个工作日内，双方共同办理《股权转让协议》公证，并在工商登记部门办理股权转让变更手续，即曾某将其持有的公司70%的股权转让给北慧有限公司，合计3500万元。3. 双方完成上述股权转让的工商变更手续后5个工作日内，北慧有限公司向曾某支付协议价款300万元。最晚不超过2015年11月30日，该公司向曾某支付剩余协议价款3000万元。……四、若由于曾某原因，致使北慧有限公司不能按本协议约定如期办理股权变更登记，或严重影响北慧有限公司实现订立本协议的目的，曾某除双倍返还定金外，还应支付协议总价款10%的违约金。”协议签订后，南慧有限公司将70%股权变更登记至北慧有限公司名下，并修改了公司章程。2015年10月31日，正理会计师事务所出具《财务尽职调查报告》，其中第二项“公司基本情况”载明：注册资本5000万元，实收资本1601万元（为公司实际出资额）。2015年12月2日，曾某将其持有的南慧有限公司70%的股权变更登记在北慧有限公司名下。曾某起诉请求判令北慧有限公司立即向其支付股权转让款，冯某1（被上诉人、被告）、冯某2（被上诉人、被告）对上述债务承担补偿赔偿责任。另查明，北慧有限公司原股东冯某1、冯某2分别于2017年1月19日、2017年4月26日受让公司股权后，又分别于2017年12月12日、2018年11月6日将二人持有的北慧有限公司股权变更登记在张某、魏某名下。冯某1、冯某2认缴出资额分别为3000万元、2000万元，其中冯某2实缴出资额为0，二人认缴出资期限均为2025年12月31日。

☞ **一审判决：**

甘肃省高级人民法院经审理认为，曾某与北慧有限公司签订的《股权转让协议》系当事人真实意思表示，内容不违反法律禁止性规定，合法有效。双方在《股权转让协议》中明确约定了受让方的权利保护内容，实际履行中，受让方在签订协议后作出的《财务尽职调查报告》中发现了重大股权瑕疵，根据《股权转让协议》中“单方面终止本协议”的约定，北慧有限公司暂停支付剩余股权转让款的行为具有合同基础。根据《公司法司法解释三》第18条第1款规定，北慧有限公司受让股权后，已经存在被公司债权人依法追究连带责任的法律风险，其向出让股东暂停支付剩余股权转让款具有合理性。故判决驳回曾某的诉讼请求。

☞ **二审判决：**

最高人民法院经审理认为，依据曾某与北慧有限公司签订的《股权转让协议》第1条第1项，在《财务尽职调查报告》作出后，北慧有限公司并未实际行使终止合同的权利，而是选择继续支付股权转让款，应视为其对合同权利的处分。鉴于本案目标公司股权已经实际变更，曾某已依约将所持目标公司70%的股权变更登记在北慧有限公司名下，履行了股权转让的合同义务。北慧有限公司通过股权受让业已取得目标公司股东资格，曾某的瑕疵出资并未影响其股东权利的行使，该公司以股权转让之外的法律关系为由而拒付股权转让价款没有法律依据。冯某1、冯某2二人转让全部股权时，所认缴股权的出资期限尚未届满，不构成《公司法司法解释三》第13条第2款、第18条规定的“未履行或者未全面履行出资义务即转让股权”的情形。曾某主张冯某1、冯某2二人在未出资本息范围内对北慧有限公司债务不能清偿的部分承担补充赔偿责任的实质是主张冯某1、冯某2的出资加速到期，该上诉请求没有法律依据，法院不予支持。综上，北慧有限公司未按约支付对价构成违约，应依照《中华人民共和国合同法》（现已废止）第60条、第107条的规定向曾某支付股权转让款。

二、相关规定

《公司法》第4条：“有限责任公司的股东以其认缴的出资额为限对公司承担责任；股份有限公司的股东以其认购的股份为限对公司承担责任。

公司股东对公司依法享有资产收益、参与重大决策和选择管理者等权利。”

《公司法》第49条第1款："股东应当按期足额缴纳公司章程规定的各自所认缴的出资额。"

《公司法》第54条："公司不能清偿到期债务的，公司或者已到期债权的债权人有权要求已认缴出资但未届出资期限的股东提前缴纳出资。"

《公司法》第88条第1款："股东转让已认缴出资但未届出资期限的股权的，由受让人承担缴纳该出资的义务；受让人未按期足额缴纳出资的，转让人对受让人未按期缴纳的出资承担补充责任。"

《民法典》第577条："当事人一方不履行合同义务或者履行合同义务不符合约定的，应当承担继续履行、采取补救措施或者赔偿损失等违约责任。"

《公司法司法解释三》第13条第1~2款："股东未履行或者未全面履行出资义务，公司或者其他股东请求其向公司依法全面履行出资义务的，人民法院应予支持。

公司债权人请求未履行或者未全面履行出资义务的股东在未出资本息范围内对公司债务不能清偿的部分承担补充赔偿责任的，人民法院应予支持；未履行或者未全面履行出资义务的股东已经承担上述责任，其他债权人提出相同请求的，人民法院不予支持。"

《公司法司法解释三》第18条："有限责任公司的股东未履行或者未全面履行出资义务即转让股权，受让人对此知道或者应当知道，公司请求该股东履行出资义务、受让人对此承担连带责任的，人民法院应予支持；公司债权人依照本规定第十三条第二款向该股东提起诉讼，同时请求前述受让人对此承担连带责任的，人民法院应予支持。

受让人根据前款规定承担责任后，向该未履行或者未全面履行出资义务的股东追偿的，人民法院应予支持。但是，当事人另有约定的除外。"

三、法理分析

本案的主要争议焦点为：（1）北慧有限公司应否支付剩余股权转让款；（2）冯某1、冯某2应否对上述款项承担补充赔偿责任。

首先，北慧有限公司终止合同的请求不应被支持。《股权转让协议》系当事人的真实意思表示，内容不违反法律、行政法规的强制性规定，依据《民法典》第143条，该协议合法有效。按照《股权转让协议》第1条第1项，若北慧有限公司根据《财务尽职调查报告》认定目标公司资产不实、股东瑕疵出资即可终止合同。一方面，北慧有限公司已付1200万元股权转让款，剩余2300万元未付，《财务尽职调查报告》作出后，该公司明知目标公司实收资本与注册资本不符，仍继续支付股权转让款而不终止合同，应视为其对依约产生的合同权利之处分。另一方面，曾某已依约将自己所持南慧有限公司70%的股权变更登记至北慧有限公司名下，合同目的已实现。因此，法院不支持北慧有限公司终止合同的请求。

其次，出让人未全面履行出资义务不能作为拒付股权转让款的理由。依据《公司法》第4条、第49条第1款规定，股东出资实行认缴制，是否全面履行出资义务不是取得股东资格的前提条件。本案中，曾某已依约将其所持股权变更登记，履行了股权转让的合同义务，曾某的瑕疵出资并未影响其行使股东权利进行股权转让，北慧有限公司经受让和登记已取得目标公司股东资格，故北慧有限公司以出让人未完全履行出资义务为由拒付股权转让款并无合同基础，也无法律依据。前已论及北慧有限公司无权单方终止合同，其拒付股款的行为构成违约，依据《民法典》第577条，当事人一方不履行合同义务或者履行合同义务不符合约定的，应当承担继续履行的违约责任，因此，该公司应向曾某支付剩余股权转让款。

最后，未届出资期限即转让股权的原股东对案涉股款不承担补充赔偿责任。依据《公司法》第49条第1款的规定，股东享有出资的期限利益。本案中，冯某1、冯某2的认缴出资期限截至2025年12月31日。公司债权人在与公司进行交易时有机会审查公司股东出资日期等公示的信息，并在此基础上综合考虑是否与公司进行交易，决定交易即应认为其已了解股东出资期限，并受该期限的约束。冯某1、冯某2二人转让全部股权时，所认缴股权的出资期限尚未届满，不构成《公司法司法解释三》第13条第2款、第18条第1款规定的“未履行或者未全面履行出资义务即转让股权”的情形，故而请求冯某1、冯某2与未全面履行出资义务即转让股权的股东承担连带责任并无法律依据。另外，依据《公司法》第 54 条的规定，股东出资加速到期的条件是公司不能清偿到期债务，但并无证据证明北慧有限公司已丧失清偿能力。因此，关于冯某 1、冯某 2 对北慧有限公司的未付股款承担补充赔偿责任的请求于法无据，应予驳回。

应予说明的是，冯某 1、冯某 2 转让所认缴股权的出资期限尚未届满，依据《公司法》第 88 条第 1 款，在其转让股份后，由受让人张某、魏某承担缴纳出资的义务，张某、魏某未按期足额缴纳出资的，北慧有限公司可依据《公司法司法解释三》第 13 条第 1 款、《公司法》第 88 条第 1 款要求张某、魏某全面履行出资义务，冯某 1、冯某 2 对张某、魏某未按期缴纳的出资承担补充责任。对于未届出资期限的股权转让情形，《公司法》未规定受让瑕疵股权的股东履行出资后是否享有追偿权。对此，一方面，股权转让人与受让人可以事前约定受让人承担《公司法》第 88 条第 1 款所规定责任后的追偿权，在受让人履行出资义务后可依约追偿；另一方面，按照《公司法司法解释三》第 18 条第 2 款受让人对转让人的出资义务承担连带责任后享有追偿权的法理，本案中张某、魏某在股权变更登记时能够知道其所受让的是未全面实缴的股权，张某、魏某在承担出资义务后可向冯某 1、冯某 2 追偿。

未实缴却被公示为已实缴的股东应否对公司债务承担责任

有限责任公司通过统一的企业信息公示系统公示股东认缴和实缴的出资额、出资方式、出资日期是其法定义务。公司股东未实缴也未届公司章程规定的出资期限，而公司在企业信息公示系统将其公示为已实缴出资，此时，如何确定股东的认缴出资日期？该未实缴股东应否对公司债务承担清偿责任？

一、案情与裁判

案件名称：兴艺股份公司诉张某等股东瑕疵出资纠纷案

案件来源：广东省高级人民法院（2020）粤民申3743号民事裁定书

☞ 案情简介：

八源有限公司（被申请人、被告、被上诉人）于2014年9月26日登记成立，原公司章程规定，公司注册资本50万元，股东张某（被申请人、被告、被上诉人）、颜某（被申请人、被告、被上诉人）、黄某（被申请人、被告、被上诉人），分别认缴出资额31万元、10万元、9万元，均应于2014年9月22日前缴足。八源有限公司在国家企业信用信息公示系统公示的2014年度、2015年度报告均记载，公司注册资本50万元，各股东认缴的出资均已于2014年9月22日全部实缴。但八源有限公司银行账户流水显示：该公司账户于2014年10月收到50万元后，短短几日内被现金支取完毕，八源有限公司及各股东均未能解释现金支取原因及用途。2015年9月15日，八源有限公司制定新章程规定，公司增资至100万元，张某、颜某、黄某分别认缴62万元、20万元、18万元，出资期限均至2025年12月31日届满。八源有限公司在国家企业信用信息公示系统公示的2016年度报告记载，张某、颜某、黄某分别认缴的上述出资，均已于2015年5月18日实缴。2017年12月20日，张某将其股权分别转让与颜某、黄某、任某，同日，办理股权变更登记，四人在向登记机关填报的《自然人股东股权变更信息记录表》（非公示信息）中均确认，八源有限公司实收资本0元。八源有限公司欠付兴艺股份公司（申请人、原告、上诉人）货款未偿还，兴艺股份公司起诉请求判决：八源有限公司偿还欠款及逾期利息；八源有限公司股东张某、颜某、黄某在未出资本息范围内承担补充赔偿责任，颜某、黄某、任某对张某的责任承担连带清偿责任等。

☞ **一审判决：**

广东省江门市蓬江区人民法院经审理认为，八源有限公司设立之初的发起人为被告张某、颜某和黄某，注册资本为50万元，根据国家企业信用信息公示系统记载的八源有限公司2014年度报告显示，该公司的上述股东已实际缴足注册资本50万元，并办理了工商登记。其后，八源有限公司上述三股东决定增资至100万元，根据国家企业信用信息公示系统记载的2016年度报告显示，该公司的上述股东已实际缴足注册资本100万元，并办理相应的工商登记变更手续。其后，张某将其持有的八源有限公司62%的股份转让给任某、颜某和黄某，张某将其持有的八源有限公司股权对外转让时，已履行足额出资义务，该部分出资的资金可以保证八源有限公司的经营及偿还债务，新股东不存在继续履行向公司出资的义务。而且根据国家企业信用信息公示系统中显示八源有限公司的股东实行认缴出资，且约定的出资期间尚未届满，其出资义务尚处于履行期内，在股东约定的出资期限未届满的情况下，不宜认定股东未足额出资。另外，现八源有限公司并未进入破产、解散等法律明确规定需要全面履行出资义务的情形，原告也未提供证据证明八源有限公司无法偿还涉案债务，不符合要求股东提前履行其出资义务的相应条件。因此，原告诉请，法院不予支持。

☞ **二审判决：**

广东省江门市中级人民法院经审理认为，出资证明书并非认定股东是否足额履行出资义务的必要条件，应结合公司章程记载、股东名册、工商登记、股权证书、年度报告和相应支付凭证等综合予以认定。根据国家企业信用信息公示系统显示八源有限公司 2014 年和 2016 年的年度报告显示股东已实际缴足注册资本及办理了工商登记，且兴艺股份公司并未提供证据推翻八源有限公司年度报告记载的内容，一审法院认定八源有限公司发起人张某、颜某、黄某已足额出资并无不当。其后，张某将其持有股份转让给任某、颜某、黄某，并办理了变更登记，张某将其持有的八源有限公司的股权转让时，已履行了足额出资义务，新股东不存在继续履行出资的义务。且本案中，八源有限公司的章程约定股东出资认缴的日期为 2025 年 12 月 31 日。根据《公司法司法解释三》第 13 条第 2 款，股东承担补充赔偿责任的前提之一是未履行或者未全面履行出资义务，本案因八源有限公司章程所约定的出资期限尚未届满，不宜认定股东未履行或者未全面履行出资义务。综上，兴艺股份公司要求股东承担补充清偿责任和连带清偿责任的诉请，理据不足，法院不予支持。

☞ **再审判决：**

广东省高级人民法院经审理认为，公示年报信息是企业的法定义务，各股东对于八源有限公司在国家企业信用信息公示系统对外公示的实缴出资信息应当知晓而未依法提出异议，应当认定为其明知且认可年报信息。债权人对于公示信息形成的合理信赖依法应当予以保护，虽然八源有限公司股东新章程中约定的出资期限未届满，但兴艺股份公司主张应按八源有限公司在国家企业信用信息公示系统公示的实缴出资日期作为认缴出资日期，依据充分。因此，张某、颜某、黄某各自应在未出资本息范围内对八源有限公司欠兴艺股份公司的债务承担补充赔偿责任。颜某、黄某、任某明知张某未出资而受让其债权，应在各自受让股权占张某出让股权的比例范围内对张某的补充赔偿责任承担连带责任。

二、相关规定

《企业信息公示暂行条例》（中华人民共和国国务院令第777号）第10条："企业应当自下列信息形成之日起20个工作日内通过企业信用信息公示系统向社会公示：（一）有限责任公司股东或者股份有限公司发起人认缴和实缴的出资额、出资时间、出资方式等信息；（二）有限责任公司股东股权转让等股权变更信息；（三）行政许可取得、变更、延续信息；（四）知识产权出质登记信息；（五）受到行政处罚的信息；（六）其他依法应当公示的信息。

市场监督管理部门发现企业未依照前款规定履行公示义务的，应当责令其限期履行。"

《公司法》第32条："公司登记事项包括：（一）名称；（二）住所；（三）注册资本；（四）经营范围；（五）法定代表人的姓名；（六）有限责任公司股东、股份有限公司发起人的姓名或者名称。

公司登记机关应当将前款规定的公司登记事项通过国家企业信用信息公示系统向社会公示。"

《公司法》第34条："公司登记事项发生变更的，应当依法办理变更登记。

公司登记事项未经登记或者未经变更登记，不得对抗善意相对人。"

《公司法》第40条："公司应当按照规定通过国家企业信用信息公示系统公示下列事项：

（一）有限责任公司股东认缴和实缴的出资额、出资方式和出资日期，股份有限公司发起人认购的股份数；

（二）有限责任公司股东、股份有限公司发起人的股权、股份变更信息；

（三）行政许可取得、变更、注销等信息；

（四）法律、行政法规规定的其他信息。

公司应当确保前款公示信息真实、准确、完整。”

《公司法》第 88 条第 2 款：“未按照公司章程规定的出资日期缴纳出资或者作为出资的非货币财产的实际价额显著低于所认缴的出资额的股东转让股权的，转让人与受让人在出资不足的范围内承担连带责任；受让人不知道且不应当知道存在上述情形的，由转让人承担责任。”

《公司法司法解释三》第 13 条第 2 款：“公司债权人请求未履行或者未全面履行出资义务的股东在未出资本息范围内对公司债务不能清偿的部分承担补充赔偿责任的，人民法院应予支持；未履行或者未全面履行出资义务的股东已经承担上述责任，其他债权人提出相同请求的，人民法院不予支持。”

《公司法司法解释三》第 18 条第 1 款：“有限责任公司的股东未履行或者未全面履行出资义务即转让股权，受让人对此知道或者应当知道，公司请求该股东履行出资义务、受让人对此承担连带责任的，人民法院应予支持；公司债权人依照本规定第十三条第二款向该股东提起诉讼，同时请求前述受让人对此承担连带责任的，人民法院应予支持。”

三、法理分析

本案中，股东未实缴出资，公司在国家企业信用信息公示系统将其公示为已实缴出资，该股东转让股权后，应否对公司债务承担补充赔偿责任，须依据认缴出资日期判断其是否属于未履行或未全面履行出资义务的股东。下面将分析国家企业信用信息公示系统中的实缴出资信息的公示效力，以确定股东的认缴出资日期，进而说明股权转让中转让人及受让人对公司债务应承担的责任。

首先，在国家企业信用信息公示系统公示股东出资信息属于公司的法定义务。《公司法》第 40 条吸收了《企业信息公示暂行条例》第 10 条有关非登记事项的公示内容，包括有限责任公司股东或发起人认缴和实缴的出资额、出资日期等信息。自 2014 年《企业信息公示暂行条例》首次明确企业信息公示制度以来，该制度与公司登记等公示手段形成合力，在强化企业信用约束、保护交易安全方面发挥重要功能。据此，通过企业信用信息公示系统公示相应的公司信息是公司的法定义务。本案中，八源有限公司在国家企业信用信息公示系统公示的年报信息记载了股东认缴和实缴的出资额、出资日期，属于该公司履行公示法定义务的行为。

其次，股东未实缴出资却被国家企业信用信息公示系统公示为已实缴的，实缴出资日期视为认缴出资日期。《公司法》第 34 条明确了公司登记事项未经登记或未经变更登记不得对抗善意第三人，但未明确国家企业信用信息公示系统中非登记事项公示的效力。依据《公司法》第 40 条第 2 款，公司应当确保企业信息公示系统公示的信息真实、准确、完整，《企业信息公示暂行条例》第 11 ~ 12 条规定企业对其公示信息的真实性、及时性负责，企业发现其公示的信息不准确的，应当及时更正；因公示虚假信息将使该系统不能正常发挥展示企业基本信息、降低信用风险的作用，第 17 条规定了企业公示信息隐瞒真实情况、弄虚作假造成他人损失的应承担赔偿责任，还明确了相应的行政、刑事责任。据此，公司应对公示虚假信息承担法律责任，即国家企业信用信息公示系统公示的登记信息、非登记信息与公司登记信息应具有同等的法律效力，非登记事项的公示情况与实际情况不一致的，不得对抗善意相对人。各股东在未届公司章程的认缴出资日期、未实缴出资之情形下，放纵公司在国家企业信用信息公示系统对外公示的公司年报中显示其已实缴出资，且对于该公示未提出异议，应认定各股东知道且认可年报信息。相对人基于该系统公示信息与公司进行交易时，应当保护债权人对于公示信息形成的合理信赖，以该系统公示的实缴出资日期作为认缴出资日期。

最后，未按期缴纳出资即转让股权的股东应对公司债务承担补充赔偿责任。前已论及，公司章程与国家企业信用信息公示系统公示的实缴出资日期不一致时，为保护债权人的合理信赖，应当以系统公示的实缴出资日期作为判断股东是否履行出资义务的认缴出资日期，故而认定八源有限公司股东张某、颜某、黄某未按期缴纳出资。依据《公司法司法解释三》第

13 条第 2 款，前述三股东应在未出资本息范围内对公司债务不能清偿的部分承担补充赔偿责任。张某将其股权分别转让给颜某、黄某、任某，四人在向工商行政管理机关填报的《自然人股东股权变更信息记录表》（非公示信息）中均确认公司实收资本 0 元。可见，颜某、黄某、任某明知张某未出资而受让其股权并办理变更登记，依据《公司法司法解释三》第 18 条第 1 款，股东颜某、黄某、任某应在张某出资不足的范围内与张某承担连带责任。

本案例为 2022 年全国法院十大商事案件之一，明确了股东认缴出资未届期，却被国家企业信用信息公示系统公示为已实缴出资时，应以公示的实缴出资日期作为判断股东对债务人承担赔偿责任的认缴出资日期。2023 年《公司法》第 40 条规定了公示事项包括股东的实缴出资额及出资日期，第 88 条吸收了《公司法司法解释三》第 18 条的规定，细化了“未履行或者未全面履行出资义务”的类型，包括“已认缴出资但未届出资日期”“未按照公司章程规定的出资日期缴纳出资”“非货币财产的实际价额显著低于认缴出资额的”三种情况。可见，《公司法》仅以公司章程规定的出资日期作为判断出资义务是否届期的标准，故而本案仅能依据该法第 88 条第 1 款，由受让人颜某、黄某、任某对公司债务不能清偿的部分承担补充赔偿责任，转让人张某对颜某、黄某、任某未按期缴纳的出资义务承担补充责任。

对股东会决议有异议的缺席股东能否请求公司回购股份

出席股东会并对股东会决议投反对票的股东可以行使异议股东股份回购请求权。实践中，公司未通知股东参加股东会，该缺席股东对股东会决议事项提出异议的，能否行使股份回购请求权？

一、案情与裁判

案件名称：袁某与长江有限公司请求公司收购股份纠纷案

案件来源：最高人民法院（2014）民申字第2154号民事裁定书

☞ **案情简介：**

2010年3月5日，长江有限公司（申请人、被告、上诉人）形成股东会决议，明确由沈某、钟某、袁某（被申请人、原告、上诉人）三位股东共同主持工作，确认全部财务收支、经营活动和开支、对外经济行为必须通过申报并经全体股东共同联合批签才可执行，对重大资产转让要求以股东决议批准方式执行。但是，根据长江有限公司与袁某的往来函件，在实行联合审批办公制度之后，长江有限公司对案涉二期资产进行了销售，该资产转让从定价到转让，均未取得股东袁某的同意，也未通知其参加股东会。袁某在2010年8月19日申请召开临时股东会，明确表示反对二期资产转让，要求立即停止转让上述资产，长江有限公司驳回了袁某的申请，并继续对二期资产进行转让。长江有限公司的《公司章程》中规定，股东权利受到公司侵犯，股东可书面请求公司限期停止侵权活动，并补偿因被侵权导致的经济损失。如公司经法院或公司登记机关证实，公司未在所要求的期限内终止侵权活动，被侵权的股东可根据自己的意愿退股，其所拥有的股份由其他股东协议摊派或按持股比例由其他股东认购。长江有限公司在没有通知袁某参与股东会的情况下，于 2010 年 5 月 31 日作出股东会决议，取消了袁某的一切经费开支。湖南省高级人民法院作出（2013）湘高法民二终字第 91 号民事判决书，支持袁某请求长江有限公司收购其 20% 股权的诉请。长江公司不服，向最高人民法院申请再审。

☞ **再审判决：**

最高人民法院经审理认为，根据《公司法》第 74 条，对股东会决议转让公司主要财产投反对票的股东有权请求公司以合理价格回购其股权。本案中袁某未被通知参加股东会，无从了解股东会决议，并针对股东会决议投反对票，况且，袁某在 2010 年 8 月 19 日申请召开临时股东会，明确表示反对二期资产转让，要求立即停止转让上述资产，长江有限公司驳回了袁某的申请，并继续对二期资产进行转让，已经侵犯袁某的股东权益。因此，二审法院依照《公司法》第 74 条之规定，认定袁某有权请求长江有限公司以公平价格收购其股权，并无不当。长江有限公司 5 月 31 日股东会决议，侵害了袁某的股东权益，符合长江有限公司《公司章程》所约定的“股东权利受到公司侵犯”的情形。因此，袁某有权根据《公司章程》的规定，请求公司以回购股权的方式让其退出公司。从本案实际处理效果看，长江有限公司股东之间因利益纠纷产生多次诉讼，有限责任公司人合性已不复存在，通过让股东袁某退出公司的方式，有利于尽快解决公司股东之间的矛盾和冲突，从而保障公司利益和各股东利益。如果长江有限公司有证据证明袁某存在侵占公司资产的行为，可以另行主张。综上，袁某请求长江有限公司收购其 20% 股权符合《公司法》和长江有限公司《公司章程》的规定，遂裁定驳回长江有限公司的再审申请。

二、相关规定

《公司法》第5条："设立公司必须依法制定公司章程。公司章程对公司、股东、董事、监事、高级管理人员具有约束力。"

《公司法》第64条第1款："召开股东会会议，应当于会议召开十五日前通知全体股东；但是，公司章程另有规定或者全体股东另有约定的除外。"

《公司法》第89条："有下列情形之一的，对股东会该项决议投反对票的股东可以请求公司按照合理的价格收购其股权：

（一）公司连续五年不向股东分配利润，而公司该五年连续盈利，并且符合本法规定的分配利润条件；

（二）公司合并、分立、转让主要财产；

（三）公司章程规定的营业期限届满或者章程规定的其他解散事由出现，股东会通过决议修改章程使公司存续。

自股东会决议作出之日起六十日内，股东与公司不能达成股权收购协议的，股东可以自股东会决议作出之日起九十日内向人民法院提起诉讼。

公司的控股股东滥用股东权利，严重损害公司或者其他股东利益的，其他股东有权请求公司按照合理的价格收购其股权。

公司因本条第一款、第三款规定的情形收购的本公司股权，应当在六个月内依法转让或者注销。"

三、法理分析

首先，未通知全体股东即召开股东会侵犯了不知情股东的权益。依据《公司法》第64条第1款，召开股东会会议，应于会议召开15日前通知全体股东。本案中，长江有限公司在没有通知股东袁某参与股东会的情况下便作出了股东会决议：一是决定取消袁某的一切经费开支；二是决定对案涉二期资产进行销售，并确定了具体定价。袁某在得知股东会决议转让公司主要财产后申请召开临时股东会，就涉案资产的转让明确表示反对，并要求立即停止该转让行为，但被该公司驳回了其申请。可见，袁某对该公司股东会的召开并不知情，且决议内容与袁某的意志相违背，侵犯了袁某的股东权益。

其次，满足异议股东股权回购请求权行使要件的股东有权请求公司回购股权。依据《公司法》第 89 条，异议股东股权回购请求权的行使要件有三：一是公司已召开股东会；二是股东出席股东会并就决议事项表示反对；三是公司决议符合《公司法》第 89 条第 1 款规定的公司连续五年不向股东分配利润，公司合并、分立、转让主要财产，以及公司章程规定的营业期限届满或者章程规定的其他解散事由出现的三种具体情况之一。袁某虽然未参加股东会，不满足前述权利行使要件，但是，《公司法》第 89 条的立法目的在于保护异议股东的合法权益。从形式上看，前已论及案涉公司的行为侵犯了袁某的股东权益，袁某非因自身原因未参加股东会，在得知公司决议后已合理行使股东权利向公司及其他股东表明了反对意见；从实质上看，案涉公司的股东之间因利益纠纷产生多次诉讼，有限责任公司人合性已不复存在，以回购股权的方式使袁某退出公司有利于尽快解决股东间的矛盾，能够保障公司和其他股东利益，符合异议股东股份回购请求权的立法目的。因此，法院判决支持了袁某的诉请。

最后，符合《公司章程》中股权回购规定的股东有权请求公司回购股权。依据《公司法》第 5 条，公司章程对公司具有约束力。本案中，长江有限公司《公司章程》中规定："股东权利受到公司侵犯……如公司经法院或公司登记机关证实：公司未在所要求的期限内终止侵权活动，被侵权的股东可根据自己的意愿退股，其所拥有的股份由其他股东协议摊派或按持股比例由其他股东认购。"长江有限公司在未通知袁某参与股东会的情况下作出股东会决议，取消了袁某的一切经费开支，侵犯了袁某作为股东享有的决策权、知情权及其他股东利益，符合《公司章程》所约定的"股东权利受到公司侵犯"的情形。因此，袁某亦有权根据《公司章程》的规定请求公司回购股权并退出公司。

股份公司原股东能否请求查阅持股期间的公司特定文件

股东知情权是股东享有了解和掌握公司经营管理等重要信息的权利，是股东依法行使资产收益、参与重大决策等权利的重要基础。股东请求查阅公司特定文件的范围影响公司权益的保护和股东权益的行使。股份有限公司原股东认为其持股期间的合法权益受损的，能否提起知情权救济之诉？如果可以，原股东可以查阅公司特定文件的范围为何？

一、案情与裁判

案件名称：中汇有限公司诉大豫银行股东知情权、公司盈余分配纠纷案

案件来源：河南省高级人民法院（2020）豫民终126号民事判决书

☞ **案情简介：**

2012年10月10日，中汇有限公司（被上诉人、原告）与南河银行签订《投资入股协议书》，约定由中汇有限公司以自有资金9900万元认购南河银行的股份，每股认购价格1.8元。2012年12月20日，河南银监局下发《河南银监局关于核准中汇有限公司入股南河银行股东资格的批复》，

核准了中汇有限公司在南河银行的股东地位。2014 年 7 月 22 日，南河银行召开 2014 年第一次临时股东大会，审议通过《关于同意南河银行股份有限公司清产核资和资产评估报告以及 2013 年度审计报告的议案》等，中汇有限公司持有的南河银行股份，折股为大豫银行（上诉人、被告）股份 64 355 740 股。2014 年 12 月 23 日大豫银行成立，2015 年 4 月 30 日，大豫银行召开 2014 年度股东大会，审议通过《关于 2014 年度利润分配方案的议案》，其中约定 2014 年 1 ~ 6 月，原东河银行、西河银行、南河银行、北河银行在补充一般风险准备后，有可供分配利润 47 195 561. 59 元，该可供分配利润向该四家原城市商业银行股东进行现金分配。2016 年 2 月 14 日，中汇有限公司收到大豫银行支付的分红 534 283. 59 元。2015 年 2 月 10 日，中汇有限公司将其在大豫银行的股份转让给豫南有限公司，双方约定，中汇有限公司在大豫银行股权的相应收益计算至 2014 年 12 月 31 日，2015 年 1 月 1 日之后的收益归豫南有限公司所有。2015 年 2 月 13 日，双方办理了股权转让登记。大豫银行 2014 年留存的未分配利润与 2015 年度可供分配利润一起作为 2015 年度股东可分配利润进行了分配。大豫银行在上市时公开发布的财务资料中显示的大豫银行 2014 年度净利润比其《2014 年度利润分配方案》中显示的净利润高出 1 亿多元。中汇有限公司诉请：请求依法判令大豫银行提供自 2012 年 12 月 20 日起至 2014 年 12 月 31 日止期间的南河银行和大豫银行相应的章程、股东名册、公司债券存根、股东大会会议记录、董事会会议决议、监事会会议决议、财务会计报告、公司会计账簿、会计凭证、公司合并情况资料、公司分红情况等资料供中汇有限公司查阅。一审庭审中，中汇有限公司将诉讼请求中的查阅变更为查阅和复制。

☞ **一审判决：**

郑州市中级人民法院经审理认为，本案中，中汇有限公司于 2015 年 2 月将其在大豫银行的股权转让给豫南有限公司。本案起诉时中汇有限公司已不是大豫银行的股东，但其提交的大豫银行在上市时公开发布的财务资料能够初步证明在其持股期间合法权益受到损害，查阅或者复制其持股期间的公司特定文件材料的请求应予以支持。综上，依据《公司法》第33条、《公司法司法解释四》第10条第1款规定，判决如下：大豫银行于判决生效之日起30日内在大豫银行住所地提供2012年12月20日起至2014年12月31日止期间的原南河银行和大豫银行相应的公司章程、股东大会会议记录、董事会会议决议、监事会会议决议、财务会计报告供中汇有限公司查阅、复制，以及提供相应的会计账簿供中汇有限公司查阅。

☞ **二审判决：**

河南省高级人民法院经审理认为，一审法院认定中汇有限公司提交的大豫银行在上市时公开发布的财务资料能够初步证明在其持股期间合法权益受到损害，在符合案件受理条件的情况下，对中汇有限公司提交的初步证据及大豫银行的抗辩理由未进行实质审理，直接支持中汇有限公司有关知情权的诉讼请求不当。大豫银行《2014年度利润分配方案》经过该公司股东会决议通过，股东会的召集程序、表决方式及决议内容均不违反法律、行政法规或公司章程的规定，股东会决议通过的利润分配方案合法有效。因此，中汇有限公司主张其股权收益与大豫银行的实际盈利水平不符、大豫银行在取得巨额净利润的情况下却不向股东分配损害其利益没有法律依据。大豫银行《2014年度利润分配方案》依据的是其公司的年度法定审计报告《2014年度大豫银行股份有限公司审计报告及备考财务报表》，该报表与上市时公开发布的财务资料相比，二者所依据的会计准则、统计口径、编制基础、编制时间等均不同，两份报告存在差异有合理客观原因，不能够证明中汇公司在其持股期间合法权益受到损害。故中汇有限公司提交的证据不能证明在其持股期间合法权益受到损害，其要求查阅、复制大豫银行相关文件资料的诉讼请求不符合法律规定，法院不予支持。一审法院对中汇有限公司提交的初步证据及大豫银行的抗辩理由未进行实质审理，判决支持中汇有限公司的诉讼请求不当，二审法院予以纠正。

二、相关规定

《公司法司法解释四》第7条："股东依据公司法第三十三条、第九十七条或者公司章程的规定，起诉请求查阅或者复制公司特定文件材料的，人民法院应当依法予以受理。

公司有证据证明前款规定的原告在起诉时不具有公司股东资格的，人民法院应当驳回起诉，但原告有初步证据证明在持股期间其合法权益受到损害，请求依法查阅或者复制其持股期间的公司特定文件材料的除外。"

《公司法》第57条："股东有权查阅、复制公司章程、股东名册、股东会会议记录、董事会会议决议、监事会会议决议和财务会计报告。

股东可以要求查阅公司会计账簿、会计凭证。股东要求查阅公司会计账簿、会计凭证的，应当向公司提出书面请求，说明目的。公司有合理根据认为股东查阅会计账簿、会计凭证有不正当目的，可能损害公司合法利益的，可以拒绝提供查阅，并应当自股东提出书面请求之日起十五日内书面答复股东并说明理由。公司拒绝提供查阅的，股东可以向人民法院提起诉讼。

股东查阅前款规定的材料，可以委托会计师事务所、律师事务所等中介机构进行。

股东及其委托的会计师事务所、律师事务所等中介机构查阅、复制有关材料，应当遵守有关保护国家秘密、商业秘密、个人隐私、个人信息等法律、行政法规的规定。

股东要求查阅、复制公司全资子公司相关材料的，适用前四款的规定。"

《公司法》第110条："股东有权查阅、复制公司章程、股东名册、股东会会议记录、董事会会议决议、监事会会议决议、财务会计报告，对公司的经营提出建议或者质询。

连续一百八十日以上单独或者合计持有公司百分之三以上股份的股东要求查阅公司的会计账簿、会计凭证的，适用本法第五十七条第二款、第三款、第四款的规定。公司章程对持股比例有较低规定的，从其规定。

股东要求查阅、复制公司全资子公司相关材料的，适用前两款的规定。

上市公司股东查阅、复制相关材料的，应当遵守《中华人民共和国证券法》等法律、行政法规的规定。”

三、法理分析

首先，股份有限公司股东可依法行使知情权请求查阅公司特定文件材料。《公司法》第110条第1款明确了股东有权查阅和复制的公司特定文件材料范围。依据《公司法》第110条第2款、第57条第2款，股份有限公司股东查阅会计账簿、会计凭证的行使要件如下：（1）连续一百八十日以上单独或者合计持有公司百分之三以上股份；（2）向公司提出书面请求并说明目的；（3）查阅、复制文件材料应当遵守有关保护国家秘密、商业秘密、个人隐私、个人信息等法律、行政法规的规定。在公司拒绝查阅时前述股东有权提起知情权救济之诉。

其次，原股东有初步证据证明其合法权益受损的有权提起知情权救济之诉。依据《公司法司法解释四》第7条可知，原股东有权依据《公司法》第110条起诉请求查阅或者复制其持股期间的包括公司会计账簿、会计凭证等公司特定文件材料。股东知情权是股东享有了解和掌握公司经营管理等重要信息的权利，是股东依法获得资产收益、参与重大决策的重要基础，原股东对其持股期间合法权益的保护与知情权的行使密切相关。因此，原股东请求查阅其持股期间会计账簿、会计凭证的，亦适用前述规定，但须有初步证据证明其在持股期间其合法权益受到损害。本案中汇有限公司提供了大豫银行在上市时公开发布的财务资料等初步证据证明其合法权益受损，故而有权起诉请求查阅其持股期间包括会计账簿、会计凭证在内的公司特定文件材料。

最后，不能证明其合法权益实际受损的原股东不能行使知情权。《公司法司法解释四》第7条中规定的“初步证据”不等同于“实质证据”，在受理案件后，法院应审查原股东的证据是否能够证明其在持股期间的合法权益实际受到损害。本案中，中汇有限公司主张大豫银行上市时的财务资料中的2014年度净利润比《2014年度利润分配方案》中显示的净利润高了1亿多元，但大豫银行对2014年下半年的利润未进行分红。《2014年度利润分配方案》依据的是《2014年度大豫银行审计报告及备考财务报表》，经法院查明，该报表与上市时公开的财务资料在会计准则依据、审计对象、编制基础和审计时期四个方面都不同，故两份报告的差异存在合理、客观的原因。《2014年度利润分配方案》已由股东会决议通过，会议的召集程序、表决方式及决议内容均不违反法律、行政法规和公司章程的规定，该方案合法有效。综上，中汇有限公司提交的证据不能证明其合法权益受损之事实，法院据此驳回其行使知情权的诉讼请求。

公司为股东提供担保的效力与法律后果

上市公司的全资子公司未尽审查义务致其法定代表人私借公司名义与借款人签订担保合同，借款人并非善意时，该担保合同对子公司不生效，但子公司仍须就其未尽审查义务的过错承担部分责任。同时，依据《公司法》第23条，若公司不能证明其财产独立于其全资子公司财产的，还应当对该子公司的债务承担连带赔偿责任。

一、案情与裁判

案件名称：苏某某、铂亚有限公司等民间借贷纠纷案

案件来源：广东省广州市中级人民法院（2021）粤01民终2934号民事判决书

☞ 案情简介：

2017年11月14日，苏某某（上诉人、原告）向铂亚有限公司（上诉人、被告）的股东李某某（被上诉人、被告）提供借款，双方签订《借款合同》。同日，苏某某（甲方、贷款人）与铂亚有限公司（乙方、保证人1）、黄某某（乙方、保证人2）签订《保证合同》，该《保证合同》约定，为保证借款人及时履行债务，乙方同意作为借款人的保证人向甲方提供连

带责任保证担保。如乙方为两个或两个保证人以上的，保证人之间承担连带责任，甲方可要求任一保证人承担全部保证责任，保证人都负有担保全部债权实现的义务。乙方确认在法律上有资格签订和履行本合同，并且签订合同前已获得股东会、董事会、配偶、财产共有人或任何其他有权机构或个人的充分授权。乙方法定代表人或代理人签章处有李某某的签名及指印、铂亚有限公司的公章、黄某某的签名及指印。后《借款合同》和《保证合同》皆进行了续期。该借款是李某某任职期间所为，其未经铂亚有限公司及欧比特股份公司同意，利用个人作为铂亚有限公司法定代表人及执行董事的身份与职务便利，盗用并私刻了铂亚有限公司的公章，在隐瞒铂亚有限公司和欧比特股份公司的情况下，私自签订了《借款合同》和《保证合同》。另查明，铂亚有限公司的企业类型为有限责任公司（法人独资），股东为欧比特股份公司。铂亚有限公司系欧比特股份公司的全资子公司，尽管两公司存在高层管理人员交叉持股、互相担保、关联交易的情形，但二者各自有独立的财务制度、独立经营场所、独立的工作人员。

☞ **一审判决：**

首先，案涉《借款合同》是双方当事人的真实意思表示，内容没有违反法律、行政法规的强制性规定，对双方当事人均具有约束力。其次，关于铂亚有限公司作为保证人为李某某债务提供保证的《保证合同》的法律效力问题。依据《公司法》的相关规定，苏某某明知铂亚有限公司作为保证人，应获得股东会、董事会或其他有权机构的充分授权，但其仍未要求铂亚有限公司出具已获得股东会、董事会或其他有权机构的充分授权。在法定代表人李某某未经铂亚有限公司决议程序擅自对外提供担保，苏某某明知铂亚有限公司的保证应经法定程序而未审查的情况下，一审法院认定苏某某在签订案涉《保证合同》时非善意。因此，铂亚有限公司作为保证人的《保证合同》无效。但是，铂亚有限公司存在公司印章管理不善、对法定代表人的行为监管不力，同样是导致案涉《保证合同》无效的原因。铂亚有限公司在不承担担保责任的情况下，仍应按照《担保法》的相关规定承担相应的民事责任。综合本案的情况，一审法院酌情确定铂亚有限公司应向苏某某承担李某某不能清偿债务部分三分之一的赔偿责任，铂亚有限公司在承担赔偿责任后有权向李某某追偿。最后，关于苏某某主张欧比特股份公司应对铂亚有限公司的债务承担连带清偿责任是否成立的问题。欧比特股份公司应否对铂亚有限公司债务承担连带责任的关键在于欧比特股份公司能否证实其公司财产独立于铂亚有限公司的财产。本案中，双方财产独立而未发生混同，因此欧比特股份公司无须承担连带责任。

☞ **二审判决：**

首先，职业放贷人是指未经批准，以经营性为目的，通过向社会不特定对象提供资金以赚取高额利息，擅自从事经营性贷款业务的法人、非法人组织和自然人。而本案中苏某某除了向李某某提供借贷资金，从事了属于银行特许经营的贷款业务，不存在向更多人放贷的行为，因此，苏某某并非职业放贷人。其次，苏某某明知其在接受铂亚有限公司担保时依法负有依据该公司章程审查李某某是否获得公司内部特别授权的法律义务，而其没有依法审查核实，在借款和担保交易过程中存在明显的疏忽大意。因此，案涉以铂亚有限公司为担保人的担保合同无效。但由于铂亚有限公司对公司印章管理不善、对法定代表人的行为监管不力，是故该公司存在一定过错。法院结合双方过错程度，认定铂亚有限公司应对借款人不能清偿部分承担三分之一的赔偿责任。最后，铂亚有限公司系欧比特股份公司的全资子公司，即使二者之间存在高层管理人员交叉持股、互相担保、关联交易的情形亦属常见，也非法律所禁止，只要双方财产边界清晰，关联交易均有账目查询且并未损害债权人利益，即不构成否定公司人格的情形。苏某某主张欧比特股份公司对铂亚有限公司的债务承担连带清偿责任，事实依据不足，一审法院不予支持正确，二审法院予以维持。

二、相关规定

《公司法》第15条：“公司向其他企业投资或者为他人提供担保，按照公司章程的规定，由董事会或者股东会决议；公司章程对投资或者担保的总额及单项投资或者担保的数额有限额规定的，不得超过规定的限额。

公司为公司股东或者实际控制人提供担保的，应当经股东会决议。

前款规定的股东或者受前款规定的实际控制人支配的股东，不得参加前款规定事项的表决。该项表决由出席会议的其他股东所持表决权的过半数通过。”

《公司法》第23条第3款：“只有一个股东的公司，股东不能证明公司财产独立于股东自己的财产的，应当对公司债务承担连带责任。”

《公司法》第141条：“上市公司控股子公司不得取得该上市公司的股份。

上市公司控股子公司因公司合并、质权行使等原因持有上市公司股份的，不得行使所持股份对应的表决权，并应当及时处分相关上市公司股份。”

《民法典》第504条：“法人的法定代表人或者非法人组织的负责人超越权限订立的合同，除相对人知道或者应当知道其超越权限外，该代表行为有效，订立的合同对法人或者非法人组织发生效力。”

《最高人民法院关于适用〈中华人民共和国民法典〉有关担保制度的解释》（法释〔2020〕28号）第17条：“主合同有效而第三人提供的担保合同无效，人民法院应当区分不同情形确定担保人的赔偿责任：

（一）债权人与担保人均有过错的，担保人承担的赔偿责任不应超过债务人不能清偿部分的二分之一；

（二）担保人有过错而债权人无过错的，担保人对债务人不能清偿的部分承担赔偿责任；

（三）债权人有过错而担保人无过错的，担保人不承担赔偿责任。

主合同无效导致第三人提供的担保合同无效，担保人无过错的，不承担赔偿责任；担保人有过错的，其承担的赔偿责任不应超过债务人不能清偿部分的三分之一。”

三、法理分析

首先，铂亚有限公司与苏某某签订的保证合同无效。在本案中，公司法定代表人李某某与放贷人签订的借款合同合法有效，但其利用法定代表人职务之便私刻公章、私自代表铂亚有限公司与放贷人签订保证合同，构成越权代表行为。依据《公司法》第15条第2款，公司为公司股东或者实际控制人提供担保的，应当经股东会决议。而本案中，铂亚有限公司并未经过股东会决议为其公司股东李某某提供担保。同时，放贷人在屡次签订《保证合同》时皆未要求铂亚有限公司提供已经经由股东会决议通过该担保授权的证明，表明放贷人知道或应该知道李某某超越了代表权限。依据《民法典》第504条，该《保证合同》不对铂亚有限公司发生效力，铂亚有限公司签订的保证合同无效。

其次，铂亚有限公司需承担相应的赔偿责任。在本案中，铂亚有限公司并未妥善管理公章，同时也未尽到对公司法定代表人的监管职责，为法定代表人盗用并私刻公章创造了条件，因此，其对该项保证合同无效亦存在一定过错。根据《最高人民法院关于适用〈中华人民共和国民法典〉有关担保制度的解释》（法释〔2020〕28号）第17条，本案主合同有效而第三人提供的担保合同无效，债权人与担保人均有过错的，担保人承担的赔偿责任不应超过债务人不能清偿部分的二分之一。因此，法院酌定铂亚有限公司承担三分之一的赔偿责任是妥当的。

最后，欧比特股份公司对铂亚有限公司的债务不承担连带赔偿责任。《公司法》第23条第3款规定，只有一个股东的公司，股东不能证明公司财产独立于股东自己的财产的，应当对公司债务承担连带责任。本案中，铂亚有限公司是欧比特股份公司的全资子公司，欧比特股份公司作为铂亚有限公司的股东，与铂亚有限公司之间存在交叉持股、互相担保、关联交易的情形，但是双方的财产分别列支列收、单独审计核算，且双方往来的账目清晰，并非混同，故无法依据公司法人人格否认制度认定欧比特股份公司承担连带责任。

特别强调的是，二审判决中指出，即使欧比特股份公司与铂亚有限公司的高层管理人员存在交叉持股等情形，亦非法律所禁止，财产边界清晰且未损及债权人利益时则并不构成否定公司法人人格的情形。但是在新《公司法》颁行后，其第 141 条第 1 款规定，上市公司控股子公司不得取得该上市公司的股份。这主要是为了保持上市公司股权结构明晰，规避不必要的股权风险。本案中欧比特股份公司为上市公司，而铂亚有限公司是其控股子公司，因此，铂亚有限公司不能取得欧比特股份公司的股份，若其间股东交叉持股，显然违反了新修订的《公司法》规定，相关股权转让行为将构成无效的民事法律行为。

上市公司章程能否对股东临时提案权增设限制条件

《公司法》明确规定了股东行使临时提案权的要求，包括具体的持股比例、提案内容等，而本案公司章程中增加了股东临时提案的限制条件，比如“连续 90 天以上”持股、“董事会经征求被提名人意见并对其任职资格进行审查”后才能提案等内容。由此，通过该公司章程的股东大会决议是否有效？

一、案情与裁判

案件名称：中证有限公司诉海利股份公司公司决议效力确认纠纷案

案件来源：上海市奉贤区（县）人民法院（2017）沪 0120 民初 13112 号民事判决书

☞ 案情简介：

中证有限公司（原告）是海利股份公司（被告）的股东，被告发出的《海利股份公司 2015 年第一次临时股东大会决议公告》中记载，涉及修订公司章程并办理工商变更登记的议案需要股东会以 100% 同意的比例通过。根据上述股东会作出的决议，被告办理了公司章程的工商变更登记。该公司章程第 82 条第 2 款第 1 项内容为：“董事会、连续 90 天以上单独或合并持有公司 3% 以上股份的股东有权向董事会提出非独立董事候选人的提名，董事会经征求被提名人意见并对其任职资格进行审查后，向股东大会提出提案。”其后，原告通过邮件方式向被告递交《股东质询建议函》，向被告提出关于取消限制股东权利的建议。原告认为被告公司章程第 82 条第 2 款第 1 项中有关“连续 90 天以上单独或合并持有公司 3% 以上股份”的内容不合理地限制了股东对董事、监事候选人的提名权，并将归属于股东大会的董事候选人审查、决策权变相转移至董事会，违反了《公司法》及相关规定，建议取消此限制类条款。被告作出回复：《公司法》《上市公司章程指引》等规范中虽然没有对单独或合计持有 3% 以上股份的股东之提名权行使作出持股时间上的限制，但也没有对公司章程能否就该条款进行自行规定作出禁止性规定，《上市公司章程指引》第 82 条的注释明确了公司应当在章程中规定董事、监事提名的方式和程序，该等规定赋予公司章程在未违反法律与行政法规的强制性规定的前提下对公司董事、监事提名权进行自治性设定的权利。

☞ **一审判决：**

本案的争议焦点为：2015 年第一次临时股东大会决议中《公司章程》第 82 条第 2 款第 1 项内容是否应被确认为无效。针对该争议焦点，法院认为该决议内容无效，理由如下：第一，根据《公司法》规定，公司股东依法享有资产收益、参与重大决策和选择管理者等权利。在权利的具体行使方式上，单独或者合计持有公司 3% 以上股份的股东，可以在股东大会召开 10 日前提出临时提案并书面提交董事会。可见，只要具有公司股东身份，就有选择包括非独立董事候选人在内的管理者的权利，公司法在权利的行使上并未附加任何的限制条件。附加限制条件的内容违反了《公司法》的规定，限制了部分股东就非独立董事候选人提出临时提案的权利，该决议内容应认定为无效。第二，被告虽然在后续 2017 年的临时股东大会决议中删除了修订《公司章程》的议案记录，取消了“连续 90 天以上”的限制条件，但鉴于上述限制条件存在于修订的《公司章程》中，且自 2015 年第一次临时股东大会决议通过之日起即客观存在且发生效力，后作出的股东大会决议与此前形成的股东大会决议分属相互独立的法律行为，并不能当然补正此前股东大会中相关内容的法律效力。另考虑到被告作出第三次临时股东大会决议（2017 年）的时间在原告提起本案诉讼之后，庭审中经询问，被告对原告的诉讼请求及事实和理由亦未持异议。因而，法院支持原告的诉讼请求。就被告而言，其在原告起诉后修订公司章程，消除限制条件，且在庭审中同意原告主张，上述行为对依法完善公司治理规则亦有积极意义，法院予以认同。

二、相关规定

《公司法》第 115 条第 2 款："单独或者合计持有公司百分之一以上股份的股东，可以在股东会会议召开十日前提出临时提案并书面提交董事会。临时提案应当有明确议题和具体决议事项。董事会应当在收到提案后二日内通知其他股东，并将该临时提案提交股东会审议；但临时提案违反法律、行政法规或者公司章程的规定，或者不属于股东会职权范围的除外。公司不得提高提出临时提案股东的持股比例。"

《公司法》第 4 条第 2 款："公司股东对公司依法享有资产收益、参与重大决策和选择管理者等权利。"

《民法典》第 153 条第 1 款："违反法律、行政法规的强制性规定的民事法律行为无效。但是，该强制性规定不导致该民事法律行为无效的除外。"

三、法理分析

首先，股东行使临时提案权的条件。《公司法》（2018）第 102 条仅限定了能够提起临时提案的股东的持股比例（3% 以上）等实质要求，以及提前 10 天提起、书面提交等形式要求，《公司法》第 115 条第 2 款将股东持股比例要求降低至 1%，并增加规定了临时提案违反法律、行政法规或者公司章程的规定或者不属于股东会职权范围的除外情形，同时明确公司不得提高提出临时提案股东的持股比例。一方面，降低持股比例要求并且明确其并非任意性规定的做法保护了小股东提出临时提案的权利；另一方面，增加临时提案的除外情形，是为了避免进入股东会审议的临时提案数量过多，影响股东会的审议效率。

其次，对股东临时提案权增设门槛的章程条款无效。案涉第一次临时股东大会中通过了修改公司章程的决议，但该公司章程中增加了股东临时提案的限制条件，即在持股比例、时间、书面形式等条件的基础上，还增设“连续 90 天以上”持股的要求，以及“董事会经征求被提名人意见并对其任职资格进行审查”的内容。一方面，任职资格审查应是股东会而非董事会职责，但其并非法律、行政法规的强制性规定内容，因此该职责分配的决议内容并非无效。另一方面，对持股时限的要求可能会限制部分股东的临时提案权，而《公司法》第 4 条第 2 款明确规定了公司股东对公司依法享有资产收益、参与重大决策和选择管理者等权利。依据《民法典》第 153 条第 1 款，在《公司法》第 115 条第 2 款规定的股东临时提案限制条件的基础上增设附加条件，构成违反法律强制性规定的无效行为。值得特别说明的是，在修订后的《公司法》生效后，此类违反法律规定的临时提案将被明确限制提起，由此可以在源头杜绝内容违法的临时提案的出现，提高公司运营的效率。

最后，诉讼过程中公司取消讼争章程条款，不影响法院对该讼争条款的审理与效力认定。本案诉讼过程中，被告召开第三次临时股东大会，决议删除公司章程中有关股东临时提案附加限制条件的内容。但是该项决议内容有效并不能够当然补正在此之前作出的决议的效力。这是因为，一方面，该限制性条件仍规定于公司章程中；另一方面，第一次股东大会决议一经作出，即对公司股东临时提案权产生影响，其后的股东大会决议独立存在，无法覆盖第一次决议的内容，唯有确认第一次决议相关内容无效，才能保障股东的合法权益。

证券虚假陈述侵权中董事未尽勤勉义务的责任承担

发行人对投资者应当尽到信息披露义务，而董事则应当承担相应的勤勉义务，不同意相关表决事项时须表明异议并记载于董事会决议的记录之中，否则对于投资者的损失，董事也应当承担赔偿责任。

一、案情与裁判

案件名称：中车金证投资有限公司等与庄某等证券虚假陈述责任纠纷上诉案

案件来源：广东省高级人民法院（2019）粤民终2080号民事判决书

☞ **案情简介：**

中达股份公司破产重整案件中，保千里公司（上诉人、被告）和庄某等董事（被上诉人、被告）负责收购该公司，庄某等董事向中车金证投资有限公司（上诉人、原告）出具承诺函，承诺其为本次重大资产重组所提供的有关信息真实、准确和完整，不存在虚假记载。其中，庄某时任保千里公司的董事长、总经理，主导整个收购事项，陈某某（上诉人、被告）、庄某1（被上诉人、被告）、蒋某某（被上诉人、被告）与庄某构成一致行动关系，同属于收购人。中达股份公司董事会决议通过《重大资产出售及非公开发行股份购买资产暨关联交易报告书》，由于重组议案涉及关联交易事项，关联董事刘某某、张某某回避表决。董事长童某某（被上诉人、被告）、董事王某某（被上诉人、被告）是中达股份公司重大资产重组事项的主要决策者、组织实施者，并在相关披露文件上签字，在重组过程中起主导作用，是对中达股份公司信息披露违法行为负责的直接主管人员。林某等人（被上诉人、被告）参加董事会会议，负责审议上述重大资产重组事项，并在相关披露文件上签字，是中达股份公司信息披露违法行为的其他直接责任人员。事实上，保千里公司向评估公司提供了两项虚假的意向性协议，虚假协议致使评估值虚增较大，导致中达股份公司多支出了股份对价，损害了被收购公司中达股份公司及其股东的合法权益。中车金证投资有限公司作为投资者向法院提起诉讼，请求保千里公司、庄某、童某某等董事承担赔偿责任。

☞ **一审判决：**

一审法院认为，本案系证券虚假陈述责任纠纷。因保千里公司的虚假陈述行为导致中车金证投资有限公司等投资方利益受损，保千里公司应当承担赔偿责任，董事未尽忠诚勤勉义务也应当承担连带赔偿责任。判断公司董事、监事、高级管理人员和其他直接责任人员忠实、勤勉义务时，应根据职责分工、专业技能、客观行为及主观心理状况等综合因素，具体分析。庄某等董事构成一致行动关系，同属于共同收购人，二者共同通过操纵上市公司进行虚假陈述行为，侵犯投资者权益，构成共同侵权行为，依法应承担连带赔偿责任；而童某某等七名董事依照规定尽到了对重组对方出具资料的审核义务，在各中介机构出具的报告没有明显异常、相互之间没有矛盾的情况下，童某某等七名董事履行了应尽的工作职责。

☞ **二审判决：**

其一，针对陈某某的上诉，二审法院认为，陈某某与庄某等董事构成一致行动关系，具备主观故意，一审关于四位董事应承担连带赔偿责任的认定正确。陈某某主张其不应承担连带责任缺乏法律依据，二审法院不予支持。其二，虽然童某某等七名董事作为被借壳方中达股份公司的前董事，因保千里公司虚假陈述行为而受到行政处罚，但这并不能必然能够推定其存在过错并应承担相应的民事赔偿责任。本案虚假陈述行为发生在中达股份公司重组过程中，由借壳方保千里公司向评估公司提供虚假意向性协议。因此，中达股份公司违法披露的信息并非当时上市公司中达股份公司自身的经营及财务信息，而是重组交易对方保千里公司提供的存在虚假记载的信息。童某某等七名董事并非保千里公司的董事，并且其已经在职责范围内认真履职，尽到了忠诚勤勉义务，无须承担连带赔偿责任。

二、相关规定

《中华人民共和国证券法》（以下简称《证券法》）第 85 条："信息披露义务人未按照规定披露信息，或者公告的证券发行文件、定期报告、临时报告及其他信息披露资料存在虚假记载、误导性陈述或者重大遗漏，致使投资者在证券交易中遭受损失的，信息披露义务人应当承担赔偿责任；发行人的控股股东、实际控制人、董事、监事、高级管理人员和其他直接责任人员以及保荐人、承销的证券公司及其直接责任人员，应当与发行人承担连带赔偿责任，但是能够证明自己没有过错的除外。"

《公司法》第 124 条第 3 款："董事会应当对所议事项的决定作成会议记录，出席会议的董事应当在会议记录上签名。"

《公司法》第 125 条第 2 款："董事应当对董事会的决议承担责任。董事会的决议违反法律、行政法规或者公司章程、股东会决议，给公司造成严重损失的，参与决议的董事对公司负赔偿责任；经证明在表决时曾表明异议并记载于会议记录的，该董事可以免除责任。"

《公司法》第 180 条："董事、监事、高级管理人员对公司负有忠实义务，应当采取措施避免自身利益与公司利益冲突，不得利用职权牟取不正当利益。

董事、监事、高级管理人员对公司负有勤勉义务，执行职务应当为公司的最大利益尽到管理者通常应有的合理注意。

公司的控股股东、实际控制人不担任公司董事但实际执行公司事务的，适用前两款规定。”

《最高人民法院关于审理证券市场虚假陈述侵权民事赔偿案件的若干规定》（法释〔2022〕2号）第14条：“发行人的董事、监事、高级管理人员和其他直接责任人员主张对虚假陈述没有过错的，人民法院应当根据其工作岗位和职责、在信息披露资料的形成和发布等活动中所起的作用、取得和了解相关信息的渠道、为核验相关信息所采取的措施等实际情况进行审查认定。

前款所列人员不能提供勤勉尽责的相应证据，仅以其不从事日常经营管理、无相关职业背景和专业知识、相信发行人或者管理层提供的资料、相信证券服务机构出具的专业意见等理由主张其没有过错的，人民法院不予支持。”

三、法理分析

首先，董事应当对信息披露事项尽到勤勉义务。依据《证券法》第85条，公司对投资者应当尽到信息披露义务，而董事未尽信息披露义务导致投资者受损的，应当与公司承担连带赔偿责任。尽管该民事规范中并未明确董事的信息披露义务是否应当达到勤勉的程度，但依据《公司法》第180条，董事对公司负有勤勉义务，执行职务应当为公司的最大利益尽到管理者通常应有的合理注意。《最高人民法院关于审理证券市场虚假陈述侵权民事赔偿案件的若干规定》（法释〔2022〕2号）第14条中进一步明确了董事应当对其已经履行勤勉义务承担举证责任。可见，协助公司对投资者尽到信息披露义务应当属于董事勤勉义务的内容。

其次，勤勉义务的判断应当区分案涉披露信息的来源而定。上市公司信息披露文件的信息来源主要包括上市公司内部信息和他人提供的信息，董事应当对公司内部信息披露承担更高标准的注意义务。涉案违法披露的信息是保千里公司提供的存在虚假记载的信息，对庄某等董事而言属于公司内部信息，而对童某某等董事则属于他人提供的信息。本案中庄某等董事应当保证信息的真实完整，但其作为共同收购人，却操纵上市公司的虚假陈述行为，存在明显故意，构成共同侵权；而童某某等董事在业务往来过程中多次进行现场调研、磋商洽谈，积极督促和监督上市公司聘请专业机构开展工作，已经对对方公司提供的信息尽到了合理的审查义务。

最后，董事的免责事由。依据《公司法》第 125 条第 2 款，董事在对决议事项表决时表明异议并记载于会议记录即可以免责。依据《公司法》第 124 条第 2 款，董事会应当对会议所议事项的决定作出会议记录，出席会议的董事应当在会议记录上签名。前者构成异议表决，后者构成回避表决，只有异议表决才可以免责。本案中，关联董事刘某某、张某某参与了董事会会议并在决议书中签字，但针对案涉事项并未直接表明异议，仅构成回避表决而非异议表决，法院无法据此作出免责判决。由此，法院依据《证券法》第 85 条判定董事与发行人承担连带赔偿责任。值得特别说明的是，《公司法》第 191 条增设了董事对第三人造成损害时的责任承担规则，但相较《公司法》（修订草案）中的“与公司承担连带责任”修改为“也应当承担赔偿责任”，据此，第三人能否直接向董事主张赔偿责任值得进一步讨论。

上市公司独立董事未尽忠实勤勉义务的责任承担

上市公司独立董事在董事会决议上签字证明该决议中相关财务信息披露的真实性，但实际上该信息并不准确，依据《公司法》《证券法》等相关规范，独立董事需承担相应的行政责任。

一、案情与裁判

案件名称：胡某某诉中国证券监督管理委员会证券监管行政处罚及行政复议案

案件来源：北京市高级人民法院（2018）京行终 6567 号民事判决书

☞ **案情简介：**

2017 年 12 月 1 日，中国证券监督管理委员会（被告、被上诉人，以下简称证监会）针对胡某某（原告、上诉人）、佳电股份公司以及另外 21 名案外人作出处罚决定，认为佳电股份公司在相关的财务会计资料中存在调增或调减不同年度利润总额的行为，违法披露了上市公司的信息；在相关报告和董事会决议上签字的独立董事胡某某为其他直接责任人员。根据《证券法》第 193 条第 1 款，以及当事人违法行为的事实、性质、情节与社会危害程度，对佳电股份公司作出警告、责令改正、60 万元罚款的行政处罚；对胡某某给予警告，并处以 7 万元的罚款。胡某某不服被诉处罚决定，向证监会申请行政复议。后证监会作出行政复议决定书，决定维持被诉处罚决定中对胡某某作出的行政处罚。胡某某不服上述被诉处罚决定及复议决定，诉至一审法院，请求撤销相关决定。

☞ **一审判决：**

第一，依据《证券法》第193条，本案独立董事属于信息披露义务的"其他直接责任人员"。第二，相关财务会计文件经过外部专业审计机构的审计，并不能完全替代董事履行勤勉义务，因为董事履行勤勉义务具有相对独立性，仍应当对公司财务状况尽到合理的审查义务；公司委托外部专业审计机构开展独立的审计工作，可以适当降低独立董事的注意义务，但并不能够替代独立董事的独立监督职责。在董事会表决时，原告均投赞成票并签名确认，并未对相关财务会计资料以及外部专业审计机构的审计报告进行仔细研究、提出疑问、审慎讨论。由此，独立董事应当为其未尽勤勉义务而担责。

☞ **二审判决：**

首先，胡某某作为佳电股份公司独立董事，在佳电股份公司存在财务数据虚假记载的情况下，仍在相关董事会决议上投赞成票并签名"保证年度报告内容真实、准确、完整"，表明其实际参与了上市公司信息披露的过程，故其应属于《证券法》第193条第1款规定的其他直接责任人员范畴。其次，根据《关于在上市公司建立独立董事制度的指导意见》（证监发〔2001〕102号）规定，在认定上市公司独立董事勤勉义务履行的问题上，一方面，独立董事应当不在公司担任董事外的其他职务，不直接参与公司的具体经营的客观实际状况；另一方面，独立董事在公司治理结构中应独立履行职责、独立客观判断，不受上市公司主要股东、管理层及利害关系人影响。最后，行政责任的成立要件及证明责任不同于民事责任。根据《行政诉讼法》的规定，被告对其作出的行政行为负有举证责任。据此，证监会对其针对胡某某作出的行政处罚决定负有全面的举证责任，既有义务收集胡某某应当承担相应行政责任的证据，也有义务收集减轻、免除处罚的相应证据。因已经履行勤勉尽责义务系属信息披露违法行为责任人员的免责事由，根据行政诉讼证明责任分配的一般规则，行政相对人应当对减免行政责任之要件事实承担证明责任，故一审法院认定胡某某没有充分证据表明其已经履行勤勉尽责义务，进而判定其应当承担行政责任并无不当。

二、相关规定

《公司法》第136条第1款："上市公司设独立董事，具体管理办法由国务院证券监督管理机构规定。"

《公司法》第180条："董事、监事、高级管理人员对公司负有忠实义务，应当采取措施避免自身利益与公司利益冲突，不得利用职权牟取不正当利益。

董事、监事、高级管理人员对公司负有勤勉义务，执行职务应当为公司的最大利益尽到管理者通常应有的合理注意。

公司的控股股东、实际控制人不担任公司董事但实际执行公司事务的，适用前两款规定。"

《上市公司独立董事规则》（中国证券监督管理委员会公告〔2022〕14号）第2条："本规则所称独立董事是指不在上市公司担任除董事外的其他职务，并与其所受聘的上市公司及其主要股东不存在可能妨碍其进行独立客观判断的关系的董事。"

《上市公司独立董事规则》（中国证券监督管理委员会公告〔2022〕14号）第5条："独立董事对上市公司及全体股东负有诚信与勤勉义务，并应当按照相关法律法规、本规则和公司章程的要求，认真履行职责，维护公司整体利益，尤其要关注中小股东的合法权益不受损害。"

《上市公司独立董事规则》（中国证券监督管理委员会公告〔2022〕14号）第6条第1~2款："独立董事必须具有独立性。

独立董事应当独立履行职责，不受上市公司主要股东、实际控制人或者其他与上市公司存在利害关系的单位或个人的影响。"

《证券公司监督管理条例》（2014）第19条：“证券公司可以设独立董事。证券公司的独立董事，不得在本证券公司担任董事会外的职务，不得与本证券公司存在可能妨碍其做出独立、客观判断的关系。”

《证券法》（2019）第78条第1款、第2款：“发行人及法律、行政法规和国务院证券监督管理机构规定的其他信息披露义务人，应当及时依法履行信息披露义务。

信息披露义务人披露的信息，应当真实、准确、完整，简明清晰，通俗易懂，不得有虚假记载、误导性陈述或者重大遗漏。”

《证券法》（2019）第197条第1款：“信息披露义务人未按照本法规定报送有关报告或者履行信息披露义务的，责令改正，给予警告，并处以五十万元以上五百万元以下的罚款；对直接负责的主管人员和其他直接责任人员给予警告，并处以二十万元以上二百万元以下的罚款。发行人的控股股东、实际控制人组织、指使从事上述违法行为，或者隐瞒相关事项导致发生上述情形的，处以五十万元以上五百万元以下的罚款；对直接负责的主管人员和其他直接责任人员，处以二十万元以上二百万元以下的罚款。”

《上市公司信息披露管理办法》（2021）第4条：“上市公司的董事、监事、高级管理人员应当忠实、勤勉地履行职责，保证披露信息的真实、准确、完整，信息披露及时、公平。”

《信息披露违法行为行政责任认定规则》（〔2011〕11号）第15条：“发生信息披露违法行为的，依照法律、行政法规、规章规定，对负有保证信息披露真实、准确、完整、及时和公平义务的董事、监事、高级管理人员，应当视情形认定其为直接负责的主管人员或者其他直接责任人员承担行政责任，但其能够证明已尽忠实、勤勉义务，没有过错的除外。”

《最高人民法院关于审理证券市场虚假陈述侵权民事赔偿案件的若干规定》（法释〔2022〕2号）第14条：“发行人的董事、监事、高级管理人员和其他直接责任人员主张对虚假陈述没有过错的，人民法院应当根据其工作岗位和职责、在信息披露资料的形成和发布等活动中所起的作用、取得和了解相关信息的渠道、为核验相关信息所采取的措施等实际情况进行审查认定。

前款所列人员不能提供勤勉尽责的相应证据，仅以其不从事日常经营管理、无相关职业背景和专业知识、相信发行人或者管理层提供的资料、相信证券服务机构出具的专业意见等理由主张其没有过错的，人民法院不予支持。”

《最高人民法院关于审理证券市场虚假陈述侵权民事赔偿案件的若干规定》（法释〔2022〕2 号）第 16 条：“独立董事能够证明下列情形之一的，人民法院应当认定其没有过错：（一）在签署相关信息披露文件之前，对不属于自身专业领域的相关具体问题，借助会计、法律等专门职业的帮助仍然未能发现问题的；

（二）在揭露日或更正日之前，发现虚假陈述后及时向发行人提出异议并监督整改或者向证券交易场所、监管部门书面报告的；

（三）在独立意见中对虚假陈述事项发表保留意见、反对意见或者无法表示意见并说明具体理由的，但在审议、审核相关文件时投赞成票的除外；

（四）因发行人拒绝、阻碍其履行职责，导致无法对相关信息披露文件是否存在虚假陈述作出判断，并及时向证券交易场所、监管部门书面报告的；

（五）能够证明勤勉尽责的其他情形。

独立董事提交证据证明其在履职期间能够按照法律、监管部门制定的规章和规范性文件以及公司章程的要求履行职责的，或者在虚假陈述被揭露后及时督促发行人整改且效果较为明显的，人民法院可以结合案件事实综合判断其过错情况。

外部监事和职工监事，参照适用前两款规定。”

三、法理分析

首先，独立董事应当尽到忠实义务。《公司法》（2018）第 122 条作出引致性规定：“上市公司设独立董事，具体管理办法由国务院规定。”而在

《公司法》修订过程中，《公司法》（修订草案一审稿）第 140 条曾作出具体规定，“上市公司设立独立董事。独立董事不得在上市公司担任除董事以外的其他职务，且不得与上市公司存在任何可能影响其独立客观判断的关系”。二审稿相较《公司法》（2018）的引致规定指向更为明确，同时未采纳一审稿中具体规定独立董事独立性的做法，正式颁行的《公司法》第 136 条采纳了二审稿的规定，“上市公司设独立董事，具体管理办法由国务院证券监督管理机构规定。”这是因为，结合《上市公司独立董事规则》（中国证券监督管理委员会公告〔2022〕14 号）第 2 条、第 6 条等即可确定独立董事独立性要求，《公司法》第 180 条第 1 款亦规定了董事、监事、高级管理人员对公司负有忠实义务，因此《公司法》无须因为独立董事保持其独立性的重要价值即重复规定其应尽忠实义务。依据《公司法》、《上市公司独立董事规则》（中国证券监督管理委员会公告〔2022〕14 号）的相关规定，独立董事应当保持其独立性，不在公司担任独立董事外的职务、不参与公司的具体经营，能够独立履职、独立客观判断，不受上市公司主要股东、高管和利害关系人的影响。能够采取措施避免自身利益与公司利益冲突，不利用职权牟取不正当利益。

其次，独立董事应当尽到勤勉义务。保障信息披露的真实性构成其勤勉义务的重要内容。《证券法》第 78 条、第 197 条，《证券公司监督管理条例》第 19 条，《上市公司信息披露管理办法》第 4 条等皆规定了董事的信息披露义务，本案中独立董事在董事会决议上签字证明决议信息披露的真实性，但实际上该信息并不真实准确，独立董事应当为其未尽勤勉义务担责。值得强调的是，独立董事勤勉义务的履行具有过程性的特征，要求独立董事在任职期间了解并持续关注公司生产经营状况、财务状况，主动调查相关资料，积极问询并提供建议，以达到为公司的最大利益尽到管理者通常应有的合理注意的程度，而非仅依据其能否发现公司违法行为的结果而对其勤勉与否作出判断。

最后，独立董事未尽忠实勤勉义务的责任承担。在行政责任方面，一是独立董事的主体定位。依据《证券法》《证券公司监督管理条例》《上市公司信息披露管理办法》等，独立董事构成违反信息披露义务而承担行政责任中的“其他直接责任人员”。具体而言，独立董事具备独立判断信息披露是否完整真实准确的能力与义务，对信息披露的进程与结果产生直接与关键影响，应当被解释为此处所及直接责任人员，而非案涉独立董事主张的间接责任人。由此，案涉独立董事应当被警告并被处以20万元以上200万元以下的罚款。二是独立董事的归责原则。依据《信息披露违法行为行政责任认定规则》，董事应当对其已尽忠实勤勉义务、没有过错承担证明责任，确立了董事虚假陈述行政责任中的过错推定原则。此外，在民事责任方面，《最高人民法院关于审理证券市场虚假陈述侵权民事赔偿案件的若干规定》（法释〔2022〕2号）第14条、第16条明确了独立董事虚假陈述的过错推定责任，本案中独立董事在审议、审核相关文件时投赞成票，不能证明其不存在过错，应当为其未尽勤勉义务而担责。《公司法》第180条并未直接规定董事未尽忠实勤勉义务的责任承担，但于第190条规定了董事违反法律、行政法规或者公司章程的规定，损害股东利益的，股东可以向人民法院提起诉讼；于第191条规定了董事执行职务时因故意或重大过失损害第三人利益的赔偿责任。由此，独立董事还可能向股东或第三人承担民事责任。

上市公司股权代持协议的效力及其法律后果

本案上市公司股东隐名代持股权，其间的股权代持协议是否有效？如果无效，应如何确定收益返还范围？担保人是否应当对协议无效导致的损失承担赔偿责任？

一、案情与裁判

案件名称： 陆某诉陈某、沈某等股权转让纠纷案（参考性案例第 117 号）

案件来源： 上海市高级人民法院（2019）沪民终 295 号民事判决书

☞ 案情简介：

陆某（原告、被上诉人）与陈某（被告、上诉人）签订《股权代持协议书》，双方约定：陆某委托陈某作为其对明匠公司 2000 万元出资的名义持有人，并代为行使相关股东权利。陈某向陆某承诺明匠公司（被告）在 6 个月内被上市公司按估值不低于 3.5 亿元价格收购。上市公司收购后，陆某可以选择由陈某按估值溢价的价格一次性给付本金和收益，也可以选择先行给付本金，估值溢价部分折合成股权，还可以选择将本金与收益部分全部折合成股权。协议签订后，陆某依约向陈某支付了 2000 万元。其后，陆某、陈某、沈某（被告、上诉人）、明匠公司通过协议约定，旋风公司（被告、被上诉人）以 4.2 亿元价格收购明匠公司 100% 股权的事项已获证监会批准并于近期正式发文，陆某可同时获得旋风公司487.5万股流通股股票；陈某应根据陆某指定的股票交易日，按当日旋风的收盘价为标准，将487.5万股股票价值转化为现金标的额，并由陈某在此后3日内将该笔款项汇入陆某指定的银行账户，具体金额以当日价格为准。沈某、明匠公司对陈某的上述全部义务承担无限连带保证责任。后旋风公司公告，称其已通过发行股份及购买资产并募集配套资金的方式并购明匠公司。此外，陈某在该交易结束后成为旋风公司排名前十的大股东。陆某要求陈某在3日内支付已明确的股权折价款，陈某出具《付款承诺书》，承诺按协议约定向陆某支付相关款项，但陈某一直未履约，故陆某向上海市第一中级人民法院起诉。

☞ **一审判决：**

首先，陈某于判决生效之日起10日内支付陆某股权折价款；其次，沈某对陈某所负第一项债务承担连带清偿责任，沈某承担保证责任后，有权向陈某追偿。

☞ **二审判决：**

首先，陆某与陈某之间系股权代持关系。从案涉《股权代持协议书》约定的内容来看，陆某委托陈某作为其对明匠公司2000万元出资的名义持有人，并代为行使相关股东权利，该2000万元出资用于认购陈某在明匠公司9.1%的股权，支付股款的对价为明匠公司的股权。陆某作为代持股份的实际出资者，对明匠公司享有实际的股权并有权获得相应的投资收益，陈某仅以自身名义代陆某持有该股份形成的股东权益，并承诺将其未来所收到的因代持股份所产生的全部投资收益均转交陆某。上述约定内容明确表明，陆某和陈某系股权代持关系，而非当事人主张的民间借贷关系。其次，案涉《股权代持协议书》在签订时，明匠公司尚未被旋风公司兼并重组，不涉及上市公司股权代持争议，故该协议合法有效。而协议涉及明匠公司与上市公司间的股权交易，明匠公司被上市公司兼并重组前，陈某代陆某持有股份成为上市公司股东，隐瞒了实际投资人的真实身份。陆某和陈某之间构成上市公司定向增发股份的隐名代持行为，扰乱了证券市场的公共秩序，损害了证券市场的公共利益，协议应无效。最后，因协议无效，故当事人不能继续按照协议约定的收益方式履行还款义务，而应综合考虑各方当事人责任、投资款贬损等因素确定还款义务。依据担保法的相关规定，主合同无效，担保条款亦无效，因主合同无效而导致担保合同无效且担保人有过错的，担保人承担的赔偿责任不应超过债务人不能清偿部分的三分之一。结合本案案情，担保人沈某、明匠公司应当承担陈某不能清偿部分不超过三分之一的赔偿责任。

二、相关规定

《公司法》第 140 条："上市公司应当依法披露股东、实际控制人的信息，相关信息应当真实、准确、完整。

禁止违反法律、行政法规的规定代持上市公司股票。"

《证券法》第 78 条第 1 ~ 2 款："发行人及法律、行政法规和国务院证券监督管理机构规定的其他信息披露义务人，应当及时依法履行信息披露义务。

信息披露义务人披露的信息，应当真实、准确、完整，简明清晰，通俗易懂，不得有虚假记载、误导性陈述或者重大遗漏。"

《上市公司重大资产重组管理办法》第 4 条："上市公司实施重大资产重组，有关各方必须及时、公平地披露或者提供信息，保证所披露或者提供信息的真实、准确、完整，不得有虚假记载、误导性陈述或者重大遗漏。"

《上市公司重大资产重组管理办法》第 11 条第 4 项："上市公司实施重大资产重组，应当就本次交易符合下列要求作出充分说明，并予以披露：（四）重大资产重组所涉及的资产权属清晰，资产过户或者转移不存在法律障碍，相关债权债务处理合法；"

《民法典》第 153 条："违反法律、行政法规的强制性规定的民事法律行为无效。但是，该强制性规定不导致该民事法律行为无效的除外。

违背公序良俗的民事法律行为无效。”

《民法典》第157条：“民事法律行为无效、被撤销或者确定不发生效力后，行为人因该行为取得的财产，应当予以返还；不能返还或者没有必要返还的，应当折价补偿。有过错的一方应当赔偿对方由此所受到的损失；各方都有过错的，应当各自承担相应的责任。法律另有规定的，依照其规定。”

《最高人民法院关于适用〈中华人民共和国民法典〉有关担保制度的解释》（法释〔2020〕28号）第17条第2款：“主合同无效导致第三人提供的担保合同无效，担保人无过错的，不承担赔偿责任；担保人有过错的，其承担的赔偿责任不应超过债务人不能清偿部分的三分之一。”

三、法理分析

首先，案涉股权代持协议（以下简称《协议》）无效。依据《公司法》第140条、《证券法》第78条以及《上市公司重大资产重组管理办法》第4条、第11条，上市公司应当在证券发行过程中如实披露股份权属情况，禁止发行人的股权存在隐名代持行为，否则即因违反法律、行政法规的强制性规定而无效。此外，股票发行上市是证券市场的重要环节，股权结构将因此发生重大变化。同时，全面及时地披露股权权属等信息将对股票价格产生重大影响。是故，此过程中的股权明晰将会保护多数投资者的合法权益，避免权属纠纷。由此，违反上述信息披露、隐名代持禁止的规定而订立的合同将对公平竞争秩序、社会公共利益造成严重影响，也应被认定为无效。在本案中，《协议》系在旋风公司收购明匠公司100%股权等基础上，为了旋风公司收购明匠公司股权事项平稳获得证监会核准批文及陆某委托陈某代持股份的股东权益所签订。陈某替陆某代持的明匠公司股权可溢价转化为上市公司股票，将对公平竞争秩序和社会公共利益产生影响。因此，案涉《协议》违反了信息披露与隐名代持禁止的规定，扰乱了社会公共秩序，构成无效协议。

其次，股权代持协议无效后收益返还范围的确定方式。依据《民法典》第157条，民事法律行为无效后，行为人因该行为取得的财产，应当予以返还。对于因行为无效而造成的损失，双方都有过错的，应当各自承担相应的责任。案涉股权代持协议无效，名义股东陆某应当返还收益，但收益返还的范围有待进一步厘清。一方面，案涉协议无效，双方不能继续按照协议约定的方式返还收益。另一方面，收益返还应当根据收益与风险相一致的原则，综合各方当事人责任、投资款贬损等因素进行综合确定。本案中，实际出资人陆某对明匠公司享有实际的股权并有权获得相应的投资收益，那么对于股权贬损所造成的损失也应当由其一并负担。进而，陆某应当对陈某持有的旋风公司股票被旋风公司回购后注销（因明匠公司未完成承诺业绩）导致的损失负责，法院最终综合上述多方因素确定返还收益数额颇为合理。

最后，担保人对债权人因协议无效的损失承担连带责任。本案《协议》约定，沈某、明匠公司对陈某的债务承担连带保证责任。在案涉《协议》无效时，其中的担保条款亦无效。而担保人作为明匠公司股东，同时是该公司上市后发行股份、购买资产的交易方和内幕交易的信息知情方，对合同无效也存在过错。依据《最高人民法院关于适用〈中华人民共和国民法典〉有关担保制度的解释》（法释〔2020〕28号）第17条第2款，主合同无效导致担保合同无效，且担保人有过错的，担保人应对债务人不能清偿部分的三分之一承担连带债务。因此，本案判定担保人沈某、明匠公司承担陈某不能清偿部分不超过三分之一的赔偿责任合法合理。

不具备发行资质的公司发行优先股行为的效力判定与责任承担

案涉公司不具备发行优先股的资质却发行了优先股，应如何认定当事人间订立的有关优先股发行协议的效力？该公司的控股股东与实际控制人又将承担何种责任？

一、案情与裁判

案件名称：中国城股份公司、富通有限公司证券发行纠纷案

案件来源：湖南省长沙市中级人民法院（2017）湘01民终9642号民事判决书

☞ 案情简介：

中国城股份公司（上诉人、被告）与冯某某（被上诉人、原告）订立《非公开发行优先股认购协议书》（以下简称《优先股认购协议书》）。双方约定：冯某某认购中国城股份公司20万股优先股，计20万元；无论公司是否盈利，该公司均支付股息，股息率每年12%；针对此次发行的优先股，回购条款及股息支付，该公司的控股股东富通有限公司（上诉人、被告）、实际控制人唐某某（上诉人、被告）负无限连带责任。经依法办理相关手续成为该公司优先股股东后，可自由转让其股份；双方对优先股转

换为普通股、强制回购优先股等事项亦进行了约定。在协议签订前，湖南股交所作出《关于同意湖南长沙中国城股份公司挂牌的通知》。该公司向该所提交了《非公开发行优先股融资方案》（以下简称《优先股融资方案》），其载明：本次募股方案已经第二次临时股东大会审议通过；募集对象为公司的高管、核心员工、上下游客户以及湖南股交所认可的自然人投资人和机构投资人等特定对象；认购下限为20万股，持股人须在湖南省股权登记管理中心办理权益登记和开户手续；不论当年是否盈利，均支付股息，股息率每年12%；优先股持股人不参与公司的经营决策，不享有股东大会的表决权等；本次募股人数不超过190人；推荐商为汉坤股权投资管理有限公司。同日，湖南股交所作出《接受备案通知书》，其载明：已通过该所的完备性核对。中国城股份公司提交了2014年11月28日股东会会议通过的公司章程，该章程由富通有限公司、杨某某签字/盖章，唐某某等五位董事会成员签名。但是截至一审判决作出前，中国城股份公司未提交融资方案载明的2014年12月8日股东会决议，也未提交载明优先股内容的公司章程。中国城股份公司登记的股东实缴出资情况为：富通有限公司出资2970万元，占全部股份的99%，杨某某出资30万元，占全部股份的1%。唐某某系中国城股份公司、富通有限公司登记的法定代表人。

☞ **一审判决：**

首先，在我国境内发行优先股，应严格按照《国务院关于开展优先股试点的指导意见》（国发〔2013〕46号）、证监会《优先股试点管理办法》之规定实施。中国城股份公司曾在湖南股交所挂牌，并不属于证监会认可的上市公司和非上市公众公司，亦不属于全国中小企业股份转让系统所称的挂牌公司。因此，其并不具有发行优先股的资格。公司即使符合发行优先股的条件，除国务院或证监会决定豁免核准外，还应当经过证监会核准。而案涉湖南股交所并无证监会关于核准发行优先股之授权，因此中国城股份公司关于发行行为合法的主张不能成立。其次，《优先股认购协议书》对优先股的权利义务作出了约定，但关于登记、自由转让等约定，属于自始不能履行事项。这是因为，根据中国证券登记结算有限责任公司

《优先股试点登记结算业务实施细则》第8条，当前优先股的登记、结算机构为中国证券登记结算有限责任公司，且需通过证券交易所、全国股转系统交易。而湖南股交所及相关公司并不满足上述细则中规定的要求，中国城股份公司发行的优先股，既无法通过证券交易所、全国股转系统完成登记，亦不可能自由转让。所以，《优先股融资方案》《优先股认购协议书》因违反法律、行政法规的强制性规定而无效，中国城股份公司及投资者均存在过错，该公司应当返还优先股认购款。最后，《优先股认购协议书》中载明富通有限公司、唐某某负无限连带责任，结合富通有限公司占中国城股份公司99%的股份，唐某某为富通有限公司和中国城股份公司的法定代表人的客观情况，宜推定关于控股股东富通有限公司、实际控制人唐某某负无限连带责任之约定系其真实意思表示，且二者对该协议无效存在过错。富通有限公司、唐某某应参照《证券法》关于“发行人的控股股东、实际控制人有过错的，应当与发行人承担连带责任”之规定承担责任。

☞ **二审判决：**

首先，依据《公司法》第131条、《国务院关于开展优先股试点的指导意见》（国发〔2013〕46号）第2条第8项、《非上市公众公司监督管理办法》第2条，中国城股份公司不属于发行优先股的主体范畴，因此，中国城股份公司不能发行优先股。中国城股份公司发行优先股违反了法律的强制性规定，故一审判决认定中国城股份公司与冯某某签订的《优先股认购协议书》无效并无不当，二审法院予以维持。其次，依据《证券法》第26条，发行人的控股股东、实际控制人有过错的，应当与发行人承担连带责任。唐某某是富通有限公司法定代表人，富通有限公司是中国城股份公司控股股东，富通有限公司和唐某某虽然未在上述文件签字盖章，但作为控股股东和实际控制人的富通有限公司和唐某某对中国城股份公司非公开发行优先股应是知情的。中国城股份公司非公开发行优先股因不符合法定条件而无效，富通有限公司和唐某某对无效发行行为存在过错。故一审判决富通有限公司和唐某某与中国城股份公司承担连带责任并无不当，二审法院予以维持。

二、相关规定

《公司法》第 144 条："公司可以按照公司章程的规定发行下列与普通股权利不同的类别股：（一）优先或者劣后分配利润或者剩余财产的股份；（二）每一股的表决权数多于或者少于普通股的股份；（三）转让须经公司同意等转让受限的股份；（四）国务院规定的其他类别股。

公开发行股份的公司不得发行前款第二项、第三项规定的类别股；公开发行前已发行的除外。

公司发行本条第一款第二项规定的类别股的，对于监事或者审计委员会成员的选举和更换，类别股与普通股每一股的表决权数相同。"

《证券法》（2019）第 24 条第 1 款："国务院证券监督管理机构或者国务院授权的部门对已作出的证券发行注册的决定，发现不符合法定条件或者法定程序，尚未发行证券的，应当予以撤销，停止发行。已经发行尚未上市的，撤销发行注册决定，发行人应当按照发行价并加算银行同期存款利息返还证券持有人；发行人的控股股东、实际控制人以及保荐人，应当与发行人承担连带责任，但是能够证明自己没有过错的除外。"

《国务院关于开展优先股试点的指导意见》（国发〔2013〕46 号）第 1 条第 2 项："（二）优先分配利润。优先股股东按照约定的票面股息率，优先于普通股股东分配公司利润。公司应当以现金的形式向优先股股东支付股息，在完全支付约定的股息之前，不得向普通股股东分配利润。

公司应当在公司章程中明确以下事项：

（1）优先股股息率是采用固定股息率还是浮动股息率，并相应明确固定股息率水平或浮动股息率计算方法。

（2）公司在有可分配税后利润的情况下是否必须分配利润。

（3）如果公司因本会计年度可分配利润不足而未向优先股股东足额派发股息，差额部分是否累积到下一会计年度。

（4）优先股股东按照约定的股息率分配股息后，是否有权同普通股股东一起参加剩余利润分配。

（5）优先股利润分配涉及的其他事项。”

《国务院关于开展优先股试点的指导意见》（国发〔2013〕46 号）第2条第8项：“二、优先股发行与交易（八）发行人范围。公开发行优先股的发行人限于证监会规定的上市公司，非公开发行优先股的发行人限于上市公司（含注册地在境内的境外上市公司）和非上市公众公司。”

《非上市公众公司监督管理办法》（2023）第 2 条：“本办法所称非上市公众公司（以下简称公众公司）是指有下列情形之一且其股票未在证券交易所上市交易的股份有限公司：（一）股票向特定对象发行或者转让导致股东累计超过二百人；（二）股票公开转让。”

《民法典》第 153 条：“违反法律、行政法规的强制性规定的民事法律行为无效。但是，该强制性规定不导致该民事法律行为无效的除外。

违背公序良俗的民事法律行为无效。”

三、法理分析

首先，案涉公司不具备优先股发行资格。《国务院关于开展优先股试点的指导意见》（国发〔2013〕46 号）第 2 条第 8 项、《非上市公众公司监督管理办法》（2023）第 2 条明确限定了优先股发行人的资格，其中，公开发行优先股的发行人限于证监会规定的上市公司，非公开发行优先股的发行人限于上市公司和非上市公众公司。而非上市公众公司，指的是股票向特定对象发行或者转让，导致股东累计超过 200 人或股票公开转让的股份有限公司，且同时要求其股票未在证券交易所上市交易。案涉公司并没有公开发行股份，也并非上市公司和股东超过 200 人的非上市公众公司，因此，案涉公司并非具备优先股发行资格的公司。

其次，本案《优先股认购协议书》属于无效合同。一方面，由于优先股发行人的资格限定规则规定于规章或规范性文件中，因而，法院无法依据违反法律、行政法规的强制性规定而主张协议无效；另一方面，优先股发行的资格限定等是为了维持金融秩序、金融安全而设定的强制性规定，违反该规定而签订的协议实际上影响了经济安全、公平竞争秩序等，依据《民法典》第153条及《最高人民法院关于适用〈中华人民共和国民法典〉合同编通则若干问题的解释》（法释〔2023〕13号）第17条，该协议构成违反公序良俗的无效合同。值得特别说明的是，《公司法》第144条规定了公司可以依据其公司章程发行类别股，其中即包含优先股。《国务院关于开展优先股试点的指导意见》（国发〔2013〕46号）第1条亦规定了公司应当在公司章程中明确优先股发行的相关内容。但在公司章程中规定优先股事项的前提是具备优先股发行的法定资格，否则，即使在公司章程中规定优先股股息等具体事宜，也并不能产生补足公司优先股发行资格的效果。

最后，发行人的控股股东、实际控制人应当与中国城股份公司承担连带责任。本案富通有限公司占中国城股份公司登记的股东实缴出资的99%，构成中国城股份公司的控股股东；唐某某是富通有限公司的法定代表人，也构成该公司的实际控制人。尽管富通有限公司与唐某某并未在《优先股融资方案》《优先股认购协议书》中签字，但本案中二者皆未举证证明其不存在过错，依据《证券法》（2019）第24条第1款，二者应当对《优先股融资方案》《优先股认购协议书》无效造成的损失承担连带责任。

通过公司章程限制股权转让行为的效力及影响

司法实践中广泛存在于公司章程中规定限制股权转让等限定股权行使的情形，相关规定是否有效？此类限制性规定又是否会影响该公司的股东资格？

一、案情与裁判

案件名称：城建设计院有限公司、李某某股东资格确认纠纷案

案件来源：辽宁省抚顺市中级人民法院（2021）辽04民终2500号民事判决书

☞ 案情简介：

李某某（上诉人、原告）为城建设计院（上诉人、被告）股东，其与高某签订委托书，约定其名下股权由高某代持，该委托书自委托人和被委托人退休或离开本公司时失效；通过企业档案登记资料可以发现，涉案公司成立于2003年8月8日，注册资本2000万元（城建设计院提出系2015年增资到2000万元），投资者共计25人，其中并无李某某。此外，经城建设计院代理人表述，因高某于2016年退休，李某某的股份由董事长代持，李某某表示对由他人代持一事并不知情，不同意由他人代持。城建设计院提供的2003年公司章程中第10条规定：“本公司给职工个人配送股份终极

所有权归企业，职工只参与分红，其股份不得继承、抵押、转让，个人不享受配股时，此股份全部划入公司发展基金”；第 11 条规定：“职工调离本公司、亡故、辞职、被辞退、劳动合同终止以及职工不持有现金认购的股份时，其分红权利即行终止”。2017 年城建设计院将公司章程第 10 条修改为：“股东调离本公司、退休、亡故、辞职、被辞退、劳动合同终止，其分红权利即行终止，股权可以继承和转让，但不得向公司以外的人继承和转让，只能优先转让给公司内部排队认购的非股东中层职位以及以上的人员……”。李某某于 2017 年 4 月退休，在与城建设计院确定股东身份及股权比例时发生争议，诉至法院。

☞ **一审判决：**

法院认为，根据《公司法司法解释三》第 22 条，李某某提交的出资证明书可证明李某某系城建设计院的股东。李某某曾于 2003 年与高某签订委托书，约定由高某代持李某某的股份。后因高某退休，城建设计院主张李某某的股份由董事长代持，对此李某某表示不予认可，故城建设计院的董事长无权代持李某某的股份。故城建设计院 0.519% 的股权归李某某所有，原始出资合计 103 856.7 元（按照注册资金 2000 万元标准计算）。

☞ **二审判决：**

法院认为，本案有三个争议焦点，一是有关李某某是否具有城建设计院的股东资格。依据《公司法》第 32 条，《公司法司法解释三》第 23 条、第 24 条，本案李某某出具的城建设计院股东出资证明书可以证明李某某于 2003 年成为城建设计院的股东。李某某与股东高某于 2003 年 7 月 24 日签订委托书，李某某同意名义股东高某代持其股份 12 780 元。城建设计院不能以代持股东高某退休为由，径直将李某某的股份由城建设计院董事长代持。二是有关李某某退休之后是否具有城建设计院股东资格。城建设计院为依法设立的有限责任公司，公司与股东之间的关系应当按照《公司法》和公司章程的规定进行规范。城建设计院章程及股东会议中并未明确规定股东退休即表示其退出城建设计院的股东资格，只是规定了股东退休时分红权利即行终止及转让股权事宜。据此，李某某虽然于2017年退休，但并不当然因此丧失城建设计院的股东资格。三是李某某应享有城建设计院股权出资占比及出资数额的认定。依据《公司法》第34条，综合李某某的出资、公司增资及公司决议约定，李某某的占股比例为0.384%，出资合计7.6949万元（按照注册资金2000万元标准计算）。

二、相关规定

《公司法》第55条："有限责任公司成立后，应当向股东签发出资证明书，记载下列事项：

（一）公司名称；

（二）公司成立日期；

（三）公司注册资本；

（四）股东的姓名或者名称、认缴和实缴的出资额、出资方式和出资日期；

（五）出资证明书的编号和核发日期。

出资证明书由法定代表人签名，并由公司盖章。"

《公司法》第56条第2款："记载于股东名册的股东，可以依股东名册主张行使股东权利。"

《公司法》第157条："股份有限公司的股东持有的股份可以向其他股东转让，也可以向股东以外的人转让；公司章程规定转让受限的股份，其转让按照公司章程的规定进行。"

《公司法司法解释三》第23条："当事人依法履行出资义务或者依法继受取得股权后，公司未根据公司法第三十一条、第三十二条的规定签发出资证明书、记载于股东名册并办理公司登记机关登记，当事人请求公司履行上述义务的，人民法院应予支持。"

《公司法司法解释三》第24条："有限责任公司的实际出资人与名义出资人订立合同，约定由实际出资人出资并享有投资权益，以名义出资人为名义股东，实际出资人与名义股东对该合同效力发生争议的，如无法律规定的无效情形，人民法院应当认定该合同有效。

前款规定的实际出资人与名义股东因投资权益的归属发生争议，实际出资人以其实际履行了出资义务为由向名义股东主张权利的，人民法院应予支持。名义股东以公司股东名册记载、公司登记机关登记为由否认实际出资人权利的，人民法院不予支持。

实际出资人未经公司其他股东半数以上同意，请求公司变更股东、签发出资证明书、记载于股东名册、记载于公司章程并办理公司登记机关登记的，人民法院不予支持。"

三、法理分析

首先，公司章程中限定股权行使的规定有效。本案《公司章程》中对退休职工等人的股权行使设限，其规定："分红权利即行终止，股权可以继承和转让，但不得向公司以外的人继承和转让，只能优先转让给公司内部排队认购的非股东中层职位以及以上的人员"。一方面，该限定并未违反法律、行政法规的强制性规定。《公司法》（2018）第 137 条规定，股东持有的股份可以依法转让。该条明确了股东可以转让股权的权利，但并未规定公司章程能否限制股权转让，由此在实践中产生争议。《公司法》第 157 条进一步明确，股东持有的股份可以向公司其他股东转让，也可以向股东以外的人转让；但其同时指出，公司章程中限制股权转让的，依其规定。依此，公司章程中可以作出限定股权行使的规定。事实上，尽管《公司法》未对公司章程限制股权转让行为的效力作出直接规定，但根据法无禁止即自由的一般私法原则，公司章程中限定股权转让等有关股权行使限制的规定也并未违反法律的强制性规定。另一方面，该限定并不构成显失公平的可撤销情形。公司章程中对已经离职、退休等员工取消其分红权并限制股权转让的权利符合公司运营常理，并不存在利益不对等而有失公允的情形。综上，公司章程中限定股权行使的规定有效。

其次，公司章程中限定股权行使的规定并不影响股东资格。其一，在本案中，案涉公司 2017 年的章程中增加了对退休职工股权行使的限制规定，而涉案股东李某某于2017年退休，满足章程中股权行使受限的主体条件；但股权行使受限仅使股权权能减损，其并不意味着相关主体丧失股东资格。其二，涉案股东李某某并未选择转让股权，尽管其将股权交由案涉股东高某代持，但依据《公司法司法解释三》第24条，名义股东并不实际享有股权，故案涉股权仍归李某某所有。同时，代持股东高某退休并不意味着股权自动转由该公司董事长代持。其三，依据《公司法》第54条、第56条第2款，以及《公司法司法解释三》第23条规定，李某某可以依据股东名册或出资证明书证明其股东身份。

担任公司董事的股东一次性转让其全部股权行为的效力认定

上市公司股权转让具有转让股权比例和期限的限制，而非上市公司则并不受此限制。那么当非上市公司的董事一次性向外转让其全部股权时，应如何判断其行为效力？

一、案情与裁判

案件名称：袁某1等与李某等股权转让纠纷案

案件来源：北京市第一中级人民法院（2022）京01民终2138号民事判决书

☞ 案情简介：

2018年11月5日，李某某（被上诉人、原告）与袁某1（上诉人、被告）签订《股份转让协议》，约定董事李某某将其持有的精准沟通股份公司（非上市公司）全部股份转让给袁某1，袁某1应当于合同生效当日向李某某支付股权转让款400万元。2019年9月10日，李某某（甲方）、袁某1（乙方）和袁某2（丙方）（上诉人、被告）签订《补充协议》，并将双方签订的《补充协议》倒签至2018年11月5日，约定乙方应于本协议签订之日起一周内向甲方支付40万元，并需要于2020年12月31日之前向甲方支付剩余股权转让款项 360 万元，如果截至 2020 年 12 月 31 日乙方未能向甲方支付原合同约定的价款，则自 2021 年 1 月 1 日起，乙方应当按照本协议的约定承担迟延付款的违约责任。补充协议落款处有李某某、袁某 2 签字，无袁某 1 签字。2019 年 9 月 23 日，袁某 1 向李某某支付 40 万元。2021 年 2 月 8 日，精准沟通股份公司向袁某 1 出具通知函称，其公司股东李某某等人转让于袁某 1 的股权权属存在争议，建议暂缓支付股权转让款。李某某起诉袁某 1、袁某 2 等人要求其承担违约责任。

☞ **一审判决：**

李某某与袁某 1 签订的《股份转让协议》未违反法律与行政法规的强制性规定，应属有效。李某某、袁某 1、袁某 2 签订的《补充协议》虽无袁某 1 签名，但袁某 1 对《补充协议》没有异议，且已按照《补充协议》履行相关义务，《补充协议》依法成立并生效。袁某 1、袁某 2 虽称《股份转让协议》《补充协议》并非双方真实意思表示，李某某存在欺诈等情形，应属可撤销合同。但袁某 1、袁某 2 未提举充足的证据加以证明，且未提起反诉，并且本案已超过除斥期间，故不影响《补充协议》的履行。袁某 1 未按约定期限向李某某支付股权转让款，属违约行为，袁某 1 应当承担继续履行付款义务并按约定标准支付违约金的违约责任。袁某 2 作为连带责任保证人，应当对袁某 1 承担连带保证责任。

☞ **二审判决：**

本案的争议焦点是《股份转让协议》《补充协议》是否有效，李某某是否有权依据上述协议约定分别要求袁某 1、袁某 2 支付股权转让价款以及承担连带保证责任。首先，精准沟通股份公司是非上市公司，案涉股权转让时，股东人数确定、不具有涉众因素，股权转让不会侵害社会不特定多数人利益；股权转让后，精准沟通股份公司经股东会决议变更了公司章程和工商登记，其他股东对该股权转让未提出异议，股权转让未侵害其他投资人权益。其次，李某某为小股东，其股权变化对于精准沟通股份公司的整体股权状况不足以产生决定性的影响，亦难以认定其股权转让行为侵害公司及其他第三人利益的情形。最后，在合同履行方面，袁某 1 支付了部分股权转让价款后，又将名下股权再次转让给第三人，表明袁某 1 认可上述协议的法律效力。袁某 1 未依约履行后续付款义务，却在二审阶段以“《股份转让协议》《补充协议》违反限售期限制，应属无效”提出抗辩，其行为有悖诚实信用原则，亦影响交易安全。

二、相关规定

《公司法》第 157 条：“股份有限公司的股东持有的股份可以向其他股东转让，也可以向股东以外的人转让；公司章程对股份转让有限制的，其转让按照公司章程的规定进行。”

《公司法》第 160 条：“公司公开发行股份前已发行的股份，自公司股票在证券交易所上市交易之日起一年内不得转让。法律、行政法规或者国务院证券监督管理机构对上市公司的股东、实际控制人转让其所持有的本公司股份另有规定的，从其规定。

公司董事、监事、高级管理人员应当向公司申报所持有的本公司的股份及其变动情况，在就任时确定的任职期间每年转让的股份不得超过其所持有本公司股份总数的百分之二十五；所持本公司股份自公司股票上市交易之日起一年内不得转让。上述人员离职后半年内，不得转让其所持有的本公司股份。公司章程可以对公司董事、监事、高级管理人员转让其所持有的本公司股份作出其他限制性规定。

股份在法律、行政法规规定的限制转让期限内出质的，质权人不得在限制转让期限内行使质权。”

《民法典》第 148 条：“一方以欺诈手段，使对方在违背真实意思的情况下实施的民事法律行为，受欺诈方有权请求人民法院或者仲裁机构予以撤销。”

《民法典》第 490 条第 1 款：“当事人采用合同书形式订立合同的，自当事人均签名、盖章或者按指印时合同成立。在签名、盖章或者按指印之前，当事人一方已经履行主要义务，对方接受时，该合同成立。”

《民法典》第585条："当事人可以约定一方违约时应当根据违约情况向对方支付一定数额的违约金，也可以约定因违约产生的损失赔偿额的计算方法。

约定的违约金低于造成的损失的，人民法院或者仲裁机构可以根据当事人的请求予以增加；约定的违约金过分高于造成的损失的，人民法院或者仲裁机构可以根据当事人的请求予以适当减少。

当事人就迟延履行约定违约金的，违约方支付违约金后，还应当履行债务。"

三、法理分析

首先，案涉《股份转让协议》《补充协议》并非无效。《公司法》第160条第2款对上市公司的董事、监事、高级管理人员（以下简称董监高）股权转让之期限和数额作出限制，而案涉精准沟通股份公司为非上市公司，并不适用该条规定。同时，涉案公司章程中并不存在限制股权转让的规定，故也无法适用《公司法》第157条。而《公司法》之所以对上市公司董监高股权转让作出限制性规定，是为了加重公司董事、监事、高级管理人员股东对公司的责任，通过限制转让股份的比例和期间，控制其谋取不法利益的可能性。据此，在对董监高股权转让行为效力进行判定时，应当综合考量董监高股权转让时是否存在恶意侵害其他股东合法权益的行为。在本案中，尽管精准沟通股份公司的董事李某某将其全部股权转让于袁某1、袁某2，但是由于李某某为占股2%的小股东，且并不具备主观恶意，未侵犯公司、投资者的合法权益；其他股东并未针对该股权转让提出异议，亦未侵犯公司其他股东的合法权益。由此，李某某并未滥用其股东权利损害公司或者其他股东的利益，未违反《公司法》的强制性规定；《股份转让协议》《补充协议》也并非李某某与袁某1、袁某2恶意串通订立的协议，故案涉协议并非无效。

其次，案涉《股权转让协议》《补充协议》不构成可撤销合同。在签订案涉协议时，李某某并未告知袁某1、袁某2其在受让所持股权时未向原出让人支付股权转让对价的情况，也未告知精准沟通股份公司的历史沿革、股权结构、财务及经营情况均存在一定问题，但是上述未予告知事项并非案涉协议的内容。一方面，案涉协议中并不包含精准沟通股份公司的业绩、上市计划等承诺，不涉及该公司的财务及经营情况；另一方面，双方协议中并未提及股权权属问题，而仅涉及股权转让及价款支付等内容，且李某某在协议履行过程中已经完成全部股权的变更登记。因此，李某某并未构成欺诈，案涉协议无法被撤销。

最后，依据生效的《股权转让协议》《补充协议》，袁某1、袁某2应当承担违约责任。尽管袁某1并未在《补充协议》上签字，但其支付部分价款以及后续将股权转让于他人的行为表明，其已经以实际行动履行了主合同义务，与李某某达成了《补充协议》。据此，袁某1应当依约向李某某支付剩余价款及违约金；而袁某2作为连带责任保证人应当对其承担连带责任。不过，由于协议中约定的违约金过高，依据《民法典》第585条，法院调整了当事人约定的违约金计算标准，酌情降低违约金数额的做法，可资借鉴。

公司章程限制股权继承纠纷的处理

俗话说：钱财乃身外之物，生不带来死不带走。因此，人死之后，其遗留的财产必然发生归属上的变化。如果将死者的财产转归他的近亲属，就会发生继承。问题是，公司作为一种社团组织，股东的身份与资格能否被继承？股东资格继承是否等同于股权继承？如果公司章程对股权继承进行了限制，但其他股东无人受让的，如何处理？

一、案情与裁判

案件名称：建都有限公司与周某股东资格确认纠纷案

案件来源：最高人民法院（2018）最高法（民）终 88 号民事裁定书

☞ 案情简介：

建都有限公司（上诉人、被告）成立于 1997 年，截至 2014 年 12 月 20 日，公司共有 31 名自然人股东，其中周某 1 出资 2100 万元，占公司注册资本的 42%。建都有限公司自 2009 年改制至诉讼前，先后修改了四次章程。其中 2009 年 2 月 11 日、2009 年 4 月 29 日、2012 年 3 月 29 日通过的章程第四章第七条规定：“对免职、调离、终止合同、退休（退休后继续任职的除外）等人员及时办理股权转让手续，由公司其他股东按原出资额受让，转让股权的股东，除公司发生累计亏损外（经会计师事务所审计确认），其持股期间每年另按出资额的8%享受公司增值资产固定回报。对不及时办理转让手续的股东，自股东会批准转让之日起不再享受分红，也不享受银行存款或贷款利息的回报。”2015 年 1 月，建都有限公司经股东会决议修改公司章程，在原章程第四章第七条中增加规定：“对正常到龄退休（返聘除外）、长病、长休、死亡的股东，应及时办理股权手续，股东退股时，公司累计有盈余的（经会计师事务所审计确认），持股期间按本人持股额每年享受 20% 以内回报”。2011 年初，周某 1 经诊断患病。2015 年 11 月 23 日，周某 1 订立遗嘱，明确其对建都有限公司的股权由女儿周某（被上诉人、原告）继承。同年 12 月 4 日，周某 1 逝世。二审期间，上诉人建都有限公司提交新证据，证明 2007 年 9 月 12 日形成的公司章程有“自然人股东死亡后，其合法继承人可以继承股东资格”的规定，以证明 2009 年股权改制时公司有意排除股东资格继承的事实。

☞ **一审判决：**

一审法院认为，首先，本案应以周某 1 去世之前（2015 年 1 月）最后一次参与修改的公司章程为依据进行认定。其次，章程第 7 条规定，对于离开公司的股东股权由其他股东受让，其系对股东之间转让股权的规定，充分体现了建都有限公司人合性特点。但本案中，出现了周某 1 去世后其他股东无人受让其股权的情况，章程对此没有规定。因此该章程对继承问题的规定具有不完全性，应按法律规定处理。即本案中，在公司无人受让周某 1 股权的情况下，应按《公司法》（2018）第 75 条“自然人股东死亡后，其合法继承人可以继承股东资格”的规定，支持周某根据遗嘱继承周某 1 的建都有限公司股东资格。一审法院裁定：确认周某继承取得周某 1 股东资格，建都有限公司应将周某载入股东名册并办理相应登记手续。

☞ **二审判决：**

二审法院认为，公司章程作为公司的自治规则，是公司组织与活动最基本与最重要的准则，对全体股东均具有约束力。应在文义解释的基础上，综合考虑章程体系、制定背景以及实施情况等因素，正确理解章程条款。首先，如前所述，建都有限公司章程自 2007 年以来先后经历五次修订。自 2009 年起章程中删除了继承人可以继承股东资格的条款，且明确规定股东不得向股东以外的人转让股权，可以反映出建都有限公司具有高度的人合性和封闭性特征。其次，周某 1 去世前，2015 年 1 月 10 日的《公司章程》第 7 条第 3 款对死亡股东股权的处理已经作出规定，虽然其未明确规定死亡股东的股东资格不能继承，但结合该条所反映的建都有限公司高度人合性和封闭性的特征，以及死亡股东应及时办理股权转让手续的表述，可以认定排除股东资格继承是章程的真实意思表示。再次，周某 1 去世之前，股东郁某某、曹某某在离职时均将股权进行了转让，不再是建都有限公司的在册股东，建都有限公司亦根据章程规定支付了持股期间的股权回报款，该事例亦进一步印证了股东离开公司后按照章程规定不再享有股东资格的实践情况。因此，纵观建都有限公司章程的演变，并结合建都有限公司对离职退股的处理方式，本案应当认定该公司章程已经排除了股东资格的继承。此外，虽然排除了股东资格的继承，但周某作为股权继承人仍然可以通过收取建都有限公司的退股金或领取一定比例回报款的方式获得补偿。二审法院裁定：撤销初审判决，驳回周某的诉讼请求。

二、相关规定

《公司法》第 90 条：“自然人股东死亡后，其合法继承人可以继承股东资格；但是，公司章程另有规定的除外。”

《公司法》第 167 条：“自然人股东死亡后，其合法继承人可以继承股东资格；但是，股份转让受限的股份有限公司的章程另有规定的除外。”

《民法典》第 1122 条：“遗产是自然人死亡时遗留的个人合法财产。依照法律规定或者根据其性质不得继承的遗产，不得继承。”

《民法典》第 1133 条：“自然人可以依照本法规定立遗嘱处分个人财产，并可以指定遗嘱执行人。自然人可以立遗嘱将个人财产指定由法定继承人中的一人或者数人继承。

自然人可以立遗嘱将个人财产赠与国家、集体或者法定继承人以外的组织、个人。自然人可以依法设立遗嘱信托。”

三、法理分析

首先，股东资格可以被继承，除非公司章程另有规定。股东资格是自然人以及法人等民事主体参与公司治理所必需的资格，只有具备股东资格，这些民事主体才能够参与到具体的公司决策之中。广义上继承不仅包括财产继承，还包括身份继承。股东资格继承便是这种身份意义上的继承。自然人股东的合法继承人可以继承股东资格，同时考虑到公司的人和性与封闭性的特征，为了保障公司高效率运行，公司章程可以对股东资格的继承做出限制或者予以排除。因此，《公司法》第 90 条和第 167 条规定，无论是有限责任公司还是股份有限责任公司，其股东资格原则上都是可以继承的，除非公司章程另有规定。

其次，要注意股东资格继承和股权继承的区分。股东资格和股权是两个不同的概念，其具有不同的内容。股东资格是各民事主体作为公司股东的一种身份和地位。股权是指基于股东资格，依据《公司法》和公司章程从公司获取财产利益并参与公司治理的权利，具体包括自益权和共益权。就性质而言，股东资格是享有股权的地位或资格，股权属于兼具身份性和财产性的独立民事权利。《公司法》第 90 条所讲的股东资格可以继承，其实还表达了股权可以被继承的意思并存在例外情形的意思。事实上，排除了股东资格的继承，实际上就是对股权继承的排除，能继承的实际上只剩下股权所承载的交换价值。股东资格继承的排除实际上起到了与股权继承排除相同的效果。

最后，股东资格继承受到限制后，继承人仍可获得相应经济利益。排除股东资格继承后，如何处理标的股权属于公司治理的事项。公司作为一种典型的法人组织，具有独立的法人人格和治理结构。案涉股权排除继承后，究竟是由公司回购还是由其他股东受让，均可通过公司自治实现。这两种方式均有利于打破公司僵局，维持公司的人合性和封闭性，体现公司意志，并有助于保护股东利益。当事人虽然无权继承相应的股东资格，但其财产权利仍可以得到保障。因此，本案中，法院虽然未予认可周某的股东资格，但仍肯定其有权通过退股方式获得相应的经济利益。

“公司不得收购本公司股份”中的“公司”并非仅指股份有限公司

股份有限公司和有限责任公司是我国《公司法》上两种主要的公司类型。《公司法》第162条规定公司不得收购本公司股份，但由于其属于该法第六章“股份有限公司的股份发行和转让”项下条款，似乎只能适用于股份有限公司。然而，实践中这一条款的适用范围存在争议，需要我们明确有限责任公司股份转让时是否可以适用该项条款。

一、案情与裁判

案件名称：甄投中心、运货柜有限公司新增资本认购纠纷、买卖合同纠纷案

案件来源：最高人民法院（2020）最高法民申1191号民事裁定书

☞ 案情简介：

运货柜有限公司（被上诉人、被告）于2016年完成了股权融资。2016年4月28日，甄投中心（上诉人、原告）与运货柜有限公司、龙某等签订《增资协议》，约定甄投中心向运货柜有限公司增资1050万元。同日，上述各方及案外人任某签订《补充协议》，约定若有下列情形之一，

运货柜有限公司承诺回购股份：（1）未完成承诺业绩指标；（2）2018 年 12 月 31 日前运货柜有限公司未能上市。合同同时约定，回购价格不得低于甄投中心本次投资的年投资收益率 15%。若运货柜有限公司无法履行回购义务，则由案外人任某无条件承担全额连带回购责任。2017 年 3 月 24 日，甄投中心向运货柜有限公司发出回购函，表示运货柜有限公司未予履行合同义务并且由于其表示不能实现合同承诺的业绩指标，也不能实现公司上市的目标，请求其回购股份。运货柜有限公司表示拒绝。甄投中心请求法院判令龙某向甄投中心支付回购价款，用于回购其所持运货柜有限公司的全部股份。

☞ **一审判决：**

《补充协议》中约定回购价格不得低于甄投中心本次投资的年投资收益率的 15%。该约定直接或间接地损害了运货柜有限公司利益及其债权人利益，同时违反了有限责任公司注册资本确定之后未经法定程序不得随意减少和抽回的原则，该股份回购条款依法不能发生法律效力，甄投中心依据《补充协议》的股份回购条款诉请运货柜有限公司承担股份回购责任不符合法律规定，故不予支持。

《增资协议》项下没有关于龙某股份回购的约定，但《补充协议》项下约定：若实际控制人、董事以及高级管理人员存在违约情形时，甄投中心有权要求运货柜有限公司回购其股份，案外人任某无条件承担全额连带回购责任。根据上述约定，甄投中心要求龙某回购其所持 0.75% 的股份及支付股份回购款的请求无事实和法律依据，故不予支持。

☞ **二审判决：**

关于运货柜有限公司应否支付股份回购款的问题，《公司法》（2018）第 35 条、第 142 条均是公司资本维持原则的体现，除非基于法定事由，否则公司不得收购其股份。本案中《补充协议》约定，在约定的条件成就时，“甄投中心有权要求运货柜有限公司回购其持有的全部或部分股份，运货柜有限公司承诺予以回购，回购价格不得低于甄投中心本次投资的年收益率的15%”，该约定违反了《公司法》（2018）第35条、第142条的强制性规定；《补充协议》约定的回购款计算方式损害了公司利益和公司债权人利益，同时亦违反了《公司法》（2018）第20条。因此，《补充协议》有关运货柜有限公司回购股份的内容应属无效。对于上诉人认为其要求运货柜有限公司支付的该部分股份不是注册资本，是资本公积金部分，不存在减少注册资本问题，股东向公司已缴纳的出资，无论是计入注册资本还是计入资本公积金，都已属于公司所有，基于公司资本维持原则的要求，如果将资本公积金返还股东，将导致公司资本规模的减少，损害公司的财产和信用基础以及公司债权人利益，故股东不得任意要求公司予以返还。

二、相关规定

《公司法》第21条：“公司股东应当遵守法律、行政法规和公司章程，依法行使股东权利，不得滥用股东权利损害公司或者其他股东的利益。

公司股东滥用股东权利给公司或者其他股东造成损失的，应当承担赔偿责任。”

《公司法》第22条：“公司的控股股东、实际控制人、董事、监事、高级管理人员不得利用关联关系损害公司利益。

违反前款规定，给公司造成损失的，应当承担赔偿责任。”

《公司法》第53条：“公司成立后，股东不得抽逃出资。

违反前款规定的，股东应当返还抽逃的出资；给公司造成损失的，负有责任的董事、监事、高级管理人员应当与该股东承担连带赔偿责任。”

《公司法》第162条第1款、第2款：“公司不得收购本公司股份。但是，有下列情形之一的除外：

（一）减少公司注册资本；

（二）与持有本公司股份的其他公司合并；

（三）将股份用于员工持股计划或者股权激励；

（四）股东因对股东会作出的公司合并、分立决议持异议，要求公司收购其股份；

（五）将股份用于转换公司发行的可转换为股票的公司债券；

（六）上市公司为维护公司价值及股东权益所必需。

公司因前款第一项、第二项规定的情形收购本公司股份的，应当经股东会决议；公司因前款第三项、第五项、第六项规定的情形收购本公司股份的，可以按照公司章程或者股东会的授权，经三分之二以上董事出席的董事会会议决议。”

《九民纪要》第 5 条第 2 款：“投资方请求目标公司回购股权的，人民法院应当依据公司法第 35 条关于‘股东不得抽逃出资’或者第 142 条关于股份回购的强制性规定进行审查。经审查，目标公司未完成减资程序的，人民法院应当驳回其诉讼请求。”（注：此处所讲《公司法》第 35 条、第 142 条分别指现行《公司法》第 53 条、第 162 条）

三、法理分析

首先，从规范目的上看，《公司法》第 162 条的规制范围包括有限责任公司股份回购。虽然《公司法》第 162 条规定在“股份有限公司的股份发行和转让”一章，且有限责任公司的股份流动性远小于股份有限公司，但在一定情形下，有限责任公司的股东与公司也会约定由公司回购股份。由于部分投资者在出资时具有很强的投机性，而有限责任公司的强人合性又在一定程度上排斥资合性，故有限责任公司只有在特殊情形下方可收购本公司股份。其基本可以概括为应分配利润而不分配、应解散而不解散以及公司合并、分立或者转让其主要财产以及因股东对利润分配的异议导致的回购、公司正常运行下满足回购条件遂触发公司回购股份等情形。其中，转让公司主要财产意味着公司的资本减少，这与《公司法》第 162 条的规定相符合，即减少注册资本，这为有限责任公司适用《公司法》第 162 条提供了法律基础。

《九民纪要》第 5 条第 2 款规定：“投资方请求目标公司回购股权的，人民法院应当依据《公司法》第 35 条关于‘股东不得抽逃出资’或者第

142 条关于股份回购的强制性规定进行审查。经审查，目标公司未完成减资程序的，人民法院应当驳回其诉讼请求。”由此可见，《九民纪要》在总结以往审判经验的基础上也认为《公司法》（2018）第 142 条可以适用于有限责任公司。故原判决适用该条认定《补充协议》的效力并无不当。具体到本案而言，公司股份是否可以回购应当分两方面进行分析：一是《补充协议》的效力问题；二是基于合同有效前提下的履行问题。由于股份回购是否经过三分之二以上有表决权的股东通过、目标公司是否已完成减资程序、债权人是否同意等事项均未审查确定，原判决在此情形下直接认定合同无效确有不当。

其次，《公司法》第 162 条是公司资本维持原则的体现，公司回购本公司股份有悖于其募集资金的初衷，应予严格限制。无论是股份有限公司，还是有限责任公司，其成立过程中发行股份的目的是更好地募集资金，以及谋求公司更好地发展。倘若《公司法》第 162 条所体现的资本维持原则仅对股份有限公司有效，那么有限责任公司便可以在募集到足够的资金后收回其认为“多余且不利于其控制的”股份，从根本上既违反了商法的公平原则，也违背了安全交易原则。从原则上讲公司回购本公司股票是不被允许的，除非存在法律规定的几种具有“紧迫性”“无奈性”的情形，然而本案远远没有达到法律所规定的“紧迫性”。本案中，双方签订的对赌协议，违反了法律的强制性规定，即违反了资本维持原则，故该对赌协议无效。

未尽催缴出资义务的董事应对公司承担赔偿责任

公司是社会经济的基本细胞，很大程度上决定着社会经济结构的模式。如何高效治理公司成为促进公司长期发展的关键。董事的勤勉与忠实义务的产生基础是保护公司利益的现实需要。那么，股东未履行出资义务，董事是否负有催缴义务？如果负有，未履行催缴义务的董事该如何对公司承担赔偿责任？

一、案情与裁判

案情名称： 斯曼特公司、胡某某损害公司利益责任纠纷案

案件来源： 最高人民法院（2018）最高法民再366号民事判决书

☞ **案情简介：**

斯曼特公司（申请人、上诉人、原告）成立于2005年1月11日，系外国法人独资的有限责任公司，其唯一股东为开曼公司。2005年1月11日至2006年12月29日，胡某某、薄某某、史某某（被申请人、被上诉人、被告）担任斯曼特公司董事，其中胡某某为董事长、法定代表人。2006年12月30日起，贺某某、王某某、李某某（被申请人、被上诉人、被告）担任斯曼特公司董事，其中贺某某为董事长、法定代表人。

斯曼特公司认缴注册资本额为1600万美元，公司章程规定出资分两期

缴纳完成。第一期300万美元自公司成立之日起90天内投入，剩余1300万美元在第一期出资一年内投足。开曼公司于2005年3月16日至2005年11月3日分多次出资后，还欠缴出资500万美元。2006年3月16日，出资期限届满。

2011年8月31日，一审法院裁定追加开曼公司为被执行人，在500万美元范围内对斯曼特公司债权人捷普公司承担清偿责任。但强制执行后，开曼公司仍欠缴出资491.24万美元。因开曼公司没有其他可供执行的财产，一审法院裁定终结执行。后债权人对斯曼特公司申请破产清算，破产管理人以公司董事怠于催缴股东履行出资义务为由，要求公司董事对公司股东欠缴出资造成的公司损失承担连带赔偿责任。

☞ **一审判决：**

（1）关于追缴股东出资是否属于董事勤勉义务问题。董事勤勉义务一方面要求董事按照法律、行政法规和公司章程规定积极履行职责，另一方面要求董事尽其所能为公司利益服务，实现公司利益的最大化。董事会的职责范围，就是董事的勤勉义务范围。本案追缴股东欠缴出资事项属于斯曼特公司事务，胡某某等六名董事作为斯曼特公司的董事，应当积极通过董事会会议，就该事项作出决策。

（2）关于胡某某等6名董事未追缴股东出资与股东欠缴出资的关系问题。本案无证据显示胡某某等6名董事通过斯曼特公司董事会作出了追缴股东欠缴出资的决定。虽然胡某某等6名董事未履行追缴股东应缴出资的勤勉义务，但并不是股东欠缴出资的原因。

（3）关于胡某某等6名董事未追缴出资是否构成斯曼特公司损失的原因问题。胡某某等6名董事未履行追缴股东欠缴出资的勤勉义务与股东欠缴出资之间并不存在必然联系。根据《公司法》（2013）第149条和《公司法司法解释三》第13条，股东在公司增资时未履行或者未全面履行出资义务，董事对股东有协助履行增资或出资的勤勉义务。在董事消极未履行某种勤勉义务，且该消极行为与公司所受损失并无直接因果关系的情况下，董事不应当受到追责。

☞ **二审判决：**

二审法院基本认同一审法院观点，认为胡某某等6名董事以消极不作为的方式未履行追缴股东出资的勤勉义务，但对该义务的违反与股东欠缴出资之间并无直接关系，并明确如果董事仅仅只是怠于向未全面履行出资义务的股东催缴出资，无法要求其对股东未履行全面出资义务导致的损害承担责任。

☞ **再审判决：**

（1）关于追缴股东出资是否属于董事勤勉义务问题。《公司法》（2018）第147条第1款并没有列举董事勤勉义务的具体内容，但是董事仍负有向未履行或未全面履行出资义务的股东催缴出资的义务。董事会负责公司业务经营和事务管理，董事会由董事组成，董事是公司的业务执行者和事务管理者。股东全面履行出资是公司正常经营的基础，董事监督股东履行出资是保障公司正常经营的需要。

（2）关于胡某某等6名董事未追缴股东出资与股东欠缴出资的关系问题。开曼公司欠缴的出资即为斯曼特公司遭受的损失，开曼公司欠缴出资的行为与胡某某等6名董事消极不作为共同造成损害的发生、持续，胡某某等六名董事未履行向股东催缴出资义务的行为与斯曼特公司所受损失之间存在法律上的因果关系。

（3）关于胡某某等6名董事未追缴出资是否导致斯曼特公司损失的问题。胡某某等六名董事未履行向股东催缴出资的勤勉义务，违反了《公司法》（2018）第147条第1款，对斯曼特公司遭受的股东出资未到位的损失，应承担连带赔偿责任。

二、相关规定

《公司法》第51条："有限责任公司成立后，董事会应当对股东的出资情况进行核查，发现股东未按期足额缴纳公司章程规定的出资的，应当由公司向该股东发出书面催缴书，催缴出资。

未及时履行前款规定的义务，给公司造成损失的，负有责任的董事应当承担赔偿责任。”

《公司法》第 180 条：“董事、监事、高级管理人对公司负有忠实义务，应当采取措施避免自身利益与公司利益冲突，不得利用职权牟取不正当利益。

董事、监事、高级管理人员对公司负有勤勉义务，执行职务应当为公司的最大利益尽到管理者通常应有的合理注意。

公司的控股股东、实际控制人不担任公司董事但实际执行公司事务的，适用前两款规定。”

《公司法》第 188 条：“董事、监事、高级管理人员执行职务违反法律、行政法规或者公司章程的规定，给公司造成损失的，应当承担赔偿责任。”

《公司法司法解释三》第 13 条第 4 款：“股东在公司增资时未履行或者未全面履行出资义务，依照本条第一款或者第二款提起诉讼的原告，请求未尽公司法第一百四十七条第一款规定的义务而使出资未缴足的董事、高级管理人员承担相应责任的，人民法院应予支持；董事、高级管理人员承担责任后，可以向被告股东追偿。”（注：此处所讲的公司法第 147 条为现行《公司法》第 180 条）

三、法理分析

首先，追缴股东出资属于董事勤勉义务的内容。根据《公司法》第 180 条，董监高负有忠实义务与勤勉义务。忠实义务是董监高不得利用职权损害公司利益，为自己谋取不正当利益的义务，是一种动机性义务；勤勉义务则是董事在履职过程中应为公司利益最大化计的过程性义务。虽然《公司法》（2018）也规定了董监高的忠实义务、勤勉义务，但未明确其是否包含催缴股东出资义务。《公司法司法解释三》第 13 条第 4 款规定股东在公司增资时未履行或者未全面履行出资义务，董事违反催缴义务以及未尽相关义务的赔偿责任。《公司法》第 51 条第 2 款明确了董事未尽催缴股东出资义务时的赔偿责任，显系将其作为董监高的勤勉义务对待。本案中，再审法院在缺乏法律规定的情况下，对《公司法司法解释三》第 13 条第 4 款进行了扩大解释，得出董事对设立股东亦有催缴出资义务的结论，可资赞赏。

其次，胡某某等 6 名董事未履行向股东催缴出资义务的行为与斯曼特公司所受损失之间存在法律上的因果关系。之所以一审和二审法院否认胡某某等 6 名董事未履行向股东催缴出资义务的行为与斯曼特公司所受损失之间存在法律上的因果关系，再审法院则认为存在法律上的因果关系，原因在于前者采用的是相当因果关系说，后者采用的是特殊因果关系理论。相当因果关系说认为在同一条件能够产生相同结果时，就可以认定该原因与结果之间存在因果关系，即同时满足条件关系与相当性才能认定行为与结果存在法律上的因果关系。特殊因果关系说主要用于不作为侵权的认定，即只要行为人负有某种作为义务，违反此种义务就存在因果关系，即便损害主要是由他人行为导致的。本案中，董事未积极履行催缴股东出资的义务并不必然导致公司利益受损，故不满足条件关系。但由于其属于不作为侵权，故可于其违反催缴义务时，认定其存在法律上的因果关系。

最后，胡某某等 6 名董事应对因股东欠缴出资给公司造成的损失承担赔偿责任。董事违反勤勉义务致公司利益受损，对此应适用《民法典》中侵权责任编的相关规定，使其承担相应的侵权责任。如前所述，6 名董事客观上存在未履行催缴义务的行为，且该行为与公司利益受损失具有因果关系，故其应根据《公司法》第 51 条第 2 款和第 188 条对公司承担赔偿责任。值得注意的是，董事承担的相应赔偿责任应是连带补充责任，这是源于对《公司法司法解释三》第 13 条作出的体系解释。

履行前置程序无意义时股东可直接提起代表诉讼

股东代表诉讼的前置程序可有效降低司法成本，防止司法权过度干预公司内部治理，对私法自治具有重要意义。但是，在某些特定情形下，并不存在公司有关机关提起诉讼的可能。此时，股东能否直接提起代表诉讼？

一、案情与裁判

案件名称： 周某某与庄士公司、李某1、彭某某及第三人汉业公司损害公司利益责任纠纷案

案件来源： 最高人民法院（2019）最高法（民）终1679号民事裁定书、《最高人民法院公报》2020年第6期

☞ 案情简介：

汉业公司（第三人）成立于2002年，注册资本为1000万元，股东为周某某（上诉人、原告）和范某某。2004年该公司变更为有限责任公司，注册资本增加至2500万元，周某某出资250万元，新时代公司出资2250万元。汉业公司《公司章程》第15条规定："董事会由5名董事组成，其中1名由周某某出任，剩余4名由新时代公司委派，董事长由新时代公司指定。"2005年起，李某1（被上诉人、被告）及彭某某（被上诉人、被

告）担任汉业公司董事。2011 年 12 月 29 日，汉业公司的法定代表人变更为李某 1，该公司董事会由李某 1（董事长）、彭某某、庄某某、李某 2、周某某组成。经查明，该公司没有工商登记的监事和监事会。另查明，新时代公司的实际控制人是庄士投资公司（被上诉人、被告），李某 1、彭某某、李某 2 系庄士投资公司董事，庄某某系庄士公司高级管理人员。

2017 年 6 月，周某某向湖南省高级人民法院提起诉讼，要求汉业公司的实际控制人庄士公司、董事长李某 1 及董事彭某某就其损害汉业公司利益的行为承担赔偿责任。

☞ **一审判决：**

本案存在履行股东代表诉讼前置程序的可能，周某某未履行前置程序不能直接提起股东代表诉讼。首先，汉业公司共有李某 1、彭某某、庄某某、李某 2、周某某等 5 名董事，周某某作为原告仅起诉了其中两名董事李某 1 和彭某某，汉业公司董事会仍有可能形成多数表决意见来提起诉讼。其次，周某某除起诉了上述两名董事外，还起诉了庄士公司，该投资公司不是汉业公司的董事、监事或高级管理人员，根据《公司法》（2018）第 151 条第 3 款，周某某可书面请求汉业公司董事会来提起诉讼，若董事会拒绝提起诉讼或 30 日内未提起诉讼，周某某方可提起本案股东代表诉讼。最后，本案客观上不具备“情况紧急、损失难以弥补”的法定前置程序豁免情形。一审法院裁定：驳回周某某的起诉。

☞ **二审判决：**

一般情况下，股东没有履行前置程序的，应当驳回起诉。但是，该项前置程序针对的是公司治理的一般情况，即在股东向公司有关机关提出书面申请之时，存在公司有关机关提起诉讼的可能。如果不存在这种可能，则不应当以原告未履行前置程序为由驳回起诉。在本案中，首先，根据《公司法》（2018）第 151 条，董事、高级管理人员有《公司法》第 149 条规定的情形的，有限责任公司的股东可以书面请求监事会或者不设监事会的有限责任公司监事提起诉讼。经二审询问，汉业公司明确表示该公司没有工商登记的监事和监事会，因此周某某对该公司董事李某1、彭某某提起股东代表诉讼的前置程序客观上无法完成。其次，庄士公司不属于汉业公司董事、监事或高级管理人员，因汉业公司未设监事会或者监事，根据《公司法》(2018)第151条第3款，周某某若想对庄士公司提起代表诉讼，应以书面请求汉业公司董事会提起诉讼为前置程序。但是，根据查明的事实，汉业公司董事会由李某1(董事长)、彭某某、庄某某、李某2、周某某组成，除周某某以外，汉业公司其他4名董事会成员均为庄士公司董事或高级管理人员，其与庄士公司具有利害关系，基本不存在汉业公司董事会对庄士公司提起诉讼的可能，故再要求周某某完成对庄士公司提起股东代表诉讼的前置程序已无必要。综上，周某某主张可以不经股东代表诉讼前置程序直接提起本案诉讼的上诉理由成立。二审法院裁定：撤销初审民事裁定，发回重审。

二、相关规定

《公司法》第188条："董事、监事、高级管理人员执行职务违反法律、行政法规或者公司章程的规定，给公司造成损失的，应当承担赔偿责任。"

《公司法》第189条第1～3款："董事、高级管理人员有前条规定的情形的，有限责任公司的股东、股份有限公司连续一百八十日以上单独或者合计持有公司百分之一以上股份的股东，可以书面请求监事会向人民法院提起诉讼；监事有前条规定的情形的，前述股东可以书面请求董事会向人民法院提起诉讼。

监事会或者董事会收到前款规定的股东书面请求后拒绝提起诉讼，或者自收到请求之日起三十日内未提起诉讼，或者情况紧急、不立即提起诉讼将会使公司利益受到难以弥补的损害的，前款规定的股东有权为公司利益以自己的名义直接向人民法院提起诉讼。

他人侵犯公司合法权益，给公司造成损失的，本条第一款规定的股东可以依照前两款的规定向人民法院提起诉讼。"

《公司法司法解释四》第 24 条第 1 款："符合公司法第一百五十一条第一款规定条件的股东，依据公司法第一百五十一条第二款、第三款规定，直接对董事、监事、高级管理人员或者他人提起诉讼的，应当列公司为第三人参加诉讼。"（注：此处所讲的公司法第 151 条为现《公司法》第 189 条）

《公司法司法解释五》第 1 条："关联交易损害公司利益，原告公司依据民法典第八十四条、公司法第二十一条规定请求控股股东、实际控制人、董事、监事、高级管理人员赔偿所造成的损失，被告仅以该交易已经履行了信息披露、经股东会或者股东大会同意等法律、行政法规或者公司章程规定的程序为由抗辩的，人民法院不予支持。

公司没有提起诉讼的，符合公司法第一百五十一条第一款规定条件的股东，可以依据公司法第一百五十一条第二款、第三款规定向人民法院提起诉讼。"（注：此处所讲的公司法第 21 条、第 151 条分别为现行《公司法》第 22 条、第 189 条）

《九民纪要》第 25 条："根据《公司法》第 151 条的规定，股东提起代表诉讼的前置程序之一是，股东必须先书面请求公司有关机关向人民法院提起诉讼。一般情况下，股东没有履行该前置程序的，应当驳回起诉。但是，该项前置程序针对的是公司治理的一般情况，即在股东向公司有关机关提出书面申请之时，存在公司有关机关提起诉讼的可能性。如果查明的相关事实表明，根本不存在该种可能性的，人民法院不应当以原告未履行前置程序为由驳回起诉。"（注：此处所讲的《公司法》第 151 条为现行《公司法》第 189 条）

三、法理分析

首先，履行前置程序已无意义时，应允许股东直接提起股东代表诉讼。根据《公司法》第 189 条，股东提起代表诉讼，以履行前置程序为必要条件，即股东必须书面请求公司有关机关向人民法院提起诉讼。但是，这仅是公司治理的一般原则，并非绝对。我国的股东代表诉讼多发生在公司治理结构混乱的中小规模公司，这类公司缺少监事或监事会，若被告具有公司董事身份或致使董事会不能独立作出决策，股东将会无法向公司有关机关提出公司诉讼的请求。此时若不豁免股东履行前置程序的义务，无异于违背“保护中小股东利益”的立法精神。有鉴于此，《全国法院民商事审判工作会议纪要》第 25 条后半句规定了“该项前置程序针对的是公司治理的一般情况，即在股东向公司有关机关提出书面申请之时，存在公司有关机关提起诉讼的可能性。如果查明的相关事实表明，根本不存在该种可能性的，人民法院不应当以原告未履行前置程序为由驳回起诉”的但书条款。具体到本案，一方面，汉业公司缺少监事及监事会，周某某只能请求该公司董事会提起诉讼，但被告李某 1、彭某某二人均为公司董事，可能致使董事会不能独立作出决策，周某某履行前置程序已无可能；另一方面，汉业公司的董事会由被告庄士公司实际控制，董事会无法作出独立决策，基本不存在汉业公司董事会向庄士公司提起诉讼的可能性，周某某也无进行前置程序的必要。在实践中，法官应当灵活掌握股东代表诉讼的前置程序规则，允许特殊的非法定豁免情形出现，以保障股东诉权的顺利行使。

其次，为最大程度实现公司意思自治，对前置程序的豁免应当审慎为之。公司经营中应始终遵循意思自治的基本原则，当公司治理出现问题时应首先依靠其设置的内部控制机制处理，只有当公司内部治理机制失灵时，作为最后保障措施的股东代表诉讼才能介入其中。股东代表诉讼的根本作用是保障中小股东与公司利益，但同时要避免股东任意提起诉讼，干预私法自治，因此设置股东代表诉讼的前置程序是必要的。前置程序承担着防止股东滥诉、节约司法成本的任务，只有当紧急情况或履行确无意义时才能豁免。在本案中，二审法院明确指出：“一般情况下，股东没有履行前置程序的，应当驳回起诉。但是，该项前置程序针对的是公司治理的一般情况，即在股东向公司有关机关提出书面申请之时，存在公司有关机关提起诉讼的可能。”不难看出，最高人民法院的立场是前置程序的非法定豁免只是公司治理的例外情况，只要存在公司独立作出意思表示的可能，就应当履行前置程序。

最后，确定股东是否需要履行前置程序时应综合考虑各方主体之间的关系。在实践中，前置程序因“履行无意义”而豁免的本质原因是公司有关机关与诉讼存在利害冲突关系导致公司无法作出独立意思表示。在认定利害冲突时，只有全面考虑案涉各方主体的关系才能作出准确判断。在本案中，一审法院在确定汉业公司董事会能否作出独立意思表示时，仅考虑了该公司的董事数量，而未考虑其余董事与被告庄士公司的关联关系，也未考虑第三人汉业公司与被告庄士公司的控制关系，进而作出错误判断。二审法院则在分析该问题时作出了较为全面的考量，保护了中小股东的利益。

股东能否对公司与第三人订立的合同直接提起确认无效之诉

在公司法实践中，董事、高级管理人员代表公司与第三人订立损害公司、股东利益合同的情形时有发生，此时股东究竟应该依据《公司法》第189条提起派生诉讼，还是基于《公司法》第190条提起直接诉讼？

一、案情与裁判

案件名称： 建房公司与周某某与公司有关的纠纷上诉案

案件来源： 陕西省西安市中级人民法院（2006）西民四终字第288号民事裁定书

☞ 案情简介：

达世杰公司（第三人）系于1999年7月9日成立的房地产开发有限责任公司。自2001年7月9日至本案诉讼时，经工商登记在册的股东为建房公司（被上诉人、原告）及华闻公司（第三人）。该公司原注册资本1000万元，2002年6月7日增资后，注册资本为5000万元（建房公司出资1000万元，华闻公司出资4000万元）。2005年12月31日，该公司法定代表人由杨某某变更为周某某（被告）。

2005年12月10日，达世杰公司法定代表人周某某与益来公司、华闻公司、达世杰公司签订四方协议：鉴于华闻公司曾向明城公司借款4000万元用于增加达世杰公司注册资本并同意将其在达世杰公司的全部股权转移至后者名下等事实，华闻公司仅为达世杰公司的代持股东，其名下持有的达世杰公司80%的股权实际为周某某和益来公司所有，周某某与益来公司以实际股东身份行使权利。2006年1月26日，周某某以达世杰公司名义与区管委会（上诉人、第三人）、产业公司（上诉人、第三人）签订项目重组协议书：同意土地管理部门收回其受让的部分土地，以另一部分土地的使用权作价1亿元出资成立大唐公司（上诉人、第三人）并以4000万元的价格将其36.36%的股权转让给产业公司。

原告建房公司向一审法院提起诉讼并请求人民法院判令：（1）依法确认周某某以达世杰公司名义与第三方签订的项目重组协议书无效；（2）依法确认周某某以达世杰公司名义出资入股大唐公司的行为无效。

☞ **一审判决：**

四方协议虽明确了周某某、益来公司享有达世杰公司80%的股权，但建房公司并未在该四方协议上盖章确认。各方当事人亦未有证据证明建房公司同意或者认可该协议中关于周某某和益来公司以达世杰公司实际股东身份行使股东权利的约定，故四方协议对建房公司不产生约束力，该协议无效。根据《公司法》（2005）第38条，公司股东会负责决定公司的经营方针和投资计划，故上述事项应由达世杰公司股东会作出决议。在该公司股东会未对此形成有效决议，且事后亦未作出追认的情况下，实施前述行为违反了《公司法》（2005）第38条和达世杰公司《公司章程》第13条，损害了股东利益。故建房公司依照《公司法》（2005）第152条第2款，有权直接提起诉讼，即股东派生诉讼。一审法院判决：（1）周某某以达世杰公司名义与区管委会、产业公司签订的项目重组的协议书无效；（2）周某某以达世杰公司名义出资入股大唐公司的行为无效。

☞ **二审判决：**

建房公司以周某某为被告提起诉讼，对周某某本人却没有具体的诉讼请求，故其起诉不符合《民事诉讼法》第108条“起诉必须有具体的诉讼请求”之规定。上诉人的诉讼理由“对周某某没有提出诉讼请求不符合立案条件”依法成立，原审法院适用法律错误，应予纠正。根据《民事诉讼法》第108条、第140条第1款第3项和第158条，裁定如下：（1）撤销一审民事判决；（2）驳回建房公司的起诉。

二、相关规定

《公司法》第11条第1款：“法定代表人以公司名义从事的民事活动，其法律后果由公司承受。”

《公司法》第189条第1～3款：“董事、高级管理人员有前条规定的情形的，有限责任公司的股东、股份有限责公司连续一百八十日以上单独或者合计持有公司百分之一以上股份的股东，可以向书面请求监事会向人民法院提起诉讼；监事有前条规定的情形的，前述股东可以书面请求董事会向人民法院提起诉讼。

监事会或者董事会收到前款规定的股东书面请求后拒绝提起诉讼，或者自收到请求之日起三十日内未提起诉讼，或者情况紧急、不立即提起诉讼将会使公司利益受到难以弥补的损害的，前款规定的股东有权为公司利益以自己的名义直接向人民法院提起诉讼。

他人侵犯公司合法权益，给公司造成损失的，本条第一款规定的股东可以依照前两款的规定向人民法院提起诉讼。”

《公司法》第190条：“董事、高级管理人员违反法律、行政法规或者公司章程的规定，损害股东利益的，股东可以向人民法院提起诉讼。”

《民法典》第504条：“法人的法定代表人或者非法人组织的负责人超越权限订立的合同，除相对人知道或者应当知道其超越权限外，该代表行为有效，订立的合同对法人或者非法人组织发生效力。”

三、法理分析

首先，股东直接诉讼与股东派生诉讼的规范基础不相同。股东直接诉讼的规范基础是《公司法》第190条，其规定在董事、高级管理人员违反法律、行政法规或者公司章程规定损害股东利益时，股东可以以自己的名义直接向人民法院提起诉讼。而股东派生诉讼的规范基础则是《公司法》第189条，即董事、高级管理人员执行职务违反法律、行政法规或公司章程给公司造成损失的，股东在穷尽公司内部救济仍无效，或者情况紧急、不立即提起诉讼将会使公司利益受到难以弥补的损害的，可以以自己的名义向人民法院提起诉讼。

其次，股东直接诉讼责任构成中暗含了“股东利益受到直接损害”的因果关系要求。股东直接诉讼与派生诉讼存在诸多不同，但二者的本质区别在于保护的利益不同。无疑，公司具有独立的人格，但这不意味着公司利益可以独立于股东利益，因为公司利益内在地包含了股东利益——公司财产即源自股东的出资，股东出资亦在于获得经济回报。因此，当公司利益受损时股东利益也会受到损害，只是此种损害的发生具有间接性。根据债的相对性原理，只有独立的股东利益受到董事、高级管理人员的直接侵害，股东才有权向人民法院提起直接诉讼。法定代表人的权限源自法律授权，其以公司名义从事的民事活动，法律后果由公司承受。因为法定代表人未经股东会或董事会授权对外从事民事法律行为，只是违反了公司的内部程序，与民事法律行为的效力并无直接关联。本案中周某某是达世杰公司的法定代表人，在未经股东会决议的情况下，以达世杰公司名义对外签订项目重组协议、四方协议，对达世杰公司发生效力。因此，周某某给达世杰公司增加新的权利和义务的行为可能损害达世杰公司的利益，进而影响股东的切身利益。作为股东的原告建房公司在穷尽公司内部救济后，可以向人民法院提起股东派生诉讼。但一审判决在原告未穷尽公司内部救济的情况下，认可其提起股东派生诉讼，违反了法律的规定。

最后，股东不能对公司与第三人订立的合同提起确认无效之诉，而只能提起损害赔偿之诉。根据《民事诉讼法》第122条，原告须是与本案有直接利害关系的公民、法人和其他组织。建房公司是达世杰公司的股东之一，并不是公司与第三人签订的合同的当事人一方，上述合同的内容也与建房公司无直接利害关系，因此建房公司无权对达世杰公司与第三人订立的合同提起合同无效的直接诉讼。现行公司实行两权分离制度，即所有权和经营权分离，股东出资享有股权，但不直接参与公司的经营管理。若允许股东对公司与第三人订立的合同提起合同无效的直接诉讼，则与两权分离制度相违背，为股东恶意诉讼、干涉公司正常经营提供了可能，同时也不利于促进交易和维护商事活动的稳定性。此种情况下，股东可以提起损害赔偿之诉来进行救济。

独立董事应如何对公司债权人承担赔偿责任

在我国，独立董事是个独特的存在。一方面，独立董事履行职责受到多方制约，从而有了“独立董事不独立、不懂事”的说法；另一方面，独立董事在承担责任时却与普通董事一般无二，甚至有过之而无不及。那么，在公司侵害债权人利益时，独立董事如何向债权人承担责任才能既合法又合理？

一、案情与裁判

案件名称：顾某某、刘某某等与康美公司等证券虚假陈述责任纠纷案

案件来源：广东省广州市中级人民法院（2020）粤01（民）初2171号民事判决书

☞ 案情简介：

2001年3月19日，康美公司（被告）在上海证券交易所主板上市。2018年12月29日，康美公司收到中国证监会调查通知书。后中国证监会认定康美公司在2016—2018年相关年报中存在虚假记载和重大遗漏，并于2021年2月18日作出处罚决定。2020年12月31日，顾某某、刘某某等11名投资者（原告），向广东省广州市中级人民法院提起诉讼，请求判令被告马某某、许某某（被告）作为公司实际控制人以及实施财务造假的直

接责任人员赔偿其损失合计412 228.20元；并请求判令被告康美公司以及该公司实际控制人、高级管理人员以及独立董事对原告的上述损失承担连带责任。

☞ **一审判决：**

中国证监会作出的行政处罚决定书表明，康美公司披露的2016—2018年年度报告中，存在虚增营业收入、利息收入、营业利润、货币资金以及未按规定披露控股股东及其关联方非经营性占用资金的关联交易情况，属于《关于审理证券市场因虚假陈述引发的民事赔偿案件的若干规定》第17条第1款所规定的"对重大事件作出违背事实真相的虚假记载和披露信息时发生重大遗漏的行为"。行政处罚决定书另表明，康美公司2016—2017年年度财务报表审计存在虚假记录。康美公司等被告对上述事实未予否认，且未提交相反证据，故应认定康美公司存在证券虚假陈述行为。按照《证券赔偿规定》第18条，具有以下情形的，应推定为有因果关系：(1) 投资人所投资的是与虚假陈述直接关联的证券；(2) 投资人在虚假陈述实施日及以后，至揭露日或者更正日之前买入该证券；(3) 投资人在虚假陈述揭露日或者更正日及以后，因卖出该证券发生亏损，或者因持续持有该证券而产生亏损。广州市中级人民法院基于此推定存在交易因果关系。对于损失因果关系，法院采取移动加权平均测算法，得出共计52 037名投资者有损失的结论。法院基于权责一致、罚过相当的原则，根据《证券法》(2014) 第69条，认为在虚假陈述行为中，各董事、独立董事等过错各不相同，基于此，分别判决其在20%、10%、5%的范围内承担责任。

二、相关规定

《公司法》第191条："董事、高级管理人员执行职务，给他人造成损害的，公司应当承担赔偿责任；董事、高级管理人员存在故意或者重大过失的，也应当承担赔偿责任。"

《证券法》第85条："信息披露义务人未按照规定披露信息，或者公告的证券发行文件、定期报告、临时报告及其他信息披露资料存在虚假记载、误导性陈述或者重大遗漏，致使投资者在证券交易中遭受损失的，信息披露义务人应当承担赔偿责任；发行人的控股股东、实际控制人、董事、监事、高级管理人员和其他直接责任人员以及保荐人、承销的证券公司及其直接责任人员，应当与发行人承担连带赔偿责任，但是能够证明自己没有过错的除外。"

《上市公司独立董事管理办法》第 17 条："独立董事履行下列职责：

（一）参与董事会决策并对所议事项发表明确意见；

（二）对本办法第二十三条、第二十六条、第二十七条和第二十八条所列上市公司与其控股股东、实际控制人、董事、高级管理人员之间的潜在重大利益冲突事项进行监督，促使董事会决策符合上市公司整体利益，保护中小股东合法权益；

（三）对上市公司经营发展提供专业、客观的建议，促进提升董事会决策水平；

（四）法律、行政法规、中国证监会规定和公司章程规定的其他职责。"

《上市公司独立董事管理办法》第 18 条："独立董事行使下列特别职权：

（一）独立聘请中介机构，对上市公司具体事项进行审计、咨询或者核查；

（二）向董事会提议召开临时股东大会；

（三）提议召开董事会会议；

（四）依法公开向股东征集股东权利；

（五）对可能损害上市公司或者中小股东权益的事项发表独立意见；

（六）法律、行政法规、中国证监会规定和公司章程规定的其他职权。

独立董事行使前款第一项至第三项所列职权的，应当经全体独立董事过半数同意。

独立董事行使第一款所列职权的，上市公司应当及时披露。上述职权不能正常行使的，上市公司应当披露具体情况和理由。"

三、法理分析

本案裁判虽然以《证券法》（2014）第 69 条（现行《证券法》第 85 条）为依据，但该条本质上是《公司法》第 191 条关于董事、高级管理人员对第三人赔偿责任的特别规定，故可一并讨论。

首先，独立董事的过错具有独特性。关于独立董事的过错，《公司法》《证券法》未作专门规定。不过，证监会《上市公司独立董事管理办法》（以下简称《管理办法》）第 18 条规定，独立董事除具有《公司法》和其他相关法律法规赋予的职权外，还有独立聘请中介机构，对上市公司具体事项进行审计、咨询或者核查、向董事会提议召开临时股东大会等特别职权，并且有权对上市公司重大事项发表独立意见。可见，《管理办法》赋予了独立董事较为宽泛的职责。依其规定，独立董事在董事会中的地位相当于“公司内部间谍”。但此种定位显然高估了独立董事的作用，也使独立董事承担了过重的责任。因此，本案判决后，全国范围内掀起了一股独立董事“离职潮”。对此，有学者在考察独立董事的制度演进后，认为独立董事应定位为公司的专业顾问（傅穹，2022）。司法实践中，也有法院作出了与《独立董事意见》截然不同的判断。如在“华某与某某股份有限公司、许某某证券虚假陈述责任案”中，法院认为：“独立董事不同于公司内部董事，其作为公司外部人士及兼职人员，未参与公司的日常经营管理，其主要通过参加董事会会议对相关议案进行审议的方式参与公司治理，其主要职责在于强化公司内部监督。”事实也确实如此，与《独立董事意见》不同，在公司实践中，独立董事的工作方式有限，在经营信息获取、履职精力等方面存在诸多现实制约，难以像内部执行董事一样全面有效履行职权，而更像是一个专业顾问。易言之，本案中的独立董事并非全能型内部董事，未被赋予公司内部董事之职责，对公司的作用有限，根据《证券法》规定与内部董事一起承担连带责任便有失公允，不符合“权责一致、罚过相当”的原则。

其次，独立董事应当承担与其过错相应的责任。公司实践中，不少董事、高级管理人员在执行职务时也会从事一些损害债权人利益的行为。为切实保障债权人利益，防止董事、高级管理人员在日常经营过程中越权，《公司法》第 191 条规定董事、高级管理人员在执行职务时，因故意或者重大过失导致他人损害的，应当承担赔偿责任。当然，《证券法》第 85 条也是关于董事、高级管理人员对债权人承担责任的规定。故在法律适用上，由于《证券法》第 85 条是《公司法》第 191 条的特别规定，应予优先适用。独立董事也是董事，于其违反法定义务时，自应依法承担责任。本案中，江某某、李某某等独立董事的行为符合侵权责任的构成要件：其一，康美公司披露的 2016—2018 年年度报告存在虚增营业收入、利息收入及利润的虚假陈述行为，江某某、李某某等独立董事作为会计专业人士均在案涉定期财务报告上签字确认，应当认定其未尽独立董事的勤勉义务，存在侵权行为，且具有过错；其二，康美公司的虚假陈述行为导致其股票一度跌停，致使顾某某、刘某某等 5 万余名投资者发生投资差额损失、印花税及利息损失 24.6 亿元，投资者受有损害；其三，投资者在虚假陈述行为实施日到揭露日之间因持续持有该证券而产生亏损，侵权行为与损害结果之间存在因果。因此，江某某、李某某等独立董事应当对债权人承担责任。

最后，独立董事不应对公司债权人承担连带责任。《证券法》第 85 条规定，存在虚假陈述行为时，董事、监事、高级管理人员应当承担连带责任。如上文所述，独立董事的过错存在特殊性，不顾独立董事与内部董事职能定位差异、巨大的薪酬差异，判决二者承担连带责任是不合理的。因此，有必要对《证券法》第 85 条进行限缩解释，即其作为特殊法仅适用于公司内部董事，独立董事则适用作为一般法的《公司法》第 191 条，而无须承担连带责任。司法实践中也默认应当根据职责差异对独立董事与内部董事区别问责，如在“唐某某与某某光伏、金某某等证券虚假陈述责任一审民事纠纷案”及“张某与某某集成公司、谢某某证券虚假陈述责任一审民事纠纷案”中，法院综合考量独立董事对公司日常管理的参与度、知情程度和主观态度、职责相关性、专业知识背景等因素，酌定其对债权人的损失承担补充赔偿责任。此外，本案一经宣判即引发学界广泛关注，甚至在上市公司独立董事群体中引发了“寒蝉效应”，从结果角度对独立董事的连带责任提出了疑问。

控股股东通过指示行为损害公司或股东利益的认定

实践中，公司控股股东为满足自身利益，常常利用董事、高级管理人员控制或影响公司经营管理。根据《公司法》第192条，公司的控股股东、实际控制人指示董事、高级管理人员从事损害公司或者股东利益行为的，与该董事、高级管理人员承担连带责任。那么，当公司第一大股东同为公司董事长时，并且该董事长的行为损害公司利益的，能否认定为上述指示行为？如果可以，其是否应当承担连带责任？

一、 案例与裁判

案件名称：海钢公司与中冶公司及渡假村公司损害股东利益责任纠纷案

案件来源：最高人民法院（2013）最高法（民）二终43号民事判决书

☞ **案情简介：**

渡假村公司（第三人）设立于1995年5月8日，2002年11月增资扩股后，其注册资本为16 291.89万元。其中，中冶公司（被上诉人、被告）、海钢公司（上诉人、原告）、石化公司、人福公司、市计生局、园林公司分别持有该公司49.70%、33.30%、9.21%、3.93%、1.53%、2.33%的股份。

渡假村公司《公司章程》第 8 条第 6 项“议事规则”规定：“股东会一般一年召开一次，股东会的决议，修改章程必须经三分之二以上的股东表决通过。”

2006 年 11 月 9 日，渡假村公司董事会向各股东致函，要求各股东针对渡假村公司与海韵公司的合作开发事项进行表决。中冶公司、石化公司、园林公司投赞成票，以上三家股东共持有渡假村公司 61.24% 的股份；海钢公司、市计生局投反对票，以上两家股东共持有渡假村公司 34.83% 的股份。根据这一表决结果，形成《渡假村公司股东会决议》，通过渡假村公司和海韵公司的合作开发方案。该决议落款为“渡假村公司董事会，董事长邹某”，并加盖渡假村公司公章。海钢公司认为，由于中冶公司在通过 2006 年 11 月 17 日的《渡假村公司股东会决议》过程中滥用股东权利，导致渡假村公司损失数亿元，其中海钢公司损失 2.344 亿元，遂提起本案诉讼。

☞ **一审判决：**

在《渡假村公司股东会决议》形成过程中，持有该公司 61.24% 股份的股东表示赞成，持该公司 34.83% 股份的股东表示反对，其他股东弃权，故该项决议未达到我国《公司法》（2005）第 44 条所规定的“经代表三分之二以上表决权的股东通过”的要求。中冶公司利用其董事长邹某同时为渡假村公司董事长的条件和掌管渡假村公司公章的权力自行制作《渡假村公司股东会决议》，系滥用股东权利的行为，并由此侵犯了海钢公司的合法权益。

☞ **二审判决：**

首先，在渡假村公司股东会进行上述表决过程中，中冶公司作为该公司的股东投赞成票的行为，系正当行使其依法享有的表决权行为，该表决行为并未对其他股东权利及利益构成侵害。基于全体股东的表决结果，渡假村公司董事会制定了《渡假村公司股东会决议》，此后，与海韵公司签订合作开发协议并付诸实施。这些行为及经营活动均是以“渡假村公司董事会、董事长”名义实施，无论股东会表决程序及结果的合法性如何，其责任归于董事会，没有证据证明是中冶公司作为股东实施的越权行为。其次，尽管大股东中冶公司的法定代表人邹某同时担任渡假村公司的董事长，但该董事长系由渡假村公司股东会依公司章程规定选举产生，符合我国《公司法》（2005）第45条第3款的规定。最后，在没有证据证明公司与其股东之间存在利益输送的情况下，不能仅因“董事长同一”，便认定两公司的人格合一，进而将渡假村公司董事会的行为认定为中冶公司的行为。因此，上诉人海钢公司关于中冶公司滥用股东权利、侵害其股东权益，应予赔偿的诉讼请求，缺乏事实和法律依据。

二、相关规定

《公司法》第21条：“公司股东应当遵守法律、行政法规和公司章程，依法行使股东权利，不得滥用股东权利损害公司或者其他股东的利益。

公司股东滥用股东权利给公司或者其他股东造成损失的，应当承担赔偿责任。”

《公司法》第66条：“股东会的议事方式和表决程序，除本法有规定的外，由公司章程规定。

股东会作出决议，应当经代表过半数表决权的股东通过。

股东会作出修改公司章程、增加或者减少注册资本的决议，以及公司合并、分立、解散或者变更公司形式的决议，应当经代表三分之二以上表决权的股东通过。”

《公司法》第192条：“公司的控股股东、实际控制人指示董事、高级管理人员从事损害公司或者股东利益的行为的，与该董事、高级管理人员承担连带责任。”

《公司法》第265条：“本法下列用语的含义：

（一）高级管理人员，是指公司的经理、副经理、财务负责人，上市公司董事会秘书和公司章程规定的其他人员。

（二）控股股东，是指其出资额占有限责任公司资本总额超过百分之五十或者其持有的股份占股份有限公司股本总额超过百分之五十的股东；出资额或者持有股份的比例虽然低于百分之五十，但依其出资额或者持有的股份所享有的表决权已足以对股东会的决议产生重大影响的股东。

（三）实际控制人，是指通过投资关系、协议或者其他安排，能够实际支配公司行为的人。

（四）关联关系，是指公司控股股东、实际控制人、董事、监事、高级管理人员与其直接或者间接控制的企业之间的关系，以及可能导致公司利益转移的其他关系。但是，国家控股的企业之间不仅因为同受国家控股而具有关联关系。”

三、法理分析

首先，关于被告是否构成控股股东、实际控制人问题。根据《公司法》第265条，认定控股股东的关键在于某股东所持股份占比是否超过公司全部股份的50%或者依其持有股份所享有的表决权是否足以对股东大会的决议产生重大影响；认定实际控制人的关键在于某行为人能否实际支配公司行为。本案中，被告中冶公司虽是第一大股东，但其出资占比尚未达到公司注册资本的50%，故没有满足构成控股股东的形式要件。因此，若要支持原告海钢公司的主张，即中冶公司系渡假村公司的控股股东，就需要证明依中冶公司基于所享有的表决权已经足以对股东会的决议产生重大影响。若要证明这一点，必须要证明中冶公司能实际控制或者影响其他股东，又或者与其他股东存在一致行动等事实。但是，海钢公司未能提供相关证据。所以，中冶公司只是渡假村公司的第一大股东，而不是渡假村公司的控股股东。同样，海钢公司也未能提供证据证明中冶公司为渡假村公司的实际控制人。因此，中冶公司不是渡假村公司的控股股东或实际控制人。

其次，关于中冶公司是否构成指示董事、高级管理人员从事损害公司或者股东利益的行为问题。《公司法》第192条规制的是控股股东为规避董事责任，通过控制董事行为对公司的经营决策施加影响的情形。之所以要求控股股东承担责任是因为控股股东实质上行使了董事职权，而控股股东事实上行使董事职权的方式包括操控股东会决议、操控公司管理层任免及履职行为等。控股股东、实际控制人的指示行为是否符合《公司法》第192条规定情形，应当满足以下条件：其一，控股股东、实际控制人不具有董事或者高级管理人员身份；其二，在公司日常经营管理中，公司董事、高级管理人员没有独立意志，听从控股股东、实际控制人的安排；其三，控股股东、实际控制人利用董事、高级管理人员行为损害公司或者股东利益。应当注意到，不能仅因公司的董事与控股股东、实际控制人的董事存在身份重叠，就当然地认定该董事没有独立意志或受控股股东、实际控制人控制。若主张存在第192条规定的指示行为，必须有证据证明该董事在得到控股股东、实际控制人的指示时明知会损害公司利益，或者未尽到合理注意和善良管理的义务，仍执行指示造成公司损害。因此，一审法院仅因“董事长同一”认定董事长邹某的行为为中冶公司的行为，从而认定中冶公司存在利用邹某从事损害公司或者股东利益的行为并不妥当。换言之，中冶公司不构成指示董事、高级管理人员从事损害公司或者股东利益的行为。

最后，关于董事未获授权从事相关行为给公司造成损害的责任承担问题。二审法院认为，不论股东会表决程序及结果是否合法，其责任都归于董事会。这种处理方式值得推敲。本案中，对渡假村公司的《公司章程》第8条第6项存在两种不同的解释。第一种是将其解释为修改章程必须经三分之二以上有表决权的股东通过。据此，《渡假村公司股东会决议》的形成符合法律和公司章程的规定。同时，董事会作为公司的执行机构，有义务执行股东会的决议。作为执行者的董事也未从中获利，亦无证据证明该决议不符合当时的商业判断。因此，董事会善意执行该决议造成公司损害的，作为执行者的董事没有违反勤勉义务，不应当承担责任。第二种理解是将其解释为股东会的所有决议必须经三分之二以上有表决权的股东通过。据此，《渡假村公司股东会决议》因未达到规定的表决权比例要求而不成立，邹某违反公司章程制作《渡假村公司股东会决议》，代表渡假村公司与海韵公司实施合作事项给公司造成损害的行为，违反了《公司法》第188条规定，应当承担赔偿责任。显然，第二种解释更符合文义和体系解释，即邹某应对公司承担赔偿责任。

公司盈余分配中中小股东利益的保护

股权本质上是一种财产权，并主要通过分红权等加以体现。因此，公司如何分配利润，直接影响着股权的实现，其意义不可谓不大。那么，在大股东滥用控制权时，如何实现对中小股东分取红利权的保护？

一、案情与裁判

案件名称： 门业公司与热力公司、李某某公司盈余分配纠纷案

案件来源： 最高人民法院（2016）最高法民终 528 号民事判决书、《最高人民法院公报》2018 年第 8 期

☞ **案情简介：**

热力公司（上诉人、被告）由李某某（上诉人、原被告）和张某某于 2006 年 3 月设立，公司注册资本 1000 万元，李某某出资 650 万元，张某某出资 350 万元。2007 年 4 月，张某某将其持有的 350 万元的热力公司股份转让给门业公司（被上诉人、原告）。2007 年 5 月，李某某将其持有的 600 万元的热力公司股份转让给工贸公司，将其持有的 50 万元的热力公司股份转让给门业公司，并完成变更登记。2009 年 9 月 29 日，市人民政府召开市长办公会，决定对热力公司进行整体收购。此后，作为热力公司执

行董事、法定代表人的李某某未经公司股东会决策同意，将资产转让所得款项中5600万余元转入建安公司。门业公司诉至法院，要求热力公司分配利润，并要求李某某承担连带责任。

经门业公司申请，一审法院委托会计师事务有限公司对热力公司的盈余状况进行了审计。结论为：热力公司资产总额93 635 362.38元，未分配利润75 973 413.08元。《审计报告》“重大事项说明”包含：由于记入工程施工成本的附件大部分为白条、收据等，无法认定其真实性，所以工程施工费34 446 241.21元暂时未转清算损益；门业公司提供资料，热力公司在经营期间尚有应收取接口费1038.21万元，账面无反映；公司资产明细账列支的其中一台锅炉金额1 674 974.96元，为无股东签字的白条入账，但确实在收购中移交政府，根据资产评估事务有限公司出具的评估报告，该锅炉评估净值743 580元，不应作为公司收益参与股东分配。

☞ **一审判决：**

（1）关于热力公司应当分配的利润数额问题。其一，关于34 446 241.21元的工程施工费用，热力公司、门业公司均认为应从《审计报告》审定的净收益总额中扣除，故予扣除。其二，门业公司主张的“接口费”1038.21万元有政府确定的收费标准，应计入热力公司净收益。其三，白条入账的一台锅炉已经移交收购方市政府，应依《审计报告》意见按评估净值743 580元从审计净收益总额中扣减。故热力公司可分配利润为51 165 691.87元（75 973 413.08元－34 446 241.21元＋10 382 100元－743 580元）。

（2）关于热力公司应向门业公司分配利润的比例问题。根据本案事实，至本案诉讼前，热力公司两股东未形成任何公司股利分配方案或者作出决定。热力公司存在可供分配的利润，但长期不向股东分配，严重损害了股东合法权益。热力公司章程、工商登记记载门业公司的出资比例为40%，故热力公司应向门业公司分配的盈余数额为20 466 276.4元（51 165 691.87元×40%）。此外，热力公司长期占用门业公司应分配利润，应当按中国人民银行同期贷款利率支付资金占用期间的利息。

（3）关于门业公司要求李某某承担连带责任的诉讼请求问题。李某某的行为违反《公司法》及热力公司章程规定，严重损害了公司股东利益，给公司造成了损失，应当对热力公司支付门业公司的盈余分配款承担赔偿责任。

☞ **二审判决：**

（1）关于热力公司是否应向门业公司进行盈余分配问题。原则上利润分配问题属于公司自治的范畴，应当由股东会作出公司盈余分配的具体方案。但是，当部分股东变相分配利润、隐瞒或转移公司利润时，则会损害其他股东的实体利益，已非公司自治所能解决，此时若司法不加以适度干预则不能制止权利滥用，亦有违司法正义。本案中，即使扣除双方有争议的款项，热力公司也有巨额的可分配利润，具备公司进行盈余分配的前提条件。李某某没有合理事由将5600万余元公司资产转入建安公司账户，属于工贸公司滥用股东权利的行为，并符合《公司法司法解释四》第15条但书条款规定的应进行强制盈余分配的实质要件。因此，一审判决关于热力公司应当进行盈余分配的认定有事实和法律依据。

（2）关于如何确定门业公司应当分得的盈余数额问题。未对盈余分配方案形成股东会或股东大会决议情况下，司法机关之所以介入盈余分配纠纷是为了控制公司的股东滥用权利损害其他股东利益，故在确定盈余分配数额时，要严格公司举证责任以保护弱势小股东的利益，但还要注意优先保护公司外部关系中债权人、债务人等主体的利益。本案中，对于诉争的1038.21万元入网“接口费”，因该款项涉及案外人的实体权益，应当依法另寻救济路径解决，故该款项不应在本案中纳入热力公司的可分配利润。热力公司、李某某上诉主张的《审计报告》其他5项具体问题，均属事实问题，其在二审中并未提交充分证据证明一审判决的相关认定有误，故二审法院不予调整。因此，门业公司应分得的盈余数额，以一审判决认定的可分配利润51 165 691.87元为基数，扣减存在争议的入网“接口费”1038.21万元，再按门业公司40%的股权比例计算。

（3）关于热力公司是否应向门业公司支付盈余分配款利息问题。公司经营利润款产生的利息属于公司收入的一部分，在未进行盈余分配前相关款项均归属于公司。公司股东会或股东大会作出盈余分配决议时，在公司与股东之间即形成债权债务关系，若未按照决议及时给付则应给付利息；而司法干预的强制盈余分配则不然，在盈余分配判决未生效之前，公司不负有法定给付义务，故不应计付利息。因此，一审判决判令热力公司给付自 2010 年 7 月 11 日起至实际付清之日的利息，既缺乏事实和法律依据，也超出当事人的诉讼请求，二审法院予以纠正。

（4）关于李某某是否应对热力公司的盈余分配给付不能承担赔偿责任问题。李某某利用关联关系将热力公司 5600 万余元资产转入关联公司，负有将相关资金及利息及时返还热力公司的义务。在热力公司对门业公司应得的盈余分配款给付不能时，因李某某转移热力公司财产的行为损及该公司股东门业公司利益，门业公司可要求李某某在热力公司给付不能的范围内承担赔偿责任。因此，一审判决判令热力公司到期不能履行本案盈余分配款的给付义务则由李某某承担赔偿责任并无不当。

二、相关规定

《公司法》第 4 条第 2 款："公司股东对公司依法享有资产收益、参与重大决策和选择管理者等权利。"

《公司法》第 21 条："公司股东应当遵守法律、行政法规和公司章程，依法行使股东权利，不得滥用股东权利损害公司或者其他股东的利益。

公司股东滥用股东权利给公司或者其他股东造成损失的，应当承担赔偿责任。"

《公司法》第 59 条第 1 款："股东会行使下列职权：

（一）选举和更换董事、监事，决定有关董事、监事的报酬事项；

（二）审议批准董事会的报告；

（三）审议批准监事会的报告；

（四）审议批准公司的利润分配方案和弥补亏损方案；

（五）对公司增加或者减少注册资本作出决议；

（六）对发行公司债券作出决议；

（七）对公司合并、分立、解散、清算或者变更公司形式作出决议；

（八）修改公司章程；

（九）公司章程规定的其他职权。”

《公司法》第210条第4款：“公司弥补亏损和提取公积金后所余税后利润，有限责任公司按照股东实缴的出资比例分配利润，全体股东约定不按照出资比例分配利润的除外；股份有限公司按照股东持有的股份比例分配利润，公司章程另有规定的除外。”

《公司法司法解释四》第15条：“股东未提交载明具体分配方案的股东会或者股东大会决议，请求公司分配利润的，人民法院应当驳回其诉讼请求，但违反法律规定滥用股东权利导致公司不分配利润，给其他股东造成损失的除外。”

三、法理分析

首先，热力公司应当向门业公司分配盈余。按照《公司法》第59条第1款，审议批准公司的利润分配方案为公司股东会法定职权。换言之，公司盈余分配问题属于公司自治范畴，并且有限公司的股东要求公司分配利润应当有股东会的决议。此亦为《公司法司法解释四》第15条前半句所肯认：“股东未提交载明具体分配方案的股东会或者股东大会决议，请求公司分配利润的，人民法院应当驳回其诉讼请求”。但这只是一般原则，并非绝对，因为实践中存在控股股东滥用股东权利阻碍形成盈余分配决议，从而损害中小股东利益的情形。有鉴于此，《公司法司法解释四》第15条后半句规定：“但违反法律规定滥用股东权利导致公司不分配利润，给其他股东造成损失的除外”。具体到本案，一方面，热力公司存在巨额的可分配利润却不分配；另一方面，其控股股东单方面将巨额资产转入关联公司账户，因此符合司法机关强制盈余分配的实质要件。由于司法机关的强制分配并不以股权回购、公司解散、代位诉讼等其他救济措施的实施为前置程序，故法院可直接判决热力公司向门业分配盈余。

其次，法院在确立具体的盈余数额时，应当体现对中小股东和第三人利益的保护。对此，二审法院明确指出："在未对盈余分配方案形成股东会或股东大会决议情况下司法介入盈余分配纠纷，系因控制公司的股东滥用权利损害其他股东利益，在确定盈余分配数额时，要严格公司举证责任以保护弱势小股东的利益，但还要注意优先保护公司外部关系中债权人、债务人等的利益。"这体现为：本案诉争的1038.21万元入网"接口费"因涉及债务人实体权益，虽然被一审列入可分配利润的范围，但二审予以改正。当然，强调对中小股东和第三人利益的保护，并不意味着漠视控股股东的合法利益。因此，针对一审法院关于热力公司应向门业公司支付盈余分配款利息的判决内容，二审法院在准确区分法律关系的基础上予以纠正：在基于司法干预的强制盈余分配中，虽然存在公司应分配利润而不予分配的事由，但只有在盈余分配的判决生效之后，公司才负有法定的给付义务，股东相应取得确定债权，公司预期不履行才有支付利息的必要。

最后，李某某应对热力公司的盈余分配给付不能承担补充赔偿责任。本案中，李某某利用关联关系将热力公司5600万余元资产转入其关联公司账户，无疑构成滥用股东权利、损害其他股东利益行为。按照《公司法》第21条，李某某应当承担赔偿责任。问题是，其赔偿责任是否为一审裁判所谓的连带责任？对此，《公司法》第21条未予说明，二审法院也未予说明。由于二审法院肯定一审裁判关于热力公司到期不能履行本案盈余分配款的给付义务时由李某某承担赔偿责任的做法，实质上肯定其为连带责任。但值得注意的是，与《公司法》第192条等规定的连带责任不同，此处所谓的连带责任不是《民法典》第178条意义上的连带责任，而是打破股东有限责任特权的补充责任。这也正是《公司法》第22条不规定其为连带责任的原因。

公司分立后的债务承担问题

公司是以营利为目的、具有独立法人人格的社会组织，由于其强大的资本凝聚能力和股东有限责任而深受广大投资者青睐。但公司经营过程中往往会因股东之间的信赖关系变化或经营发展需要而分立出新公司，而此种行为又对公司债权人的利益具有重大影响。因此，为明晰分立后各公司的责任以及保护公司债权人利益，有必要对公司分立后的债务承担问题作一番考察。

一、案情与裁判

案件名称：路桥公司、晨光公司等买卖合同纠纷案

案件来源：吉林省松原市中级人民法院（2022）吉07民终95号民事判决书

☞ 案情简介：

晨光公司（原告、被上诉人）与某某公路段（被告）存在石料及白灰买卖合同关系。截至2004年1月25日，某某公路段共欠晨光公司772 450元材料款。2004年7月14日，某某公路段存续分立为某某公路段与路桥公司（被告、上诉人），并约定某某公路段分立前对晨光公司的772 450元欠款由分立后的某某公路段和路桥公司各负担572 450元、200 000元。原

某某公路段分立后，新某某公路段一直按照分立协议约定清偿其对晨光公司的债务。截至 2016 年，新某某公路段尚欠晨光公司材料款 172 450 元（按照分立协议约定负担的债务数额计算），后晨光公司将该项债权转让于孙某某。孙某某就该项债权向法院起诉并获得胜诉，并且判决生效后，经法院执行，就某某公路段已向孙某某清偿该项欠款。由路桥公司负担 20 万元欠款（按照分立协议约定负担的债务数额计算），路桥公司已向晨光公司支付 3 万元。晨光公司向一审法院起诉请求某某公路段立即给付晨光公司货款 17 万元，并支付自 2004 年 1 月 1 日起至给付之日止按全国银行间同业拆借中心发布的贷款市场报价率计算的利息（截至起诉之日本息合计 33 万元）。

☞ **一审判决：**

一审法院认为，原某某公路段已经分立为某某公路段和路桥公司，分立协议约定了二者各自向晨光公司负担的债务份额，由于晨光公司只对新某某公路段分担债务中剩余的 172 450 元债务主张债权，未对由路桥公司负担的 20 万元向新某某公路段主张权利，并且路桥公司已向晨光公司清偿了 3 万元，故可以认定晨光公司对原某某公路段有关新某某公路段与路桥公司对其债务的分立协议表示认可。新某某公路段已经按约定向晨光公司履行了分立协议约定其应负担的 572 450 元债务，晨光公司请求其继续履行偿还分立协议约定的应由路桥公司负担的 20 万元债务显属不当，故不予支持。路桥公司承诺向晨光公司清偿 20 万元债务，但其只清偿了 3 万元，其履行行为不符合约定，属违约行为，除应承担继续履行责任外，还应承担逾期付款的违约责任。综上所述，依据《合同法》第 84 条，判决路桥公司于本判决生效之日起三日内向晨光公司支付欠款 17 万元。

☞ **二审判决：**

二审法院认为，原某某公路段分立时就对晨光公司所负债务达成的债务分担协议属于内部约定，其并不对债权人发生效力。《公司法》（2018）第 176 条规定："公司分立前的债务由分立后的公司承担连带责任。但是，公司在分立前与债权人就债务清偿达成的书面协议另有约定的除外。”因此，在没有书面协议另有约定的情况下，分立后的某某公路段及路桥公司对案涉债务承担连带给付义务，而不论晨光公司是否知晓新某某公路段与路桥公司之间达成了内部债务分担协议。综上，判决驳回上诉，维持原判。

二、相关规定

《公司法》第222条：“公司分立，其财产作相应的分割。

公司分立，应当编制资产负债表及财产清单。公司应当自作出分立决议之日起十日内通知债权人，并于三十日内在报纸上或者国家企业信用信息公示系统公告。”

《公司法》第223条：“公司分立前的债务由分立后的公司承担连带责任。但是，公司在分立前与债权人就债务清偿达成的书面协议另有约定的除外。”

三、法理分析

首先，公司分立后，原公司的债务应由分立后的公司承担连带责任。公司分立是指一个公司裂变为两个或两个以上的公司行为。其又包括派生分立和新设分立。派生分立也被称为存续分立，是指一个公司以其部分资本和业务设立另一个公司，原公司继续存在，但在股东人数、资本数额、生产资料等方面发生变化并应办理公司变更登记。新设分立也被称为解散分立，是指一个公司以其全部资本分立为两个或两个以上的公司，原公司法人资格消灭并应办理注销登记，新设公司应办理设立登记。由于公司是以其全部资本为限对外承担责任的营利法人，所以不管是派生分立，还是新设分立，均意味着公司资本的减少并影响到其偿债能力。因此，为保护公司债权人利益，不管是分立后的存续公司，还是新设公司，均应对公司分立前的债务承担连带责任。本案中，原某某公路段分立为某某公路段和路桥公司，尽管分立协议约定了二者各自向晨光公司负担的债务份额，但该协议属于某某公路段与路桥公司之间的内部约定，根据合同的相对性原则，其效力不能及于原某某公路段的债权人。故新某某公路段和路桥公司应对原某某公路段对晨光公司负担的债务承担连带责任，晨光公司不仅可以根据《公司法》第 223 条要求路桥公司清偿 17 万元债务，而且可以要求新某某公路段清偿该笔债务，只要该项债务未完全清偿，新某某公路段和路桥公司都不能免责。

其次，公司在分立前与债权人就债务清偿达成的书面协议另有约定的，分立后的公司不对债权人承担连带责任。之所以要求分立后的公司对原公司债务承担连带责任，是由于对公司债权人利益保护的需求，而基于意思自治原则，应当允许债权人对自己的利益进行处分，从而排除适用上述原则。《公司法》第 223 条规定，如果公司在分立前与债权人就债务清偿达成的书面协议另有约定的，分立后的公司不对债权人承担连带责任。本案中，虽然晨光公司只对新某某公路段分担债务中剩余的 172 450 元债务主张债权，未对由路桥公司负担的 20 万元向新某某公路段主张权利，并且路桥公司已向晨光公司清偿了 3 万元，但并不能因此认定晨光公司认可原某某公路段有关新某某公路段与路桥公司对其债务的分立协议，因为《公司法》第 223 条明确规定债权人同意的要件是具有书面协议。因此，新某某公路段和路桥公司仍应对原某某公路段的债务承担连带责任。

最后，公司分立与公司投资设立新公司行为并不相同。如上所述，公司分立是以其全部资本分立为两个或两个以上的公司，或者公司以其部分资本派生设立新公司的行为，分立后原公司的资本、股权结构等均存在变化；公司投资设新立公司则属于公司投资的范畴，原公司的资本、股权结构等并不会发生变化。因此，公司分立对公司债务的清偿具有较大影响，而需要分立后的公司对原公司债务承担连带责任；公司投资设立新公司行为并不会影响原公司的偿债能力，而无须经过债权人同意或让被投资设立的公司对投资公司债务承担连带责任。由本案案情可知，案涉企业变更属于公司分立。

公司合并后的债权债务承继问题

公司合并是抵御营业风险的重要手段。对于主动合并方来讲，公司合并可以减少竞争对手和竞争压力、扩充公司实力，产生取长补短效果；对于被动合并方来讲，公司合并可以解决公司生产经营困境，获得更多资本支持。然而，公司合并意味着新公司的设立或变更以及被合并公司的消灭，其间发生的债权、债务承继问题尤其值得我们注意。

一、案情与裁判

案件名称：永方公司、火炬公司买卖合同纠纷案

案件来源：山东省淄博市张店区人民法院（2022）鲁0303民初3653号民事判决书、山东省淄博市中级人民法院（2022）鲁03民终3680号民事判决书

☞ **案情简介：**

拓驰公司与永方公司（被告、上诉人）之间存在货物买卖合同关系。2014年5月13日，拓驰公司向永方公司开具数额为15.6万元的发票，此后永方公司于2014年和2015年向拓驰公司总计支付11万元货款。淄蓄公司与永方公司也存在买卖合同关系，双方于2016年1月1日经对账确认，

永方公司欠淄蓄公司 1 002 919. 32 元货款。2016 年 7 月 18 日淄蓄公司变更企业名称为火炬公司（原告、被上诉人）。2017 年 4 月 21 日，拓驰公司向永方公司开具充电机维修及充电材料费发票一张；2017 年 4 月 24 日，拓驰公司将该发票邮寄给被告，寄件人签名为张某；2017 年 8 月 1 日，拓驰公司工作人员张某向永方公司邮寄对账单及催款函。2019 年 4 月 12 日，拓驰公司被火炬公司吸收合并，拓驰公司注销，火炬公司存续。2020 年 4 月 30 日，经火炬公司与永方公司对账，确认永方公司欠火炬公司 172 919. 32 元。2020 年 5 月 9 日，火炬公司业务员张某曾向永方公司追索货款。2020 年 7 月 1 日，永方公司支付火炬公司 2 万元货款，业务回单摘要为货款；2021 年 2 月 8 日，永方公司支付火炬公司货款 1 万元，业务回单摘要为代老永方公司付款。火炬公司为本案支出 1465 元保全费、566. 76 元保全责任保险费。火炬公司向一审法院起诉请求判令永方公司立即支付 188 919. 32 元欠款及逾期付款经济损失并承担本案产生的一切诉讼费、保全费、保全保险费等费用。

☞ **一审判决：**

一审法院认为，永方公司与拓驰公司之间具有合法有效的买卖合同关系，永方公司应当足额支付货款。火炬公司提交的增值税专用发票及维修费发票能够证实永方公司欠拓驰公司 15. 6 万元货款，扣除于 2014 年和 2015 年支付的 11 万元，永方公司尚欠拓驰公司 4. 6 万元。拓驰公司被火炬公司吸收合并后，火炬公司存续，拓驰公司债权债务由存续的火炬公司承继，故永方公司应当向火炬公司支付未付货款。关于火炬公司主张永方公司于 2021 年 2 月 8 日支付的 1 万元货款系偿还 4. 6 万元欠款的主张，虽然永方公司不予认可，但从业务回单摘要为“代老永方公司付款”的内容可以推定火炬公司主张属实，故关于该笔买卖合同最终欠款数额一审法院认定为 3. 6 万元。关于永方公司与淄蓄公司买卖合同欠款问题，淄蓄公司名称变更为火炬公司后，由火炬公司向永方公司主张债权符合法律规定，扣除于 2020 年 7 月 1 日支付的 2 万元货款，永方公司尚欠火炬公司 152 919. 32元。以上合计，永方公司尚欠火炬公司 188 919. 32 元。关于火炬公司主张逾期付款的经济损失问题，永方公司应当自逾期付款之日起支付相关经济损失。关于逾期付款的经济损失计算问题，火炬公司主张以188 919.32元为基数，自2021年2月9日起至实际付清之日止，按同期全国银行间同业拆借中心公布的LPR上浮50%计算，符合法律规定，一审法院予以支持。关于火炬公司主张永方公司应负担诉讼费、保全费、保全保险费的主张，一审法院认为该费用系火炬公司为本案支出的合理必要费用，应由永方公司承担。据此，一审法院依照《合同法》第109条、第113条、第159条、第161条，《公司法》第174条，以及《民事诉讼法》第147条，判决：永方公司于判决生效后十日内向火炬公司支付货款188 919.32元、保全责任保险费566.76元及逾期付款经济损失（以188 919.32元基数，自2021年2月9日起，至实际付清之日止）。案件受理费4078元、保全申请费1465元，由永方公司负担。

☞ **二审判决：**

二审法院认为，永方公司二审提交的对账函及律师函记载其欠火炬公司酸循环款项152 919.32元，火炬公司对此认可，法院对该项欠款金额予以确认。关于案涉充放电机合同欠款问题，永方公司从拓驰公司处购买充发电机，结合案涉充放电机维修等情形，可以认定案涉充放电机业已完成交付并实际使用，永方公司应予给付相应款项。虽然永方公司主张仅欠火炬公司货款152 919.32元，不存在火炬公司主张的拖欠充放电机款项，但案涉对账函、律师函记载欠款款项为酸循环款项，并未包括充放电机款项，且永方公司的法定代表人亦主张其接手该公司后未就案涉充放电机进行过对账，故法院认定上述对账函并不涉及该充放电机的货款。就充放电机货款支付情况，永方公司作为付款方应承担举证责任，但其未能证实已付清案涉充放电机的货款，火炬公司关于永方公司仍拖欠充放电机货款3.6万元（扣除2021年2月8日支付的1万元）的主张，法院予以支持。一审法院结合案涉邮寄单据、火炬公司工作人员拍摄照片等综合认定火炬公司主张充放电机货款并未超过诉讼时效并无不当，二审法院予以确认。一审法院认定永方公司应予支付货款共计188 919.32元，并无不当，二审法院予以确认。关于逾期付款经济损失，永方公司未按时足额支付货款，火炬公司要求其承担逾期付款经济损失应予支持。《最高人民法院关于审理买卖合同纠纷案件适用法律问题的解释（2020 修正）》第 18 条亦明确规定了逾期付款损失的计算方式，一审法院对此所作认定并无不当，二审法院予以确认。综上，永方公司的上诉请求不能成立，应予驳回；一审判决认定事实清楚，适用法律正确，应予维持。依照《民事诉讼法》第 177 条第 1 款第（一）项，判决：驳回上诉，维持原判。

二、相关规定

《公司法》第 218 条："公司合并可以采取吸收合并或者新设合并。

一个公司吸收其他公司为吸收合并，被吸收的公司解散。两个以上公司合并设立一个新的公司为新设合并，合并各方解散。"

《公司法》第 219 条："公司与其持股百分之九十以上的公司合并，被合并的公司不需经股东会决议，但应当通知其他股东，其他股东有权请求公司按照合理的价格收购其股权或者股份。

公司合并支付的价款不超过本公司净资产百分之十的，可以不经股东会决议；但是，公司章程另有规定的除外。

公司依照前两款规定合并不经股东会决议的，应当经董事会决议。"

《公司法》第 220 条："公司合并，应当由合并各方签订合并协议，并编制资产负债表及财产清单。公司应当自作出合并决议之日起十日内通知债权人，并于三十日内在报纸上或者国家企业信用信息公示系统公告。债权人自接到通知之日起三十日内，未接到通知的自公告之日起四十五日内，可以要求公司清偿债务或者提供相应的担保。"

《公司法》第 221 条："公司合并时，合并各方的债权、债务，应当由合并后存续的公司或者新设的公司承继。"

三、法理分析

首先，公司合并将导致一个或一个以上的公司归于消灭。公司合并是两个或两个以上的公司订立合并协议并按照法定程序归并为一个公司的法律行为。公司合并的形式包括新设合并与吸收合并。前者是指两个或两个以上的公司合并后，合并各方均归于消灭，另行设立一个新的公司；后者是指两个或两个以上的公司合并后，作为吸收方的公司继续存在，而作为被吸收方的其他公司则归于消灭。因此，不管是新设合并，还是吸收合并，都会导致一个或一个以上的公司归于消灭。本案中，拓驰公司被火炬公司吸收合并后将归于解散，只有作为吸收方的火炬公司存续。

其次，公司合并后，新设或存续的公司概括承受合并各方的债权、债务。根据《公司法》第 221 条，公司合并时，合并各方的债权、债务应当由合并后的存续公司或者新设公司承继，即公司合并发生债的概括承受效果。所谓概括承受，是指合并公司所有的动产或不动产物权、债权、债务、知识产权、商标权、股权等均由存续公司或新设公司承受。后者不得对其进行选择，也不得附加任何条件。本案中，拓驰公司被火炬公司吸收合并，火炬公司存续，故拓驰公司对永方公司享有的债权由火炬公司承继，永方公司应当向火炬公司支付未付货款。

最后，公司合并过程中，应注意保护中小股东利益。根据《公司法》第 219 条第 1 款，公司与其持股超过 90% 以上的公司合并，被合并的公司不需要经股东会决议，但应当通知其他股东，其他股东有权请求公司按照合理的价格收购其股份。法律之所以作此规定，乃是基于平衡大股东利益与中小股东利益的需求。根据《公司法》第 66 条，公司合并的决议方案必须经代表三分之二以上表决权的股东通过，显然公司与其持股超过 90% 以上的公司合并时完全可以满足这一条件，故《公司法》第 219 条第 1 款规定此时被合并的公司不需经股东会决议，以体现效率原则。同时，其他股东却可能因为公司合并而受到损失，因此《公司法》第 219 条第 1 款又规定此时其他股东有权请求公司按照合理的价格收购其股权或者股份，以体现对其合法权益的保护。

股东在公司僵局情况下有权提起强制解散公司诉讼

众所周知，公司是以营利为目的的社团组织。公司一般由二人或二人以上设立，并体现了股东的共同利益。然而，公司存续过程中，却不免因股东之间信任关系丧失、经营理念分化、利益冲突等致使公司经营管理发生严重困难，继续存续使股东利益严重受损，即发生公司僵局情形。为此，法律赋予股东提起解散公司诉讼的权利。由于公司解散涉及股东、职工、债权人等多元主体利益以及社会公共利益，我们必须认真对待公司僵局下的司法解散公司诉讼。

一、案情与裁判

案件名称： 宏运公司、金融管理公司与金融控股公司解散纠纷案
案件来源： 吉林省高级人民法院（2018）吉民终619号民事判决书

☞ **案情简介：**

金融管理公司注册资本为10亿元。其中，金融控股公司出资2亿元，占注册资本的20%；宏运公司出资8亿元，占注册资本的80%。2015年4月27日，金融管理公司召开第一次董事会会议，决定设立吉林省××服务有限公司。2015年7月10日，经中国银监会备案许可，金融管理公司可以开展金融企业不良资产批量收购、处置等业务。2015年12月18日，金

融管理公司召开第二次股东会会议，重新选举董事、监事，同意制定《监事会议事规则》，审议并否决金融控股公司提出的《关于增资扩股的议案》。同日，金融管理公司召开第二次董事会会议，原则上同意执行组织架构与岗位编制管理规定，原则上同意暂行执行行政、财务、投资、人事、风控、不良债权资产收购及处置办法等基本管理制度，并决议设立小额贷款公司。

金融管理公司成立后不久，在未经股东充分协商及董事会批准情况下将9.65亿元资金借予宏运公司实际控制的宏运投资公司、某某足球俱乐部以及宏运商业公司，其中宏运投资公司共获得借款9.5亿元，宏运商业公司获得借款5亿元，某某足球俱乐部获得借款1500万元。2015年10月19日，金融控股公司向宏运公司发出《关于尽快完善金融管理公司治理有关工作的几点意见》，提出包括委派监事会主席进驻开展监事工作、每月提供财务报表和重要业务及人事任免情况报告、借出资金于月底前归位、不迟于11月10日前召开股东会、董事会和监事会完善公司治理结构等意见。

2016年10月18日，吉林省金融工作办公室向宏运公司发出吉金办函〔2016〕487号《关于金融管理公司有关事宜的函》，指出："金融管理公司自2015年2月28日成立以来，公司运营没有进入正轨，治理结构不规范，公司重大事项未按照章程规定履行股东会、董事会决策程序，经营班子和内部组织机构不健全，特别是各股东投入的注册资金由你公司以合作形式长期主导使用，在我省内的不良资产处置业务一直没有开展，虽经多次沟通仍无改善，不仅严重影响我省地方金融机构不良资产处置业务的开展，而且受到我省内社会各界质疑，带来了一定的负面影响。"2016年12月15日，金融控股公司向宏运公司发出《关于受让金融管理公司股权事宜的函》，要求受让宏×集团持有的金融管理公司全部股权。2017年3月3日，金融控股公司向宏运公司发出《关于商请配合调整金融管理公司股权结构的函》，称"金融管理公司自2015年2月28日开业以来，一直由作为大股东的贵集团控制经营，重大事项决策既不按公司章程规定履行'股东间充分沟通'程序，也不告知我方股权代表，侵害了我集团股东权益；董事会、监事会、经营层人员长期空缺，公司治理机制不完善，缺乏实际运营资产管理公司能力；公司资金长期被贵集团以合作运营名义占用，不能开展地方金融企业不良资产收购和处置主业，未能起到防范和化解地方金融风险的作用，影响了吉林省金融业和地方经济的发展”，并提出“考虑到我集团正与贵集团商谈资产管理公司股权结构调整事宜……请贵集团在谈判期间，不得单方面将所持有的资产管理公司股权对外转让……资产管理公司在此期间不得开展新业务”。2017 年 6 月 19 日，金融控股公司再次向宏运公司发出《关于配合转让金融管理公司股权的函》，要求宏运公司配合调整金融管理公司的股权。宏运公司于当年 6 月 23 日发出《关于配合转让金融管理公司股权的函的复函》，一方面表示“鉴于政府要求及贵我双方目前实际情况，我集团同意转让资产管理公司部分或全部股权”，另一方面又主张“坚持按市场化原则操作”。

吉林某某会计师事务所有限公司于 2017 年 2 月 24 日作出的吉某某会师专审字［2017］第 66 号《金融管理公司专项审计报告》第六项记载：“截至 2016 年 12 月 31 日，该公司债务人宏运投资控股有限公司，应收款项余额为 520 608 827. 78 元（其中：其他应收款 417 600 000. 00 元，应收账款 103 008 827. 78 元）占该公司资产总额的 47. 18%；债务人宏运公司，应收款项余额为 522 006 944. 44 元（其中：其他应收款 500 000 000. 00 元、应收账款 52 006 944. 44 元）占该公司资产总额的 50. 02%”。

☞ **一审判决：**

一审法院认为，关于应否依法判令解散金融管理公司问题实际上是可否适用公司僵局下的司法解散公司规则问题。公司僵局是指公司在存续期间，股东会、董事会等机关陷入权力对峙而不能按照法定程序作出有效决策，从而使公司陷入无法正常运转甚至瘫痪的事实状态。公司僵局是因争夺公司管理权导致的内部成员矛盾极端化，往往表现为股东失去合作基础、股东受到排挤、管理机关运转失灵或者管理者仅接受个别股东的指示管理公司事务，进而背离了公司经营的初衷和目的，导致股东期待落空。由于公司主体维持原则是公司法的基本原则之一，故应否解散公司不仅关涉公司股东权益，还关系到与公司有关的其他民商事主体的合法权益，甚至社会公共利益。因此，对于公司的司法解散，法院必须审慎对待，只有在符合《公司法》及相关司法解释规定的要件时，才能依法判令解散公司。根据《公司法》第182条，公司解散必须符合以下要件：（1）公司经营管理发生严重困难；（2）公司继续存续会使股东利益受到重大损失；（3）不能通过其他途径解决。就本案而言：

第一，关于金融控股公司是否具备提起解散金融管理公司诉讼的主体资格问题。根据《公司法》第182条，持有公司全部股东表决权10%以上的股东具有提起解散公司诉讼的主体资格。本案中，金融控股公司持有金融管理公司20%的股权，其单独股东表决权已经超过全部股东表决权的10%，故符合法律规定的提起公司解散之诉持股比例的要求，有权提起解散金融管理公司诉讼。

第二，关于金融管理公司是否确已出现经营管理严重困难问题。判断一家公司是否出现经营管理严重困难，应当从公司的股东会、董事会等公司组织机构的运行状态进行综合分析，公司是否处于盈利状态并非判断公司经营管理发生严重困难的必要条件。公司经营管理发生严重困难的侧重点在于公司治理结构方面存在严重内部障碍，如股东会机制失灵，董事会陷入权力对峙而无法就公司的经营管理作出有效决策等，而不应简单地理解为公司资金缺乏、亏损严重等经营性困难。当控股股东有能力通过公司决议贯彻其意志，利用实际控制公司的便利排挤非控股股东参与管理公司，导致公司仅接受控股股东的单方指示而不经公司决议处理公司事务时，即可认定股东会、董事会等公司权力和决策机构失灵。本案中，虽然金融管理公司处于账面盈利状态，但其股东会、董事会运行机制失灵且无法解决，内部管理发生严重障碍，已陷入僵局状态。具体理由如下：首先，作为金融管理公司权力机构和决策机构的股东会、董事会机制失灵，不能有效行使职权和进行决策。其次，金融管理公司在宏运公司实际控制下，已将绝大多数资金外借给宏运公司的关联企业，导致无法从事主营业务，且无法通过公司内部治理机制和股东间协商解决，经营管理发生严重困难，公司处理不良资产及经营之目标难以实现。最后，金融管理公司股东双方出资设立该公司的目的和宗旨是从事不良资产批量收购处置业务，这是股东双方信任与合作的基础，但金融管理公司自成立以来，在宏运公司的实际控制之下，并未从事不良资产批量收购处置业务，而是将公司注册资本中的绝大多数资金外借给宏运公司的关联公司，明显有违股东双方出资的目的和宗旨。股东双方原有的合作与信任已在长期无效的沟通过程中消磨殆尽，而宏运公司公然违背其在2015年11月9日双方会谈中作出的允诺，更使得股东间信任与合作的基础丧失。

第三，关于金融管理公司继续存续是否会使公司股东权益受到重大损失问题。首先，从金融管理公司的经营状况来看，公司虽处于账面盈利状态，但所谓盈利并未实际取得，在公司资金被大量借给宏运公司的关联公司且并未及时足额收回借款本息的情况下，公司的继续存续不仅会造成股东利益的持续损失，还存在巨额资金不能收回的重大风险。其次，从金融管理公司的管理来看，本案的发生正是由于《公司章程》所规定的治理结构及机制未能有效运作和发挥作用所致。一方面金融管理公司成立后，没有真正依照《公司章程》的规定定期召开股东会、董事会和有效行使职权，股东会、董事会运行和决策机制失灵；另一方面控股股东宏运公司利用其优势地位，排挤非控股股东金融控股公司参与公司经营决策的权利，以其提名的董事长兼总裁（总经理）王某某组建的经营班子管理公司事务，不经股东会、董事会审议就作出重大经营决策，造成股东双方的矛盾逐渐加深并不可调和。如果公司继续存续，金融控股公司所应享有的股东权利仍将继续受损，其投资目的仍将无法实现。此外，金融管理公司的设立初衷和目的是从事不良资产批量收购处置业务，防范和化解地方金融风险，在金融管理公司已违背其经营宗旨的情况下，公司继续存续将有害于社会公共利益，影响地方经济的发展。

第四，金融管理公司现有公司僵局已无法通过其他途径解决。公司僵局是股东争夺公司管理权导致的公司成员内部矛盾，其后果是公司背离了其经营的初衷和目的，导致股东投资目的和期待落空，如不能通过其他途径使公司经营回归其初衷和目的或者使得股东投资目的和期待重归一致，公司僵局问题就无法真正解决。本案中的公司僵局问题已不能通过公司内部治理机制、外部诉讼或股东间协商的方式解决。具体理由如下：首先，金融管理公司虽设有股东会、董事会，但实际上形同虚设、机制失灵，其职权已被宏运公司委派的经营管理人员架空，不经股东会、董事会审议决定就可直接作出改变经营宗旨、将巨额资金借出的重大经营决策，金融控股公司与宏运公司之间的实质性分歧已无法通过失灵的股东会、董事会机制解决。其次，金融控股公司与宏运公司之间在重大经营方针、决策方面的矛盾已在多年无效的协商过程中逐步演变，最终造成股东间合作与信任的基础完全丧失。即使金融控股公司另行以股东知情权、公司决议、盈余分配、损害股东及公司利益责任纠纷为由提起诉讼，也不能实际改变和解决现有矛盾和公司僵局。最后，在股东间发生矛盾后，金融控股公司已通过多种途径力图化解纠纷，但均未成功。另外，本案诉讼期间，一审法院于近十个月的期间内，多次组织双方进行调解，试图通过股权转让、公司增资、公司控制权转移等多种途径解决纠纷，但股东双方均对对方提出的调解方案不予认可，未能达成意见一致的调解协议，故现有的解决途径均已穷尽。

综上，由于金融管理公司股东之间的矛盾不可调和，已经丧失作为有限责任公司存续之根基的人合性基础，公司经营管理已发生严重困难，公司已经沦落为控股股东随意操纵公司事务以及排挤非控股股东权利的工具，该种状态之持续必然会使股东投资公司的初衷和目的不能实现，使股东利益受到重大损失。在股东双方之间的矛盾已不能通过其他途径解决的情况下，金融控股公司提出解散金融管理公司的请求符合法律规定，依法应予以准许。故一审法院依照《公司法》第 182 条、《最高人民法院关于适用〈中华人民共和国公司法〉若干问题的规定（二）》（以下简称《公司法司法解释二》）（法释〔2020〕18 号）第 1 条，判决解散金融管理公司。

☞ **二审判决：**

二审法院认为，宏运公司利用其大股东的优势地位和对公司决策的支配力，大量从事不在其经营范围和公司章程内的业务，将公司的主要资本出借给关联公司，致使公司账面货币资金仅为 2 686 465. 85 元，远远低于公司注册资本，显然无法正常开展不良资产的处置和收购业务。因此，宏运公司在控制和经营金融管理公司过程中所实施的行为已经完全背离了公司设立的初衷和目的，违背了双方《出资协议书》的约定和公司章程，使公司未按照其设立目标进行经营，亦未承担相应的社会责任。为使金融管理公司正常经营，金融控股公司曾多次与宏运公司进行沟通协调，并提议收购其在金融管理公司的股权，而宏运公司既不能按照公司章程保证股东间实现充分沟通，又未能就股权收购事宜与金融控股公司达成合意。虽然在一般情况下，金融控股公司可以选择出售其股权，摆脱公司僵局，但限于金融管理公司服务保障地方金融安全的特殊意义，金融控股公司无法作出此种选择，亦使公司经营管理困难无法通过其他途径解决。综上，宏运公司违背诚信原则，滥用大股东优势和支配地位，背离公司设立宗旨，使公司设立目的无法实现，致使公司经营管理发生严重困难，损害股东权益，无法通过其他途径解决，一审法院判决公司解散并无不当，故判决驳回上诉、维持原判。

二、相关规定

《公司法》第 231 条："公司经营管理发生严重困难，继续存续会使股东利益受到重大损失，通过其他途径不能解决的，持有公司百分之十以上表决权的股东，可以请求人民法院解散公司。"

《公司法司法解释二》第 1 条："单独或者合计持有公司全部股东表决权百分之十以上的股东，以下列事由之一提起解散公司诉讼，并符合公司法第一百八十二条规定的，人民法院应予受理：

（一）公司持续两年以上无法召开股东会或者股东大会，公司经营管理发生严重困难的；

（二）股东表决时无法达到法定或者公司章程规定的比例，持续两年以上不能做出有效的股东会或者股东大会决议，公司经营管理发生严重困难的；

（三）公司董事长期冲突，且无法通过股东会或者股东大会解决，公司经营管理发生严重困难的；

（四）经营管理发生其他严重困难，公司继续存续会使股东利益受到重大损失的情形。

股东以知情权、利润分配请求权等权益受到损害，或者公司亏损、财产不足以偿还全部债务，以及公司被吊销企业法人营业执照未进行清算等为由，提起解散公司诉讼的，人民法院不予受理。”

三、法理分析

首先，因公司僵局提起解散公司诉讼的股东存在资格限制。根据《公司法》第231条，公司僵局情况下，持有公司10%以上表决权的股东可以提起请求人民法院解散公司的诉讼。《公司法司法解释二》第1条将其予以细化，将“持有公司百分之十以上表决权的股东”解释为“单独或者合计持有公司全部股东表决权百分之十以上的股东”。法律之所以作此规定，乃是为了平衡贯彻公司主体维持原则与保护股东利益原则所作的选择，进而避免公司动辄陷入司法解散公司诉讼的旋涡。本案中，金融控股公司持有金融管理公司20%的股份，符合《公司法》第231条规定的有关股东因公司僵局提起解散公司诉讼的条件，有权提起解散金融管理公司诉讼。

其次，“公司经营管理发生严重困难，继续存续会使股东利益受到重大损失”具有严格的判断标准。公司僵局的本质在于公司内部发生严重矛盾，致使公司不能正常运行，进而导致公司继续存续将造成股东利益严重受损。至于公司是否尚处于盈利状态，则无关紧要。《公司法司法解释二》第1条第1款将其予以细化：“（一）公司持续两年以上无法召开股东会或者股东大会，公司经营管理发生严重困难的；（二）股东表决时无法达到法定或者公司章程规定的比例，持续两年以上不能做出有效的股东会或者股东大会决议，公司经营管理发生严重困难的；（三）公司董事长期冲突，且无法通过股东会或者股东大会解决，公司经营管理发生严重困难的；（四）经营管理发生其他严重困难，公司继续存续会使股东利益受到重大损失的情形。”此外，根据《公司法司法解释二》第1条第2款，知情权、利润分配请求权等权益受到损害或者公司亏损、财产不足以偿还全部债务以及公司被吊销企业法人营业执照未进行清算等事由并不能作为股东因公司僵局提起司法解散公司诉讼的理由。因为股东知情权、利润分配请求权受损以及公司亏损、财产不足以偿还全部债务并不足以说明公司经营发生严重困难。根据公司主体维持原则，此时应当尽量维持公司的存续，况且《公司法》等法律法规对股东知情权、利润分配请求权等权益的保护已经作出规定。此外，公司被吊销企业法人营业执照而需要解散公司属于行政解散，即便未作清算，也只能进入清算程序，与司法解散诉讼无关。本案中，金融管理公司权力机构和决策机构的股东会、董事会不能有效行使其职权和进行决策，并且金融管理公司在宏运公司实际控制下将绝大多数资金外借给宏运公司的关联企业，导致无法从事主营业务，且无法通过公司内部治理机制和股东间协商解决，经营管理发生严重困难，公司处理不良资产及经营之目标难以实现，故而可以认定该公司经营管理发生严重困难。

最后，基于公司主体维持原则，应尽量通过其他途径解决公司僵局，只有穷尽其他方法，才能通过司法途径解散公司。公司存续对股东、公司职工、债权人以及社会等主体均具有较大实益，故应尽力维持公司的存续，尽量尝试以司法解散以外的和解、调解等其他方式解决公司僵局问题，只有在穷尽其他方式之后，才能解散公司。本案中，金融管理公司股东金融控股公司与宏运公司在公司经营方针、决策方面存在重大矛盾，合作与信任基础完全丧失，即使金融控股公司另行以股东知情权、公司决议、盈余分配、损害股东及公司利益责任纠纷为由提起诉讼也不能改变金融管理公司僵局，并且金融控股公司曾通过多种途径尝试化解纠纷均未成功。此外，法院多次组织当事人进行调解，试图通过股权转让、公司增资、公司控制权转移等多种途径解决纠纷，但股东双方均对对方提出的调解方案不予认可。本案法院确已在穷尽司法解散外其他方法的基础上作出的解散金融管理公司的判决。

有限责任公司股东在公司增加资本时享有优先认缴权

公司承载着设立者及其他股东的光荣与梦想、汗水与心血，使得法律承认和保护股东增资优先认缴权，而有限责任公司的发展离不开股东之间的信赖关系也加剧了保护此种权利的必要性。然而，由于有限责任公司和股份有限责任公司的不同特征，《公司法》在规范两种公司下的股东增资优先认缴权时有所不同。此外，此种权利受到侵害后的救济问题也尤为值得关注。

一、案情与裁判

案件名称：徐某与立马公司公司决议效力确认纠纷案

案件来源：北京市房山区人民法院（2018）京0111民初12968号民事判决书、北京市第二中级人民法院（2019）京02民终3289号民事判决书

☞ 案情简介：

截至2013年5月6日，立马公司（被告、被上诉人）注册资本为6500万元，股东出资情况为：章1出资2680万元，占注册资本的41.24%；兰溪公司出资1631.5万元，占注册资本的25.10%；徐某（原告、上诉人）出资979.5万元，占注册资本的15.06%；章2出资581万

元，占注册资本的8.94%；赵某出资295万元，占注册资本的4.54%；叶某出资295万元，占注册资本的4.54%；陈某某出资29万元，占注册资本的0.44%；章某某出资9万元，占注册资本的0.14%。《立马公司章程》第22条规定："出席会议的股东所代表的有表决权的出资额占公司注册资本总额的二分之一以上的，公司可以召开股东会会议。"第26条第2款规定："股东会对公司增加或减少注册资本超过原注册资本的一倍以上（含一倍）、公司合并、分立、解散的决议需全体股东表决通过；公司增加或减少注册资本未超过原注册资本的一倍以上或变更公司形式、修改公司章程作出决议，需经代表2/3以上表决权的股东通过；其他事项的决议需经代表1/2以上表决权的股东通过。"

2013年，立马公司面临较大环保压力，需要更多资金解决发展问题。在此情况下，公司的经营管理层提议公司增资3500万元，并由公司的总经理叶某与股东章1、叶某、赵某、章2、章某某以及兰溪公司进行了协商，协商的最终结果是，章1、叶某、赵某、章2、章某某以及兰溪公司同意公司增资3500万元，但章1、叶某、赵某及章某某均无意认缴此次增资，而由兰溪公司认缴705万元，章2认缴2795万元。达成上述协商结果后，立马公司制作了《第三届第六次股东会决议》，内容为"应到股东8人，实到股东5人，实到股东代表股权份额为84.36%，符合本公司章程及公司法的规定。经到会股东一致同意，本次会议形成如下决定：1. 通过公司新章程；2. 通过公司增加注册资本金的决议，同意增加公司注册资本金3500万元；3. 同意由股东章2以货币方式增加出资2795万元；4. 同意由兰溪公司以货币方式增加出资705万元；5. 公司各股东按出资比例在公司享有权利和承担责任"。章1、章2、赵某、叶某以及兰溪公司在该协议上签名或盖章。2013年6月8日，立马公司向公司登记机关申请办理了工商变更登记手续，公司注册资本变更为1亿元人民币，各股东出资及持股比例情况为：章2出资3376万元，占注册资本的33.76%；章1出资2680万元，占注册资本的26.80%；兰溪公司出资2336.5万元，占注册资本的23.36%；徐某出资979.5万元，占注册资本的9.80%；赵某出资295万元，占注册资本的2.95%；叶某出资295万元，占注册资本的2.95%；陈某某出资29万元，占注册资本的0.29%；章某某出资9万元，占注册资本的0.09%。立马公司的工商登记档案显示章2、兰溪公司实缴了上述认缴的增资。徐某认为立马公司上述决议侵害了其增资优先认缴权，应全部无效并向法院提起确认公司决议行为无效之诉。

☞ **一审判决：**

一审法院认为：（1）立马公司第二项决议行为有效。首先，从形式要件角度来看，该项决议符合法律及公司章程关于增资表决事项的规定。增资3500万元作为公司特别决议事项，必须经代表三分之二以上表决权的股东通过，而此项决议已经过占84.36%表决权的股东通过，无论徐某是否同意，均不影响该项决议的通过。其次，从实质要件角度来看，此次增资目的具有正当性。决议当时北京地区水泥行业发展形势严峻，此次增资行为体现了公司股东及管理层对公司未来发展的规划，是从公司整体利益角度出发，目的是为公司筹集资金、改善环保能力、及时应对市场变化以及配合政府管理和履行公司需承担的社会责任。增资决议行为目的正当，不存在部分股东在无增资必要性的情况下滥用资本多数决原则故意稀释小股东持股比例的情形，故案涉第二项决议行为合法有效。（2）立马公司第四项决议行为有效。根据《公司法》第34条，公司新增资本时，股东有权优先按照实缴的出资比例认缴出资，但全体股东有约定的除外。立马公司决议增资3500万元，兰溪公司有权按照其持有的股份比例——25.10%认缴增资878.50万元，其实际认缴705万元，并未超出该公司有权优先认缴的范围，故应认定兰溪公司认缴705万元增资的第四项决议行为有效。（3）章2认缴的增资金额中，包含了本属于徐某有权优先认缴的527.1万元，在立马公司无证据证明徐某明示放弃该项权利的情形下，该公司通过的章2认缴徐某享有优先认缴权的527.1万元部分增资的决议行为损害了徐某享有的增资优先认缴权。然而，《公司法》第22条第1款规定的"公司股东会或者股东大会、董事会的决议内容违反法律、行政法规的无效"中的法律应理解为效力性强制性规定。本案所涉及的《公司法》第34条关于股东享有增资优先认缴权的规定不属于效力性强制性规定。此外，从利益衡量的视角，该项决议内容也不宜认定为无效。因为维护商事活动安全原则是公司诉讼案件审理的原则之一，无效是对法律行为最为严厉的否定性评价，股东会决议的效力关系到公司、股东、债权人等多方主体的利益，若将所有违反法律规定的决议一概认定为无效，将会使市场交易主体对交易安全丧失信任，进而影响市场交易的效率，损害更多主体的利益，造成新的、更大的不公平。此前提下，基于平衡维护交易稳定、节约社会资源和股东权利救济等多项利益之间的冲突，实现社会效益最大化的考量，不应否定此项决议的效力。综上，立马公司通过的章2认缴徐某享有优先认缴权的527.1万元部分增资的决议虽然损害了徐某享有的增资优先认缴权，仍不属于无效决议行为。

☞ **二审判决：**

二审法院认为，涉案决议第三项中章某2认缴的增资金额虽侵害了徐某享有的增资优先认缴权，但因《公司法》第34条关于股东享有增资优先认缴权的规定不属于效力性强制规定，并且考虑到立马公司增资目的正当性以及徐某可以行使其他权利进行救济，为维护交易安全、节约社会资源，一审法院认定涉案决议第三项不属于无效行为并无不当。徐某上诉以《最高人民法院关于效力性强制性规定的解释》是针对《合同法》第52条的规定作出的，主张效力性强制性规定仅能适用于对民事合同效力的判断，不能适用于公司法领域，依据不足，理由不充分，因此不予支持。综上所述，徐某的上诉请求不能成立，应予驳回。

二、相关规定

《公司法》第25条：“公司股东会、董事会的决议内容违反法律、行政法规的无效。”

《公司法》第26条：“公司股东会、董事会的会议召集程序、表决方式违反法律、行政法规或者公司章程，或者决议内容违反公司章程的，股东自决议作出之日起六十日内，可以请求人民法院撤销。但是，股东会、董事会的会议召集程序或者表决方式仅有轻微瑕疵，对决议未产生实质影响的除外。

未被通知参加股东会会议的股东自知道或者应当知道股东会决议作出之日起六十日内，可以请求人民法院撤销；自决议作出之日起一年内没有行使撤销权的，撤销权消灭。”

《公司法》第 27 条：“有下列情形之一的，公司股东会、董事会的决议不成立：

（一）未召开股东会、董事会会议作出决议；

（二）股东会、董事会会议未对决议事项进行表决；

（三）出席会议的人数或者所持表决权数未达到本法或者公司章程规定的人数或者所持表决权数；

（四）同意决议事项的人数或者所持表决权数未达到本法或者公司章程规定的人数或者所持表决权数。”

《公司法》第 28 条：“公司股东会、董事会决议被人民法院宣告无效、撤销或者确认不成立的，公司应当向公司登记机关申请撤销根据该决议已办理的登记。

股东会、董事会决议被人民法院宣告无效、撤销或者确认不成立的，公司根据该决议与善意相对人形成的民事法律关系不受影响。”

《公司法》第 227 条：“有限责任公司增加注册资本时，股东在同等条件下有权优先按照实缴的出资比例认缴出资。但是，全体股东约定不按照出资比例优先认缴出资的除外。

股份有限公司为增加注册资本发行新股时，股东不享有优先认购权，公司章程另有规定或者股东会决议决定股东享有优先认购权的除外。”

《民法典》第 85 条：“营利法人的权力机构、执行机构作出决议的会议召集程序、表决方式违反法律、行政法规、法人章程，或者决议内容违反法人章程的，营利法人的出资人可以请求人民法院撤销该决议。但是，营利法人依据该决议与善意相对人形成的民事法律关系不受影响。”

三、法理分析

首先，有限责任公司增加资本时，股东在同等条件下有权优先按照实缴的出资比例认缴出资，除非全体股东另有约定。有限责任公司与股份有限公司的最大区别在于，有限责任公司具有封闭性和人资两合性特征，股份有限公司则具有开放性和资合性特征。有限责任公司的全部资本总额由全体发起人认缴，公司不向社会公开募集资本，故有限责任公司股东之间一般存在较为紧密的信赖关系并以此种关系作为公司存在的基础。因此，在有限责任公司增资时，股东享有在同等条件下按照出资比例优先认缴增资的权利，以体现对有限责任公司股东之间信赖关系的保护。但是，根据意思自治原则，如果全体股东事先约定有限责任公司增加资本时股东不具有在同等条件下有权优先按照实缴的出资比例认缴出资的，则应予以尊重，此时股东并不享有增资优先认缴权。本案中，立马公司为有限责任公司且并不存在全体股东约定公司增加资本时股东不享有增资优先认缴权的情况，故股东徐某可以根据自己所持股份的份额优先认缴 527.1 万元。

其次，股份有限公司为增加资本发行新股时，股东不享有优先认购权，公司章程另有规定或者股东会决议赋予股东优先认购权的除外。有限责任公司股东享有增资优先认缴权的原因在于保护有限责任公司股东之间的信赖关系，维持有限责任公司的人合性特征，而股份有限公司并不具有人合性特征，其更具开放性特征，更加注重向社会公开募集资本，所以《公司法》第 227 条规定一般情况下股份有限公司股东不享有增资优先购买权，除非公司章程另有规定或股东会决议赋予股东优先购买权。

最后，公司侵害股东增资优先认缴权时，股东无权请求法院确认相关公司决议行为无效，只能提起损害赔偿之诉。《公司法》第 25 条规定，公司股东会、董事会的决议内容违反法律、行政法规的无效，此处所及“法律、行政法规”指向其中的强制性规定。《公司法》第 227 条属于赋权性规定、任意性规定，不属于第25条规定的情形，故股东不可以向法院提起公司相关决议行为无效之诉。本案中，尽管法院判决驳回了其请求确认公司相关决议行为无效之诉，但立马公司侵害了徐某的增资优先认缴权，仍不妨碍其向法院提起损害赔偿之诉。

哪些主体可以申请法院指定有关人员成立清算组清算公司？

《公司法》第232条规定了董事作为清算义务人的清算义务，实践中却大量存在董事不作为的情形。在此前提下，需要满足什么条件才可以申请法院指定有关人员清算公司呢？哪些民商事主体可以作为利害关系人申请法院指定有关人员清算公司呢？有没有公权力机关可以申请法院指定有关人员清算公司？

一、案情与裁判

案件名称：肖某等强制清算案

案件来源：北京市第一中级人民法院（2022）京01清申158号民事裁定书

☞ **案情简介：**

科立信公司（被申请人）成立于1997年2月13日，注册资本为400万元，股东为肖某（申请人）、陈某某、凌某、徐某某（申请人），四名股东分别持有公司35%、25%、25%、15%的股份，公司营业期限截至2017年2月12日。2017年以后，科立信公司未再实际开展经营活动。2021年12月，股东肖某、徐某某向董事长、股东陈某某和股东凌某发送了《关于清算公司的函》，提出清算科立信公司，但此后股东之间就召开股东会的时间、地点、议题以及召集股东会程序等发生争议，未能就科立信公司是否继续经营、是否清算作出有效的股东会决议。

☞ **法院裁定：**

法院认为，根据《公司法》第 180 条，公司章程规定的营业期限届满或公司章程规定的其他解散事由出现均是公司解散的事由。科立信公司章程规定，公司营业期限于 2017 年 2 月 12 日届满，且至今未能形成对公司章程进行修改的有效股东决议，故可以认定已经发生解散商旅公司的事由。依照《公司法司法解释二》第 7 条，公司应当依照《民法典》第 70 条、《公司法》第 183 条，在解散事由出现之日起 15 日内成立清算组自行清算，公司解散逾期不成立清算组进行清算的，债权人、公司股东、董事或其他利害关系人可以申请人民法院指定清算组对公司进行清算。科立信公司从 2017 年至今未能正常经营，且股东之间因账簿交接、财产处理等原因存在较大分歧和矛盾，无法自行开展清算工作，导致科立信公司在解散事由出现之后未成立清算组清算。肖某、徐某某作为科立信公司股东申请法院指定清算组对科立信公司进行清算，符合法律规定。虽然科立信公司对强制清算提出异议，但相关异议不能改变科立信公司营业期限届满、未通过修改公司章程使公司存续以及公司逾期未自行成立清算组清算的事实。因此，法院裁定受理股东肖某、徐某某关于清算科立信公司的申请。

二、相关规定

《公司法》第 229 条："公司因下列原因解散：

（一）公司章程规定的营业期限届满或者公司章程规定的其他解散事由出现；

（二）股东会决议解散；

（三）因公司合并或者分立需要解散；

（四）依法被吊销营业执照、责令关闭或者被撤销；

（五）人民法院依照本法第二百三十一条的规定予以解散。

公司出现前款规定的解散事由，应当在十日内将解散事由通过国家企业信用信息公示系统予以公示。”

《公司法》第232条：“公司因本法第二百二十九条第一款第一项、第二项、第四项、第五项规定而解散的，应当清算。董事为公司清算义务人，应当在解散事由出现之日起十五日内组成清算组进行清算。

清算组由董事组成，但是公司章程另有规定或者股东会决议另选他人的除外。

清算义务人未及时履行清算义务，给公司或者债权人造成损失的，应当承担赔偿责任。”

《公司法》第233条：“公司依照前条第一款的规定应当清算，逾期不成立清算组进行清算或者成立清算组后不清算的，利害关系人可以申请人民法院指定有关人员组成清算组进行清算。人民法院应当受理该申请，并及时组织清算组进行清算。

公司因本法第二百二十九条第一款第四项的规定而解散的，作出吊销营业执照、责令关闭或者撤销决定的部门或者公司登记机关，可以申请人民法院指定有关人员组成清算组进行清算。”

《公司法司法解释二》第7条：“公司应当依照民法典第七十条、公司法第一百八十三条的规定，在解散事由出现之日起十五日内成立清算组，开始自行清算。

有下列情形之一，债权人、公司股东、董事或其他利害关系人申请人民法院指定清算组进行清算的，人民法院应予受理：

（一）公司解散逾期不成立清算组进行清算的；

（二）虽然成立清算组但故意拖延清算的；

（三）违法清算可能严重损害债权人或者股东利益的。”

三、法理分析

首先，利害关系人申请法院指定有关人员成立清算组清算公司的条件是公司出现了应当自行清算的法定事由，且逾期不成立清算组进行清算或者成立清算组后不进行清算。根据《公司法》第 233 条第 1 款，利害关系人申请法院指定有关人员成立清算组对公司进行清算的条件有二：一是公司出现了《公司法》第 229 条规定的解散事由，需要自行解散。即出现以下情形，需要自行解散：（1）公司章程规定的营业期限届满或者公司章程规定的其他解散事由出现；（2）股东会决议解散；（3）依法被吊销营业执照、责令关闭、被撤销；（4）发生公司僵局情形下，公司被法院强制解散。二是清算义务人逾期不成立清算组进行清算或者成立清算组后不清算。《公司法》第 233 条第 1 款对《公司法司法解释二》第 7 条第 2 款作出了修改，删去了“违法清算可能严重损害债权人或者股东利益的”情形。因为，如果清算组违法清算可能严重损害债权人或者股东利益，相关权利人可根据《公司法》第 238 条请求清算组对公司承担损害赔偿责任，而无须另行申请法院指定其他人员组成清算组清算公司。本案中，科立信公司营业期限已经于 2017 年 2 月 12 日届满，出现了《公司法》第 229 条规定的解散事由，且未在出现解散事由之日起 15 日内成立清算组，故应裁定受理申请人清算科立信公司的申请。

其次，有权申请法院指定有关人员成立清算组清算公司的利害关系人包括债权人、公司股东、董事或其他利害关系人。公司清算可以理清公司财产、债务、所欠税费以及职工工资等，是实现债权人债权清偿、公司股东剩余财产分配的重要前提，故公司债权人、股东、董事均是公司清算活动的直接利害关系人。至于其他利害关系人，只要与公司清算活动具有利害关系，如公司职工，也可以按照《公司法》第 233 条第 1 款申请法院指定有关人员成立清算组对公司进行清算。本案中，肖某、徐某某作为科立信公司股东申请法院指定清算组对科立信公司进行清算，符合《公司法》第 233 条第 1 款的规定。

最后，作出吊销营业执照、责令关闭或者撤销决定的部门或者公司登记机关，可以申请人民法院指定有关人员组成清算组进行清算。吊销营业执照、责令关闭或者撤销决定的部门或者公司登记机关并非公司清算活动的直接利害关系人，《公司法》第 233 条第 2 款规定其可以作为申请人申请法院指定清算组清算公司，实际上是赋予了其公法上的权力。因为如上所述，公司清算活动可以理清公司财产、债务、所欠税费以及职工工资等问题，是实现债权人债权清偿、公司股东剩余财产分配权的重要前提，在清算义务人未自行清算或利害关系人未申请法院指定清算的情况下，保护国家利益、公共利益的主体缺位，赋予吊销营业执照、责令关闭或者撤销决定的部门或者公司登记机关申请法院指定清算的权力，则有效解决了这一问题。

清算组成员未尽忠实勤勉义务的责任承担

清算组成员是接受委任，在公司清算阶段代表公司及债权人等利害关系人处理清算事务的人，负有忠实和勤勉义务，应该依法履行职责。何为忠实义务？何为勤勉义务？清算组成员未尽忠实和勤勉义务的，应当承担何种责任？

一、案情与裁判

案件名称：国彩公司诉温某等执行异议案

案件来源：北京市通州区人民法院（2018）京0112民初25890号民事判决书

☞ **案情简介：**

2015年4月25日，商旅公司在《北京晨报》发布注销公告：经股东会决议，商旅公司拟向公司登记机关申请注销登记；清算组由宋某、王某某、李某某组成，组长为宋某；请债权人于见报之日起45日内向本公司清算组申报债权。2015年4月27日，商旅公司召开第二次股东会，就注销公司事宜进行讨论并形成股东会决议：全体股东一致同意注销商旅公司并成立清算组，清算组成员为孙某某（被告）、温某（被告），负责人为孙某某；清算组成立后，负责对公司财务进行清算，清算结果报下一次董事会确认，同时依照《公司法》行使清算组的其他职权；按照《公司法》以清算组的名义在报纸上进行注销公告；委托王某某前往登记机关办理公司清算组成员备案事宜。2015 年 6 月 19 日，东城国税局同意了商旅公司的注销税务登记申请，并下发《税务事项通知书》。2015 年 11 月 19 日，东城国税局向工商东城分局出具《北京市地方税务局注销税务登记证明》，证明载明："商旅公司已在我局办结注销税务登记手续，请你局给予办理工商撤销登记手续。"2015 年 12 月 10 日，商旅公司在《北京晨报》发布更正声明：商旅公司于 2015 年 4 月 25 日在《北京晨报》刊登的注销公告中"清算组由宋某、王某某、李某某组成，组长宋某"事项更正为"清算组由孙某某、温某组成，清算组负责人为孙某某"。同日，根据商旅公司申请，工商东城分局对商旅公司清算组予以备案并下发《备案通知书》，该通知书载明：清算组负责人为孙某某，成员为孙某某和温某。2015 年 12 月 16 日，商旅公司作出《注销清算报告》，其载明："1. 公司已于 2015 年 4 月 25 日在《北京晨报》发布公司注销公告；2. 已通知债权人、债务人进行对账、结账，现债权债务清算完毕；3. 各项税款、职工工资结算完毕。"同日，商旅公司召开第三届第一次股东会并形成决议：同意《注销清算报告》的内容；同意注销公司。同日，商旅公司向工商东城分局申请公司注销登记。2015 年 12 月 31 日，工商东城分局下发《注销核准通知书》，其载明：商旅公司因强制解散申请注销登记，经核定，准予注销。

2015 年 9 月 17 日，法院作出（2015）通民（商）初字第 1038 号民事判决书，判令商旅公司给付国彩（原告）印刷公司印刷费 794 191 元。商旅公司提起上诉，二审法院于 2015 年 12 月 14 日作出（2015）三中民（商）终字第 16005 号民事判决书，判令驳回上诉，维持原判。判决生效后，商旅公司未履行生效判决文书确定的给付义务，国彩公司申请法院强制执行。2016 年 7 月 29 日，法院作出（2016）京 0112 执 947 号执行裁定书，裁定因商旅公司无财产可供执行，终结该次执行程序。2018 年 6 月 7 日，国彩公司向法院提出申请，申请追加温某、孙某某为（2016）京 0112 执 947 号案件被执行人，法院作出（2018）京 0112 执异 183 号执行裁定书，认为由于商旅公司在注销登记前已经进行清算，追加温某、孙某某为被执行人不符合法律及司法解释所规定的可以变更和追加被执行人的法定情形，裁定驳回国彩公司申请。国彩公司不服，向法院提出本案执行异议之诉。

☞ **法院判决：**

法院认为，商旅公司清算组成员孙某某和温某应按照法定程序履行清算义务，其义务包括核验股东出资、清查公司资产、将解散清算事宜书面通知已知债权人或公告未知债权人、就公司财产和债权债务处理分配。国彩公司与商旅公司之间的债权债务纠纷已于2014年12月26日进入诉讼程序，该时间早于商旅公司决议注销公司的时间，并且法院判决商旅公司给付国彩公司印刷费794 191元，故在商旅公司注销前，国彩公司对商旅公司享有的债权已经确定且未清偿，商旅公司作出的债权债务已清算完毕的清算报告与事实不符。孙某某、温某作为清算组成员，应对商旅公司的清算过程全程参与、对清算材料全面掌握，但其未提交证据证明已依照法定程序进行清算，且仅有的清算报告明显虚假，不能认定完成了依法清算程序。综上，法院认定商旅公司未经法定清算即办理了注销登记。清算义务人在公司清算中发现公司财产不足以清偿债务的，应当依法向人民法院申请宣告破产。因故意或者重大过失给公司或者债权人造成损失的，应当承担相应责任。依据温某的庭审陈述及提交的商旅公司注销涉税鉴定报告可知，其明知清算时商旅公司资产为负数，无法对债权人进行清偿，却未依法向人民法院申请破产清算，而是以虚假的清算报告骗取公司登记机关办理注销登记，从而导致国彩公司对商旅公司的债权无法获得清偿，使前者合法利益严重受损，故孙某某、温某应对商旅公司的债务承担连带清偿责任。

二、相关规定

《公司法》第232条：“公司因本法第二百二十九条第一款第一项、第二项、第四项、第五项规定而解散的，应当清算。董事为公司清算义务人，应当在解散事由出现之日起十五日内组成清算组进行清算。

清算组由董事组成，但是公司章程另有规定或者股东会决议另选他人的除外。

清算义务人未及时履行清算义务，给公司或者债权人造成损失的，应当承担赔偿责任。”

《公司法》第234条：“清算组在清算期间行使下列职权：

（一）清理公司财产，分别编制资产负债表和财产清单；

（二）通知、公告债权人；

（三）处理与清算有关的公司未了结的业务；

（四）清缴所欠税款以及清算过程中产生的税款；

（五）清理债权、债务；

（六）分配公司清偿债务后的剩余财产；

（七）代表公司参与民事诉讼活动。”

《公司法》第235条：“清算组应当自成立之日起十日内通知债权人，并于六十日内在报纸上或者国家企业信用信息公示系统公告。债权人应当自接到通知之日起三十日内，未接到通知的自公告之日起四十五日内，向清算组申报其债权。

债权人申报债权，应当说明债权的有关事项，并提供证明材料。清算组应当对债权进行登记。

在申报债权期间，清算组不得对债权人进行清偿。”

《公司法》第236条：“清算组在清理公司财产、编制资产负债表和财产清单后，应当制订清算方案，并报股东会或者人民法院确认。

公司财产在分别支付清算费用、职工的工资、社会保险费用和法定补偿金，缴纳所欠税款，清偿公司债务后的剩余财产，有限责任公司按照股东的出资比例分配，股份有限公司按照股东持有的股份比例分配。

清算期间，公司存续，但不得开展与清算无关的经营活动。公司财产在未依照前款规定清偿前，不得分配给股东。”

《公司法》第237条：“清算组在清理公司财产、编制资产负债表和财产清单后，发现公司财产不足清偿债务的，应当依法向人民法院申请破产清算。

人民法院受理破产申请后，清算组应当将清算事务移交给人民法院指定的破产管理人。”

《公司法》第238条：“清算组成员履行清算职责，负有忠实义务和勤勉义务。

清算组成员怠于履行清算职责，给公司造成损失的，应当承担赔偿责任；因故意或者重大过失给债权人造成损失的，应当承担赔偿责任。”

三、法理分析

首先，清算组成员负有忠实和勤勉义务，应当依法履行清算职责。清算组成员是依照法律规定接受委任，在公司清算阶段实际管理公司、处理清算事务的人。根据《公司法》第232条，清算组由董事组成，但是公司章程另有规定或者股东会决议另选他人的除外。在公司清算阶段，清算组接替公司机关而进行活动，对公司及利害关系人负有授信义务，故负有忠实和勤勉义务并应当依法履行清算职责。所谓忠实义务是指清算组成员应当忠诚尽力地履行职责并维护公司、债权人等委任人利益，尤其不得利用职权为自己或他人谋取非法利益，具体包括不得利用职权获取非法利益、不得侵占公司财产、不得收受贿赂等。所谓勤勉义务是指清算组成员执行职务应当为公司的最大利益尽到管理者通常应有的合理注意。

其次，清算组成员怠于履行清算职责，给公司造成损失的，应当承担赔偿责任。清算组成员职责既是一种权利，又是一种法定义务。当清算组成员怠于履行职责并造成公司损失时，应对公司承担赔偿责任，而无须考虑其他要件。根据《公司法》第234条，清算组在清算期间的职权包括：清理公司财产，分别编制资产负债表和财产清单；通知、公告债权人；处理与清算有关的公司未了结业务；清缴公司所欠税款以及清算过程中产生的税款；清理债权、债务；分配公司清偿债务后的剩余财产；代表公司参与民事诉讼活动。

最后，清算组成员因故意或者重大过失给债权人造成损失的，应当承担赔偿责任。根据《公司法》第238条第2款，清算组成员对债权人承担损害赔偿责任的构成要件有二：一是清算组成员具有故意或重大过失；二是给债权人造成损失。本案中，孙某某和温某作为商旅公司清算组成员，在明知商旅公司清算时公司资不抵债并且在国彩公司债权未获得清偿的情况下，未依法向人民法院申请商旅公司破产清算，反而以虚假清算报告骗取公司登记机关办理注销登记，进而导致国彩公司债权不能得到清偿，使其合法利益严重受损，应认定孙某某、温某存在重大过失，对国彩公司承担赔偿责任。

如何分配公司利润？

公司以其强大的资本凝聚能力和现代化的管理模式而在市场经济中具有强大竞争能力和盈利能力。股东往往为获得公司利润分配而对出资设立公司或购买公司股份行为乐此不疲。然而，公司具有独立法人资格，其财务和经营独立，股东在获得公司利润分配时应符合《公司法》以及公司章程的规定。

一、案情与裁判

案件名称：谢某等与清风公司损害股东利益责任纠纷上诉案

案件来源：安徽省合肥市包河区人民法院（2013）包（民）初字第01184号民事判决书、安徽省合肥市中级人民法院（2014）合民终字第00036号民事判决书

☞ 案情简介：

清风公司（被告、被上诉人）注册资本为273.98万元，共有25名自然人股东。谢某（原告、上诉人）、刘某某（原告、上诉人）系清风公司股东，二人分别持有该公司14.54%和13.38%的股份。本案诉讼发生前，谢某、刘某某认为，清风公司法定代表人及其他部分公司管理人员侵害公司及其他股东利益，双方发生纠纷。随后，谢某、刘某某提出由清风公司

给谢某、刘某某各发放40万元赔偿款（补偿款）的调解方案。2012年10月10日，清风公司办公室短信通知谢某、刘某某，清风公司定于2012年10月12日下午5点召开股东会会议。谢某、刘某某接到通知后，以程序违法为由反对召开股东会会议，但仍如期参加会议。股东会以占公司总股权67.92%的表决权通过了公司给每位股东发放补偿款40万元的决议方案，谢某、刘某某以及另一位股东邢某某在上述股东会决议上签字表示不同意，但清风公司仍通过转账方式向每位股东支付了40万元。随后，谢某、刘某某将清风公司诉至安徽省合肥市包河区人民法院，请求确认上述股东会决议无效。诉讼中，谢某、刘某某认为，清风公司向每位股东发放40万元的行为属于分配公司利润行为。清风公司对此予以否认，并认为其属于发放公司福利行为。另查明，清风公司每年均按出资比例向股东分配公司利润。

☞ **一审判决：**

一审法院认为，清风公司每年均按出资比例向股东分配利润，在此之外，股东会以决议形式向每位股东发放40万元赔偿款（补偿款）的行为是向股东发放福利行为，而不应认定为分配公司利润行为。《公司法》与清风公司章程均规定公司有权发放福利，且公司章程也未规定发放福利的上限与下限。公司发放福利行为属于公司自治权的范畴，司法权不宜主动干涉。清风公司虽未在15日前通知全体股东召开股东会，但其行为遵循了公司行为的惯例，且该通知方式并未影响全体股东到会行使实体权利。安徽省合肥市包河区人民法院依照最高人民法院《关于民事诉讼证据的若干规定》第2条之规定，判决驳回谢某、刘某某的诉讼请求。

☞ **二审判决：**

二审法院认为，谢某、刘某某系清风公司股东，其与清风公司于2012年10月12日作出给予每位股东40万元赔偿款（补偿款）的股东会决议行为具有直接利害关系，有权提起确认该公司决议无效之诉。案涉股东会决议分配的款项系清风公司在未按照公司法规定进行补亏以及留存相应比例公积金的情况下作出的分配公司利润行为，其未按照股东出资比例进行分配，而是对每位股东平均分配，与清风公司所称的发放福利行为性质不符。清风公司的行为贬损了该公司的资产，使公司资产不正当流失，损害了部分股东利益，也可能影响债权人利益。案涉股东会决议是公司股东滥用股东权力形成的，违反了《公司法》的强制性规定，应为无效。安徽省合肥市中级人民法院依据《公司法》（2005）第 20 条、第 35 条、第 167 条，《民事诉讼法》第 170 条第 1 款第 2 项、第 175 条之规定，判决：撤销一审判决；确认清风公司于 2012 年 10 月 12 日作出的同意给予每位股东 40 万元赔偿款（补偿款）的股东会决议行为无效。

二、相关规定

《公司法》第 21 条：“公司股东应当遵守法律、行政法规和公司章程，依法行使股东权利，不得滥用股东权利损害公司或者其他股东的利益；公司股东滥用股东权利给公司或者其他股东造成损失的，应当承担赔偿责任。”

《公司法》第 25 条：“公司股东会、董事会的决议内容违反法律、行政法规的无效。”

《公司法》第 210 条：“公司分配当年税后利润时，应当提取利润的百分之十列入公司法定公积金。公司法定公积金累计额为公司注册资本的百分之五十以上的，可以不再提取。

公司的法定公积金不足以弥补以前年度亏损的，在依照前款规定提取法定公积金之前，应当先用当年利润弥补亏损。

公司从税后利润中提取法定公积金后，经股东会决议，还可以从税后利润中提取任意公积金。

公司弥补亏损和提取公积金后所余税后利润，有限责任公司按照股东实缴的出资比例分配利润，全体股东约定不按照出资比例分配利润的除外；股份有限公司按照股东所持有的股份比例分配利润，公司章程另有规定的除外。

公司持有的本公司股份不得分配利润。”

《公司法》第211条：“公司违反本法规定向股东分配利润的，股东应当将违反规定分配的利润退还公司；给公司造成损失的，股东及负有责任的董事、监事、高级管理人员应当承担赔偿责任。”

《公司法》第212条：“股东会作出分配利润的决议的，董事会应当在股东会决议作出之日起六个月内进行分配。”

三、法理分析

首先，分配公司利润的前提是弥补以前年度亏损、提取法定公积金。公司本质上是一种资本的集合，公司资本构成了其生产经营活动的基础。公司经营过程中应充实资本，以满足公司正常的生产经营需求并实现对公司股东利益、债权人利益以及社会公共利益的保护。《公司法》第210条第1~3款规定：“公司分配当年税后利润时，应当提取利润的百分之十列入公司法定公积金。公司法定公积金累计额为公司注册资本的百分之五十以上的，可以不再提取。公司的法定公积金不足以弥补以前年度亏损的，在依照前款规定提取法定公积金之前，应当先用当年利润弥补亏损。公司从税后利润中提取法定公积金后，经股东会决议，还可以从税后利润中提取任意公积金。”因此，公司财务会计年度内盈利的，应当先弥补以前年度亏损以及提取法定公积金。本案中，清风公司向每位股东发放40万元的行为与发放福利行为性质不符，而属于分配公司利润行为，但其却并未按照《公司法》弥补公司以前年度亏损和提取法定公积金。该行为不当减少了公司的资本，损害了公司股东利益、债权人利益以及社会公共利益，应按照《公司法》第211条由相关人员承担责任。

其次，任意公积金如何提取？《公司法》第210条第3款规定：“公司从税后利润中提取法定公积金后，经股东会决议，还可以从税后利润中提取任意公积金。”从法条的表述来看，“还可以”意味着法律并不对任意公积金的提取作强制要求，其完全属于公司意思自治的范畴，是否提取任意公积金完全取决于股东会决议。根据《公司法》第66条第2款和第116

条第 2 款，有限公司的股东会决议应当经代表过半数表决权的股东通过，股份公司的股东会作出的决议必须经出席会议的股东所持表决权过半数通过。

最后，有限公司利润分配规则与股份公司的利润分配规则不同。《公司法》第 210 条第 4 款规定："公司弥补亏损和提取公积金后所余税后利润，有限责任公司按照股东实缴的出资比例分配利润，全体股东约定不按照出资比例分配利润的除外；股份有限公司按照股东所持有的股份比例分配利润，公司章程另有规定的除外。"可见，公司的利润分配原则是按照出资人的出资比例或股东持有的股份比例进行分配利润，但不同的是有限责任公司全体股东的约定可以排除按出资比例分配利润的方式，而股份有限公司中则需要公司章程的规定才可以排除按持有股份比例分配利润的方式。这是因为，有限责任公司的出资人往往较少并具有一定人合性，要求全体出资人同意彰显了对每位出资人的尊重，并由于出资人较少而使得全体出资人同意的方式具有可行性；而股份有限公司具有典型的资合性且往往股东人数较多，要求全体股东通过排除按照持股比例分配公司利润的方案往往较难，但毕竟分配公司利润的规则属于公司意思自治的范畴，故也应允许股份有限公司按照公司章程规定排除按照持有股份的比例原则分配公司利润规则的适用。

未履行清算义务并对公司或债权人造成损害的清算义务人应承担赔偿责任

公司存续、发展乃国家兴旺、人民富裕之所在，但因世事无常、商海变幻以及股东所愿，终不免要被清算、解散。公司清算是厘清公司财产，进而保护债权人、职工、国家以及股东等多元主体利益的重要手段，未尽清算义务并给公司或债权人等造成损害的清算义务人应承担损害赔偿责任。有疑问的是，谁是清算义务人？清算义务人在何种情形下承担损害赔偿责任？

一、案情与裁判

案件名称：物资公司、王某某股东损害公司债权人利益责任纠纷案

案件来源：福建省泉州市中级人民法院（2020）闽05民终1399号民事判决书

☞ 案情简介：

大正公司由物资公司（被告、上诉人）和实业公司发起设立，法定代表人为王某某（被告、上诉人）。物资公司和实业公司分别持有大正公司8%、92%的股份。2000年12月18日，实业公司将其持有的大正公司92%的股份转让于杨某某。2001年6月6日，杨某某又将其持有的大正公司92%

的股份转让给王某某。大正公司于2004年12月21日被吊销营业执照。

2011年5月6日，泉州市中级人民法院根据九建公司（原告、被上诉人、大正公司债权人）的申请，作出（2011）泉中法民清（预）字第1号民事裁定书，裁定受理对大正公司进行强制清算，并指定福建某某律师事务所担任大正公司的强制清算管理人。清算管理人的工作报告显示：由于大正公司仅向清算管理人移交了1998年1月1日至2003年12月31日的会计报表、账册及部分会计凭证等资料，未能提供2004年1月1日至2011年9月20日的清算会计报表、会计账册及会计凭证等相关清算资料，福建某某会计师事务所无法厘定大正公司债权、债务变动情况，无法准确认定大正公司债权、债务数额。2018年3月22日，大正公司清算管理人出具的《清算管理人工作报告》显示：清算管理人无法判定大正公司是否资不抵债。2018年5月2日，泉州市中级人民法院裁定因被申请人大正公司无法提供主要财产、账册等重要文件，导致本案无法清算，终结大正公司强制清算程序。

2008年4月20日，物资公司曾向王某某发出《关于要求对泉州市××置业有限公司进行清算的函》。王某某于2008年4月29日在该函上回复"拟同意适时召开股东大会"。2018年3月14日，在泉州市中级人民法院召开的庭审调查中，物资公司表示其没有参加大正公司的日常事务管理并且已向清算管理人提交了所持有的全部证件资料。王某某则表示，其不能继续提供证件资料的原因是2003年之后没有再参与公司经营管理，并且由于公司档案室存放的财务账簿资料被盗窃，无法继续向清算管理人提交有关证件资料。

九建公司遂向法院提起诉讼，请求判令物资公司、王某某对大正公司的3 459 310.5元债务承担连带清偿责任。

☞ **一审判决：**

一审法院认为，判断九建公司是否可以依据《公司法司法解释二》第18条要求股东王某某、物资公司对大正公司债务承担连带责任的关键在于，王某某、物资公司是否存在怠于履行清算义务以及怠于履行清算义务与“公司主要财产、账册、重要文件等灭失，无法进行清算”之间是否存在因果关系。首先，大正公司于2004年12月21日被吊销营业执照，即出现公司解散事由，王某某及物资公司作为大正公司的股东在2004年12月公司出现解散事由之日至2011年3月九建公司提起公司清算之诉期间未能成立清算组对公司进行清算或请求人民法院指定清算人清算，故应认定王某某及物资公司存在怠于履行公司清算义务行为。其次，在大正公司出现解散事由后，由于负有清算义务的王某某、物资公司未能及时成立清算组对公司进行清算并对公司主要财产、账册、重要文件进行清点保管，造成大正公司在多年后因无法提供财务资料而无法清算的后果，故可以认定王某某、物资公司怠于履行清算义务与“公司主要财产、账册、重要文件等灭失，无法进行清算”之间存在因果关系。虽然物资公司仅持有大正公司8%的股份，不符合“持有公司全部股东表决权百分之十以上的股东，可以请求人民法院解散公司”的形式要件，但鉴于其系大正公司仅有的两个股东之一，在股东及法定代表人王某某被限制人身自由、公司经营管理发生严重困难以及公司被吊销营业执照的特殊情况下，既没有行使股东的权利参与公司经营管理以及处理善后事务义务，也没有履行相应的清算义务，避免和减少公司利益、股东利益损失，导致多年后公司主要财产、账册、重要文件等灭失无法进行清算，故应认定其存在过错并应向公司债权人承担赔偿责任。综上，王某某、物资公司因怠于履行股东义务，导致大正公司因主要财产、账册、重要文件等灭失而无法进行清算，应对大正公司本案债务承担连带清偿责任。鉴于实践中小股东行使参与公司经营管理权和请求人民法院解散公司存在困难，酌定物资公司与王某某之间的内部责任份额分别为30%和70%。

☞ **二审判决：**

二审法院认为，首先，物资公司只持有大正公司8%的股份，在大股东缺位的情况下，仅凭物资公司并不足以组成合法的清算组对公司进行清算；其次，根据已查明的事实，物资集团公司在大正公司正常经营期间既未有董事席位，也未派员担任公司监事、高级管理人员或参与公司经营决策，故在大正公司被吊销营业执照以及王某某因涉嫌犯罪被采取强制措施后，物资集团公司并不具备接管大正公司经营管理的条件；再次，在王某某被假释后，物资集团公司已主动向王某某发函要求就大正公司进行清算，而后续清算活动应由作为公司大股东的王某某主导，非物资集团公司所可以任意支配。因此，对于仅持有大正公司 8% 股权且未实际参与公司经营管理的物资集团公司，现有证据尚不足以认定其怠于履行义务，其与“公司主要财产、账册、重要文件等灭失”也无因果关系，故一审判决对该项事实认定有误，应予纠正。此外，根据《公司法》的规定，只有持有公司全部股东表决权 10% 以上的股东才可请求人民法院解散公司，物资集团公司同样不具备该条件。综上，一审判决部分事实认定有误，而且基于错误的认定作出的判决不恰当地扩大了小股东的清算义务及法律责任，有悖《公司法》立法本意，应依法纠正后予以改判。

二、相关规定

《公司法》第 229 条：“公司因下列原因解散：

（一）公司章程规定的营业期限届满或者公司章程规定的其他解散事由出现；

（二）股东会决议解散；

（三）因公司合并或者分立需要解散；

（四）依法被吊销营业执照、责令关闭或者被撤销；

（五）人民法院依照本法第二百三十一条的规定予以解散。

公司出现前款规定的解散事由，应当在十日内将解散事由通过国家企业信用信息公示系统予以公示。”

《公司法》第 232 条：“公司因本法第二百二十九条第一款第一项、第二项、第四项、第五项规定而解散的，应当清算。董事为公司清算义务人，应当在解散事由出现之日起十五日内组成清算组进行清算。

清算组由董事组成，但是公司章程另有规定或者股东会决议另选他人的除外。

清算义务人未及时履行清算义务，给公司或者债权人造成损失的，应当承担赔偿责任。”

《民法典》第70条：“法人解散的，除合并或者分立的情形外，清算义务人应当及时组成清算组进行清算。

法人的董事、理事等执行机构或者决策机构的成员为清算义务人。法律、行政法规另有规定的，依照其规定。

清算义务人未及时履行清算义务，造成损害的，应当承担民事责任；主管机关或者利害关系人可以申请人民法院指定有关人员组成清算组进行清算。”

《公司法司法解释二》第18条：“有限责任公司的股东、股份有限公司的董事和控股股东未在法定期限内成立清算组开始清算，导致公司财产贬值、流失、毁损或者灭失，债权人主张其在造成损失范围内对公司债务承担赔偿责任的，人民法院应依法予以支持。

有限责任公司的股东、股份有限公司的董事和控股股东因怠于履行义务，导致公司主要财产、账册、重要文件等灭失，无法进行清算，债权人主张其对公司债务承担连带清偿责任的，人民法院应依法予以支持。”

三、法理分析

首先，董事是公司清算义务人，在其不能及时履行清算义务并给公司或者债权人造成损害时，应当承担赔偿责任。根据《公司法》第232条，负有公司清算义务的主体为董事，并且只有在董事未及时履行清算义务并给公司债权人造成损失时，才需要承担赔偿责任。这一规定对原《公司法》（2018）第183条以及《公司法司法解释二》第18条第1款作出了修改，其将有限责任公司和股份有限公司的清算义务人统一规定为董事，排除了有限责任公司股东、股份有限公司控股股东的赔偿责任，从而与《民法典》第70条保持了一致。这是因为，有限责任公司股东、股份有限公司控股股东未必实际参与公司的经营管理，将其归为对债权人承担赔偿责任的清算义务人不当扩大了其义务范围。反之，将参与公司经营管理的董事规定为清算义务人以及对债权人承担赔偿责任的主体更具实益，也更加符合权责一致原则。

其次，债权人请求法院判令负有清算义务的董事对公司或债权人承担赔偿责任的条件包括其“怠于履行义务”“造成公司或债权人损失”“怠于履行义务”与“造成公司或债权人损失”之间有因果关系。关于“怠于履行义务”的判断，公司董事实际参与公司经营管理并对公司管理具有实际控制力，在其未加审慎注意义务造成公司主要财产、账册、重要文件等灭失时，即可认定怠于履行义务。“怠于履行义务”与“造成公司或债权人损失”之间的因果关系应根据相当因果关系理论判断，即只有通常情况下某种怠于履行义务的行为足以引起公司或债权人损失，才可以认定二者之间存在因果关系。本案中，物资集团公司在大正公司正常经营期间既未有董事席位，也未派员担任公司监事、高级管理人员以及参与公司经营决策，故在大正公司被吊销营业执照以及王某某因涉嫌犯罪被采取强制措施后并不具备接管大正公司经营管理的条件，其行为不构成“怠于履行义务”行为。

最后，股东是否根据《公司法》第 231 条提起解散公司诉讼与“怠于履行义务”无关。如前文案例“股东在公司僵局情况下有权提起强制解散公司诉讼”篇所述，《公司法》第 231 条规定的公司僵局下的股东诉请法院解散公司的实质在于赋予股东一项权利，而非股东义务，故其与此处的“怠于履行义务”无关。因此，本案中，物资公司是否根据《公司法》第 227 条提起解散大正公司诉讼与其是否存在“怠于履行义务”行为无关，无须法院进行考察。

外国公司应对其分支机构在中国境内的经营活动承担民事责任

伴随着我国对外开放水平的不断提高，外国公司为方便在华开展经营活动，纷纷在中国设立办事处等分支机构。我们不禁要问，外国公司在中国的分支机构是否具有独立承担民事责任的能力？外国公司是否对其在中国的分支机构经营活动承担民事责任？如果答案是肯定的，构成要件包括哪些？

一、案情与裁判

案件名称：恒盛公司与英国码头公司青岛代表处、英国码头公司买卖合同纠纷案

案件来源：江苏省无锡市中级人民法院（2018）苏02民初281号民事判决书

☞ 案情简介：

2015—2017年，英国码头公司中国代表处（被告）多次向恒盛公司订购橡胶护舷产品。恒盛公司（原告）提交的双方对账函载明：截至2018年2月28日，英国码头公司中国代表处应向恒盛公司支付货款1 318 922.4元。英国码头公司中国代表处在对账函信息证明无误处加盖英国码头公司中国

代表处印章，签字日期为2017年12月30日。恒盛公司解释，该日期为倒签所致。涉案订单均在青岛或无锡当面签订并盖章，英国码头公司中国代表处未完全按照合同约定的时间付款，但因双方往来较多，现已经无法查清具体哪份订单没有结清，只能确认欠款总额。本案诉讼发生前，英国码头公司中国代表处尚欠恒盛公司1 312 704.8元货款。恒盛公司向法院提起诉讼，请求法院判令英国码头公司（被告）及英国码头公司中国代表处支付涉案订单所欠货款并赔偿相应逾期付款损失。

☞ **一审判决：**

法院认为，由于本案被告英国码头公司系英国公司，故本案属于涉外商事案件，存在法律适用问题。本案中，双方未选择合同纠纷适用的法律，但根据恒盛公司陈述及现有证据，可以认定涉案订单的签订地及履行地均在中国境内，因此与案涉合同有最密切联系的法律为中国法律，本案应当适用中国法律。外国企业派驻我国的代表处是该外国企业的代表机构，对外代表该外国企业。外国企业代表处在我国境内的一切业务活动，由其所代表的外国企业承担法律责任。本案中，英国码头公司中国代表处向恒盛公司订货并在对账函上加盖英国码头公司中国代表处印章的行为均属于代表英国码头公司的行为，应由英国码头公司直接对恒盛公司承担民事责任。因此，恒盛公司要求英国码头公司支付涉案订单所欠货款并赔偿相应逾期付款损失的请求，符合法律规定，法院予以支持。恒盛公司要求英国码头公司中国代表处承担还款责任的请求，于法无据，法院不予支持。

二、相关规定

《公司法》第246条：“外国公司的分支机构应当在其名称中标明该外国公司的国籍及责任形式。

外国公司的分支机构应当在本机构中置备该外国公司章程。”

《公司法》第247条：“外国公司在中华人民共和国境内设立的分支机

构不具有中国法人资格。

外国公司对其分支机构在中华人民共和国境内进行经营活动承担民事责任。”

《民法典》第74条：“法人可以依法设立分支机构。法律、行政法规规定分支机构应当登记的，依照其规定。

分支机构以自己的名义从事民事活动，产生的民事责任由法人承担；也可以先以该分支机构管理的财产承担，不足以承担的，由法人承担。”

《中华人民共和国涉外民事关系法律适用法》（以下简称《涉外民事关系法律适用法》）第41条：“当事人可以协议选择合同适用的法律。当事人没有选择的，适用履行义务最能体现该合同特征的一方当事人经常居所地法律或者其他与该合同有最密切联系的法律。”

三、法理分析

首先，涉外案件的处理应首先确定案件适用的法律。本案被告英国码头公司的国籍为英国，故本案属于涉外商事案件，存在法律适用问题。《涉外民事关系法律适用法》第41条规定：“当事人可以协议选择合同适用的法律。当事人没有选择的，适用履行义务最能体现该合同特征的一方当事人经常居所地法律或者其他与该合同有最密切联系的法律。”恒盛公司与英国码头公司中国代表处在订立合同时未选择合同纠纷适用的法律并且在合同纠纷发生后未达成补充协议，故可以根据涉案合同的签订地及履行地均在中国境内的事实，判定与案涉合同有最密切联系的法律为中国法律，在本案中适用中国法律。

其次，外国公司的分支机构不具有法人资格，外国公司应对其在华分支机构的经营活动承担民事责任。外国公司的分支机构是外国公司为方便在中国开展经营活动设立的分支机构。实践中，外国公司的名称往往形式各异、不一而足，如清风公司中国办事处、清风公司中国分理处，但无论外国公司分支机构的名称如何，都应当根据《公司法》第246条在其名称中标明该外国公司的国籍及责任形式，在本机构中置备该外国公司的章程。《公司法》第 247 条规定：“外国公司在中华人民共和国境内设立的分支机构不具有中国法人资格。外国公司对其分支机构在中华人民共和国境内进行经营活动承担民事责任。”这一规定与《民法典》第 74 条保持了一致。因此，外国公司的分支机构并不具有独立承担民事责任的能力或资格，其经营活动中产生的民事责任应当由外国公司承担。本案中，英国码头公司中国代表处是英国码头公司在中国的办事处，性质上属于外国公司的分支机构，不具有法人资格，故其对恒盛公司的债务应当由英国码头公司承担，恒盛公司要求英国码头公司中国代表处承担还款责任的请求并无法律依据。

最后，外国公司对其在中国的分支机构承担民事责任的前提是该项责任由其分支机构在经营活动中产生。《公司法》第 247 条第 2 款规定：“外国公司对其分支机构在中华人民共和国境内进行经营活动承担民事责任。”所谓经营活动，是指外国公司在中国的分支机构按照公司章程规定的营业范围，以营利为目的反复实施的商业行为。构成经营活动的要件有二：一是以营利为目的；二是行为具有连续性。偶尔实施的行为即便在于营利，也不构成经营活动。此外，这里的民事责任不仅包括违约责任，也包括侵权责任等。本案中，英国码头公司中国代表处多次向恒盛公司订购橡胶护舷产品，其行为本质上属于经营活动，故该行为产生的违约责任应当由英国码头公司承担。